CONTENTS

目录

第 8 章　财务规划与控制

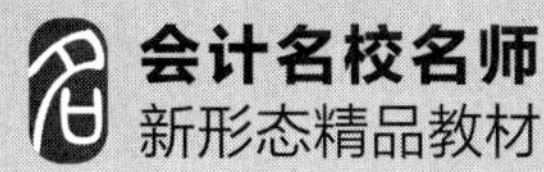

财务管理实务

理论基础 决策训练 案例详解

微课版

李延喜 张悦玫 何超◎编著

Financial Management Practice

ACCOUNTING

人民邮电出版社
北京

图书在版编目（CIP）数据

财务管理实务 ：理论基础　决策训练　案例详解 ：微课版 / 李延喜，张悦玫，何超编著. -- 北京 ：人民邮电出版社，2024.7
会计名校名师新形态精品教材
ISBN 978-7-115-63792-5

Ⅰ. ①财… Ⅱ. ①李… ②张… ③何… Ⅲ. ①财务管理—高等学校—教材 Ⅳ. ①F275

中国国家版本馆CIP数据核字(2024)第038577号

内 容 提 要

本书根据高等院校应用型人才培养的要求和财务管理工作岗位的任职要求，以财务管理价值观念为基础，围绕筹资、投资、分配、营运资金管理等财务活动进行介绍，并辅以财务分析和评价、财务规划与控制等内容。同时，书中穿插了丰富实例和易错习题，可以帮助读者更好地理解本书的理论知识。

本书内容新颖、讲解透彻，既可以作为高等院校财务管理、会计学、金融学等经济管理类专业相关课程的教材，也可以作为广大财务管理从业人员的学习参考书。

◆ 编　　著　李延喜　张悦玫　何　超
　责任编辑　刘向荣
　责任印制　胡　南

◆ 人民邮电出版社出版发行　　北京市丰台区成寿寺路 11 号
　邮编　100164　　电子邮件　315@ptpress.com.cn
　网址　https://www.ptpress.com.cn
　大厂回族自治县聚鑫印刷有限责任公司印刷

◆ 开本：787×1092　1/16
　印张：13.75　　　　2024 年 7 月第 1 版
　字数：354 千字　　　2024 年 7 月河北第 1 次印刷

定价：49.80 元

读者服务热线：(010)81055256　印装质量热线：(010)81055316
反盗版热线：(010)81055315
广告经营许可证：京东市监广登字 20170147 号

前言

Preface

财务管理是企业管理的重要组成部分。经济越发展，财务越重要。这一观念已经越来越得到大家的认同。党的二十大报告为新形势下的资本市场改革发展部署了重要任务，即健全资本市场功能，提高直接融资比重。何为直接融资？相比非直接融资，其优势在哪里？这正是本书的重点内容之一。作为未来服务于国家经济建设的高校学生，只有用相应的财务理论知识来武装头脑，才能满足时代需求实现人生价值。

如今信息以大数据、云的形式在创造和传播，令人应接不暇。本书力求让读者精简、高效、深刻地掌握理论知识，因此，本书具有以下特点。

（1）**在结构设计上，尽可能凝聚章节内容**，展现课程基础内容的逻辑结构，降低章节过多给学生带来的学习焦虑和压力，并建立课程内容清晰的知识体系。

（2）**在内容规划上，尽可能体现学以致用的原则**，尽可能用真实存在的企业案例作为例子和综合训练内容，强调与实践结合，强化真实情景下的学生能力培养。用案例作为每章最后的综合训练，尽可能包含本章的重要知识点。

（3）**在思想高度上，尽可能考虑最新的经济发展趋势和资料**，体现课程思政，将学生个人发展与国家发展相结合，体现为国培养人才的根本目的。

（4）**在细节处理上，尽可能调动读者的学习兴趣**，增强了内容的趣味性，增加了有趣的解读和知识的延伸等扩展内容，以引导学生深入思考和讨论。

（5）**在练习安排上，尽可能边学边练、边学边清**，不搞题海战术，针对难点、重点内容，直接把问题和知识点相联系，有助于学生自学和深度理解所学知识。

本书由李延喜、张悦玫、何超共同编著，编写分工如下：李延喜负责编写第 1 章和第 2 章，张悦玫负责编写第 3 章至第 5 章，何超负责编写第 6 章至第 8 章。在成书过程中，编者借鉴了大量的书籍、期刊和其他素材，对给予灵感的人们表示深深感谢！期待本书的出版能使读者受益并喜欢。

编者

2024 年 6 月

目录

CONTENTS

第 1 章　绪论

第 2 章　财务管理基础

第3章 筹资管理

目录 CONTENTS

第5章 分配管理

第6章 营运资金管理

第1章 绪论

学习目标

【知识目标】

建立财务管理的内容框架，掌握有关财务管理的内涵、财务活动及财务管理的价值观念与目标的内容，并了解财务管理的环境以及财务管理的组织。

【素养目标】

建立整体思维，以系统观看待财务管理知识和企业的实际问题，为后续学习打下良好的基础。

引导案例

在“大众创业，万众创新”的热潮之下，很多应届毕业生也融进创业大军，其中一些获得了成功，也有一些以失败告终。实际上，是否了解企业财务管理的知识是造成这种差别的一个重要原因。

“创新是社会进步的灵魂，创业是推动经济社会发展、改善民生的重要途径。青年学生富有想象力和创造力，是创新创业的有生力量。”你毕业后不管是选择自己创业还是选择就业，可能都会对以下问题感兴趣：进入哪个行业？为什么选择这个行业？哪家企业是你所在企业的最强竞争对手或行业标杆？依据什么数量标准判断？如何判断你所在企业的资金是否够用？如何补充你所在企业日常资金的不足？或者如何让闲置资金发挥更大的效益？企业如何挑选适合的投资项目？投资回报如何计量？

上述问题并不能覆盖你想了解的有关企业的全部问题，但属于在企业经营中普遍存在而且重要的问题，也是通过学习财务管理的知识能够得到解答的问题。

1.1 财务管理的内涵

1.1.1 财务管理的概念

“财务”从字面上理解，就是与“财”相关的事务。“财”就是钱财，汉字中的与钱财有关的文字，大多带有“贝”字旁，如赚、赔、货、账、资、赊等。而这些文字所释义的相关行为，均与“财务”有着或多或少的联系。

财务管理就是企业获得资金并有效使用资金的管理活动，通过筹资、投资、分配等财务活动，理顺企业资金流转以及财务关系，确保生产经营的顺利进行，使各方面的利益要求得到满足。简单来说，财务管理就是财务活动和财务关系的管理。

财务管理的对象是资金及其运动。如果我们将企业视为一个人，资金就是企业的血液，财务管理就是保证资金在企业的血管中流动，调节血管里资金的流量和流速，保持企业的健康。

财务管理是企业管理的重要组成部分，统筹企业资金供需的预测、组织、协调、分析、控制。随着企业经营环境的不断变化，资金运用的日趋复杂，市场竞争的愈加激烈，以及不时出现的宏观经济波动，财务管理在企业外部环境分析和企业内部决策中的作用表现越来越数字化，越来越体现出一门“科学”的特征。为此，经济社会对财务人员的专业知识和数据工具的应用要求越来越高。

1.1.2 企业财务活动

财务活动是围绕企业资金运动划分的活动，它表现为企业再生产过程中的资金形态的不断转化和增值过程，包括筹资、投资和分配等一系列活动，如图 1-1 所示。

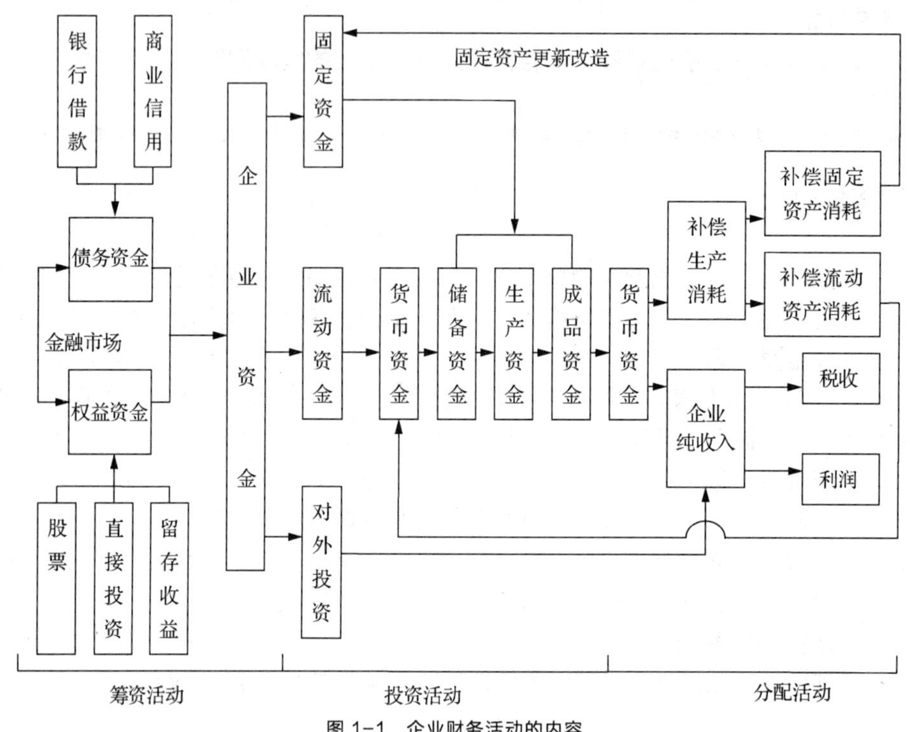

图 1-1 企业财务活动的内容

1. 筹资活动

筹资是企业根据生产经营、对外投资和调整资本结构等需要，通过金融机构和金融市场，运用适当的方式获取所需资金的财务活动。其中，与生产经营有关的筹资活动主要围绕偿债或扩张展开，偿债是指通过一定的方式筹集资金偿还已到期却因支付能力不足未偿还的部分，扩张是指为了提高产品的产量和质量，增加新品种，满足不断扩大的市场需求，对设备进行更新和技术改造而筹集的以长期资金为主的资金。调整资本结构主要是指在企业资本结构不合理时，采用不同的筹资方式进行结构调整。

在筹资过程中，企业要确定筹资总规模，以保证投资所需资金；同时，要选择适当的筹资渠道和筹资方式或工具，合理确定筹资结构，以降低筹资成本和风险，提高企业价值。如图 1-1 所示，企业通过筹资，会形成两类不同性质的资金来源：一是企业权益资金，通过向投资者吸收直接投资、发行股票、获得留存收益等方式取得，其中的投资者包括国家、法人、个人等；二是企业债务资金，通过借款、发行债券等方式取得。企业在筹集资金时，主要表现为现金流入，而在支付债务利息和股息时，则表现为现金流出。

2. 投资活动

投资是指以未来收回现金并获得收益为目的的现金流出。企业的投资决策就是在充分估计影响企业长期发展的各种因素基础上，对企业投资做出的总体规划和部署。

根据财政部向社会公布的2022年全国彩票销售情况，2022年，全国共销售彩票4246.52亿元，同比增加513.67亿元，增长13.8%。这引起了我们的思考：彩票能在多大程度上实现我们的财富梦想？其是一种投资还是一种投机？如何才能稳定地创造和增值财富？小到个人财富、大到企业和国家财富都与财务管理息息相关，树立和培养理财观念对我们的人生至关重要。

财务管理为企业进行投资决策提供方法上的支持，从而能最大限度地保证投资决策的科学性。具体来说，企业投资决策应包括预测企业的投资规模、确定企业的投资结构（见图 1-1）、研究企业的投资环境、评价企业的投资方案和选择可行的投资方案等内容。

他在华尔街的名声比较响，尚未出现过违约或者逾期，其吸引投资的条件是，如果想投资就请不要问其关于投资的任何问题，并经过熟人的引荐才可以。而且其投资门槛非常高，刚开始的时候是100万美元以上，后来又增加到500万美元，再后来干脆直接提升到1 000万美元。至于为什么在别人不赚钱的岁月里，他可以赚钱，他则用几个字简单做了解释："内部消息"。很多精明的对冲基金管理者、专业投资人士，竟也被"内部消息"这几个字轻而易举征服了。他宣称自己采取名为"分裂转换"的投资策略。几乎没有人可以解释清楚这究竟为"何物"。他的投资证券公司的所有交易均为其一人独断，他管理资产，并对公司财务状况一直秘而不宣，将投资顾问业务的所有账目、文件都"锁在保险箱里"，并设置严密的出入限制，与其他业务部门分开办公。

你知道鼎鼎大名的"他"是谁吗？你想投资"他"的公司吗？

"他"就是庞氏骗局的编织者——麦道夫，"他"的骗局被揭开后，很多金融机构都损失惨重。"他"得到的惩罚是因诈骗罪在纽约被判处150年监禁。

投资有风险，选择需谨慎。

投资决策的优劣决定了企业在投资项目运作后所获得的现金流量的多少，现金流量越多越稳定，企业价值越大；现金流量越少越不稳定，企业价值也越小。对于竞争市场中的企业，合理分配资金，规避风险，提高效益是投资的重要工作。

3. 分配活动

分配活动是企业对税后净利润进行处置的决策，即多少用于分配，多少用于企业留存。

贵州茅台是我国白酒业的龙头企业，分红可谓年年走高。2022年6月23日，贵州茅台公告，2021年年度利润分配方案为每股派发现金红利21.675元（含税），共计派发现金红利272.28亿元。当日贵州茅台的收盘价为1 957.10元。彼时，中国银行一年期定期存款利率为1.75%。你觉得贵州茅台投资者的分红回报率高不高？

股利分配时，企业需要权衡股东的近期利益和长远利益，既使股东的近期利益得到保障，又不会因保留盈余过少而损害股东的长远利益。同时，需要以合理的分配形式完成股利分配。现金股利等分配形式会影响企业的现金流出，而股票股利则不影响企业的现金流出。因此，在进行股利分配决策时，需主要研究的问题包括：股东对分红的要求；企业发展对保留盈余的要求；股利政策的连续性；影响利润分配政策的其他因素。

如图 1-1 所示，投资活动、筹资活动和分配活动有机地联系在一起，构成了完整的企业财务活动。如果企业以较低的成本和较小的风险筹集到所需资金，那么就有可能找到更多有利的机会取得盈利，也可以给股东分配更多的股利。反之，如果融资成本较高、资本来源有限，则企业的投资机会以及企业股利发放的数额会受到影响。此外，投资也会影响筹资和分配。企业高回报的投资机会越多，就要求筹集更多的资金，保留更多盈余以进行投资活动；企业高回报的投资机会越少，筹资要求越低，发放股利的数额则可能相对增加。

练一练

（单选）资金活动的起点和投资的前提是（　　）。

A. 投资活动　　B. 资金耗费　　C. 资金分配　　D. 筹资活动

答案：D。筹资活动和投资活动经常会陷入"先有鸡，先有蛋"的难题中，即：到底是有了项目找资金，还是有了资金找投资项目？现实中先有筹资和先有投资都是存在的。这里将筹资活动作为资金活动的起点，主要是基于企业资金流程观。

1.1.3 企业财务关系

企业财务关系是指企业在财务活动中与利益相关者发生的经济利益关系。财务关系主要包括以下几类关系。

1. 企业与政府的关系

企业与政府的关系体现为强制与无偿的分配关系。国家以社会管理者的身份无偿参与企业利润的分配，并委托税务机关向企业征收有关税费，包括所得税、流转税和其他形式的税费，这是国家财政收入的主要来源。企业必须按照国家颁布的税法和有关规定及时缴纳各种税费。

2022年政府工作报告提到，受多种因素冲击，部分企业和个体工商户遇到特殊困难。针对企业生产经营困难，政府加大了纾困支持力度。2022年全年增值税留抵退税超过2.4万亿元，新增减税降费超过1万亿元，缓税缓费7 500多亿元。为有力支持减税降费的政策落实，中央对地方转移支付大幅增加，并引导金融机构增加信贷投放，降低融资成本，新发放企业贷款平均利率降至有统计以来最低水平，对普惠小微贷款阶段性减息。量大面广的中小微企业和个体工商户普遍受益。

2. 企业与所有者（股东）的关系

当企业采用公司制的组织形式时，所有权主体和经营权主体发生分离，所有者只参与和做出有关所有者权益或资本权益变动的理财决策，而日常的生产经营活动和理财活动由经营者进行决策。在净资产不为负时，企业的所有者（股东）是企业的所有权人，对企业享有所有权并承担一定的经济法律责任，参与企业利润分配；企业作为所有者（股东）资金的接收者，受托对资金进行运营并实现利润，使所有者（股东）的资产保值增值，进而分配企业净利润。在上述关系中，代表企业行使权力和履行义务的是企业的经营者（管理层）。

2015年7月11日，宝能集团的姚振华持有万科已发行股份的5%进而举牌万科，并对外公告："应保监会的要求，维护市场稳定，买入蓝筹股"。另一面，万科的王石发了朋友圈说："还是我们深圳的企业，彼此知根知底啊"。接着，姚振华不断增持万科股票，到2015年12月4日，宝能集团已经持有万科20.08%的股份，成为万科的第二大股东，直逼第一大股东华润集团。"宝万之争"拉开帷幕。

2015年12月17日，王石发声："不欢迎宝能系成为万科的第一大股东，不会受到资本的胁迫，将为万科的信用和品牌而战"。2015年12月18日，宝能集团再次举牌，以24.29%的股权比例成为万科的第一大股东。当天下午，万科宣布停牌，开启反击之战。

3. 企业与债权人的关系

根据债务契约理论，企业同债权人的关系属于债务与债权关系，债权人为了保护自身利益会通过限制性条款来规范企业行为。企业的债权人主要有本企业债券的持有人、贷款机构、商业信用提供者及其他出借资金给企业的单位和个人。

我国债券市场规模不断扩大，截至2022年年末，债券市场托管余额144.8万亿元，已成为全球第二大债券市场。然而，2014年“11超日债”成为我国债券市场首例违约之后，债券违约金额和违约公司数量有所增加。2022年，超过60只债券发生实质性违约，累计违约金额超过400亿元。

4. 企业与供应商、客户的关系

企业因购进材料、出售产品而与往来单位（供应商、客户）发生收支结算关系，因延期收付货款发生商业信用关系。企业处理与供应商、客户等的财务关系时，要讲求商业信用，遵守结算以及还本付息约定，及时收付欠款，避免相互拖欠占用资金。这对缓解企业财务紧张状况，保证企业生产经营的顺利进行，加速资金周转具有重要意义。

在蔬菜收购和泡菜出厂的旺季，占有全国泡菜市场50%以上份额的新蓉新公司在这段时间每天从农民手中购进大蒜、萝卜等蔬菜，已经向农民打了400多万元的“白条”。新蓉新公司从零开始做到如今2亿多元的规模，每年缴税三四百万元，解决了附近十几个县的蔬菜销售问题，安排了六七千位农民就业，历史上只有少量贷款，大部分资金是“向朋友借的”。这种民间信用关系，全靠“一诺千金”，“白条”所带来的信誉损失将是难以接受的。

5. 企业与内部单位及员工的关系

一方面是企业内部各部门、各单位与企业财务部门之间的收支结算关系，包括向财务部门领款、报销及代收、代付等，它体现了企业内部资金集中管理的要求；另一方面是企业内部各单位之间由于提供产品或劳务而发生的资金结算关系，如企业支付员工工资、津贴、福利等，它体现了企业内部资金分散管理的要求。这种集中和分散的财务关系反映了企业在生产经营中的分工和协作的权责关系。现代企业要充分了解内部各单位运行状况，完善企业内部控制，提高财务信息质量，提高经营水平。

除上述财务关系外，一些对外投资的企业，其财务关系还包括企业与受资者形成的关系。企业以自身的法人财产向企业以外的其他单位投资，并按投资额的多少享有相应的投资收益。企业应当按照有关法规的要求，正确处理这种财务关系，以维护投资者、受资者的合法权益。随着企业之间的竞争日益加剧，企业要想在竞争中处于不败之地，必须围绕资金管理，合理组织财务活动，正确处理财务关系，通过财务管理这个价值管理纽带，综合反映企业生产经营各环节的情况，将企业管理的各项工作有机地协调起来，实现价值增长。

练一练

（判断）上市公司的经理人不会损害股东的利益，但可能会损害债权人的利益。（　　）

答案：错误。在现代公司制企业中，经理人和股东以及债权人之间形成了委托代理关系，由于可能存在目标的不一致，而产生道德风险。上市公司经理人损害股东利益的表现通常是建设企业帝国、过度在职消费等，经理人损害债权人利益的主要表现为从事高风险投资。

1.2 财务管理的价值观念与目标

1.2.1 财务管理的价值观念

财务管理的理念或原理，包括：货币时间价值、风险报酬、利率与通货膨胀、现金流转、有效市场假说等多种观点。

1. 货币时间价值

财务管理中最基本的价值观念就是货币时间价值，其表明货币经过投资和再投资的过程而不断增值，因为现在的一元钱在未来可以带来价值的增加，所以，现在的一元钱比未来的一元钱更值钱。

2023年3月，某银行的一年期存款利率是1.75%，这表明将10 000元存入银行，一年后将可以得到10 175元；而另外一家银行的一年期存款利率是1.95%，这表明将10 000元存入银行，一年后将可以得到10 195元。

2. 风险报酬

投资活动存在风险，导致投资报酬存在不确定性。因此，企业要权衡风险与报酬来做出最优的财务决策，即：在各种可选方案中，优选风险小而报酬多的投资，剔除风险大而报酬少的投资。这里所说的报酬是对未来收益的预期而不是实际收益。

某公司一个存在健康危险的临时项目，有甲、乙两人报名参与。当被询问各自对报酬的要求时，甲说："我要3 000美元，其中1 000美元给妻子，1 000美元用来购买保险，1 000美元留给自己用于可能出现的健康问题。"乙说："先生，请给我5 000美元。如果您把这个机会给了我，我会将其中的1 000美元留给您做保证金，1 000美元属于我自己，另外3 000美元我将雇佣甲来完成这个项目。"可见，乙预期报酬高，其在权衡了各方面利益的同时，想以小风险得到高报酬。当然，若考虑公司的成本，乙得到这个工作机会的可能性低于甲。

3. 利率与通货膨胀

利率的调整伴随着对通货膨胀的影响，反之，通货膨胀也会影响利率调整，两者互为因果。当利率下调时，人们倾向于增加消费，这时整个社会的需求过度或供应不足，导致通货膨胀；当利率上调时，人们倾向于抑制消费和投资，降低整个社会对商品和服务的需求，这在一定程度上会抑制通货膨胀。

位于非洲东南部的津巴布韦是一个内陆国家，自然资源比较丰富。但是2007～2008年，持续的经济衰退导致津巴布韦通货膨胀加剧，物资供应紧张，很多津巴布韦人不得不坐火车到邻国购物。民众每个月至少需要1 000万津元（2007年9月时，50万津元大约可以兑换1美元）才能维持基本生活，很多人甚至自嘲为"贫穷的百万富翁"。2008年，津巴布韦一度成为世界上通货膨胀率最高的国家。

通常所说的"通货膨胀软着陆"就是适度地提高利率和银行存款准备金率，减少市场上的货币，慢慢将通货膨胀消于无形。

利率的波动会影响企业的财务管理活动，对企业的融资成本、投资预期等产生影响。随着我国利率市场化制度的完善，利率将随着市场的变化而发生波动，这将给企业的财务管理工作带来挑战。通货膨胀对于企业财务工作也会产生巨大影响，企业采购成本、人工成本等将会面临增加的压力。

4. 现金流转

现金流转形成现金流量，现金流量是个包含现金流（货币资金以及有关的各种非货币资产）的大小、方向以及作用时点的矢量，指某一活动所引起的企业现金支出和现金收入的增减变动量，按照流入量、流出量和净流量分类计量。现金流量的充足与否将影响企业的偿债能力，为保证正常运营，企业的现金流量要足以偿还债务和购置为达到其经营目标所需的资产，否则，即使项目有利可图，但企业仍然可能由于现金流量不足无法偿还到期债务，而陷入经营困境甚至遭遇破产危机。现金流量是企业投融资评价以及企业价值评估的重要基础。

百富勤公司有着辉煌的历史，曾是高成长公司的典范。1988年，百富勤创立，起始资本仅为3亿港元；不到10年，迅速发展成在全球拥有24家分公司，业务涉及证券、期货、融资和资金管理等领域，总资产达240亿港元的最大华资证券公司。1997年下半年，金融危机爆发，证券市值下跌导致百富勤流动性风险大增，现金流转困难。出让部分股份换取现金的计划未获成功，往来银行又中止放贷，导致百富勤现金流量短缺问题无法缓解。最终百富勤不得不在四面楚歌中宣告清盘。其倒闭的直接导火线就是现金流转问题。

"现金至尊""现金为王"已经成为共识，现金流转对企业的重要性就如同血流对人体的重要性。如果流转的任何环节出现了问题而导致企业"供血不足"，轻则造成企业出现财务困难，重则导致投资失败，甚至破产，因此企业要重视现金流量。

5. 有效市场假说

财务管理的目标是企业价值最大化。这个目标能否实现，需要借助市场来衡量，这就涉及市场的有效性问题。通常，资本市场被分为无效市场、弱式有效市场、半强式有效市场和强式有效市场。有效市场意味着，与企业价值有关的公开信息都通过证券价格反映，这说明在其他条件不变的情况下，企业财务决策影响证券市场的价格，进而可以实现企业价值最大化的目标；会计方法变更所导致的收益变化不会引发证券市场价格变化。

1.2.2 财务管理的目标

财务管理目标是指企业在特定理财环境中，通过组织财务活动，处理财务关系所要达到的目的。财务管理目标取决于企业生存目的或企业目标，并具有体制性特征，受到整个社会经济体制、经济模式和企业所采用的组织制度的影响。有代表性的财务管理目标主要有以下三种。

财务管理的目标

1. 利润最大化

"天下熙熙，皆为利来；天下攘攘，皆为利往。"这里所说的"利"，如果用财务语言来解释，那么最恰当的应当是"利润"。

利润即所得减去所费的结果。从传统观点来看，作为盈利机构的企业以利润衡量成果，有一定的合理性。然而，在实践中，利润最大化难以解决如下问题。

（1）概念不够明确。利润存在毛利润和营业利润、税前利润和税后利润、利润总额和支付给股东的利润等多种具体概念。

（2）没有考虑利润形成的时间，没有体现货币时间价值。利润最大化通常是指当期或最近几期的利润总额最大，对于企业较长的经营时期，并不适用。也就是说，利润最大化适用于企业的短期或单期目标，而不适用于长期或多期目标，这容易导致企业行为短期化，只考虑眼前利益，而忽略企业的长远发展。

（3）没有充分考虑风险。高额利润往往伴随更大的风险，企业盲目追求最大化利润，可能导致忽视风险。

（4）没有考虑所获利润与资本额的关系。这有可能会使企业进行财务决策时优先选择高投入而低效率的项目。

2. 股东财富最大化

股东财富最大化是指股东持有股份的市场价值达到最大。一方面，股东财富非常明确，它基于期望流向股东的未来现金流量，通过货币时间价值进行科学的计量，克服了企业在追求利润时的短期行为。另一方面，它考虑了风险与报酬之间的联系，能有效克服企业不顾风险盲目追求利润的倾向。

然而，由于委托代理问题存在，股东相比于债权人更能影响企业决策，因此股东有可能为了自身利益而损害债权人的利益，从而不利于整个企业价值的增长。

3．企业价值最大化：适宜的选择

企业价值最大化是指通过企业的合理经营，采用最优的财务决策，在考虑货币时间价值和风险的情况下，使企业的总价值达到最高，进而使股东价值和债权人价值达到最大。这是现代财务管理理论认同的目标，是企业衡量财务行为和财务决策的合理标准。

1.3 财务管理的环境

财务管理环境是指对企业组织财务活动和处理财务关系产生影响的企业内、外部各种条件的统称。企业只有适应环境，才能够生存和发展。

1.3.1 财务管理的内部环境

财务管理的内部环境主要由企业组织形式、企业执行的基本制度、企业业务类型和财务管理的基础工作这四个部分组成。

1．企业组织形式

企业组织形式包括个人独资企业、合伙企业和公司制企业。

个人独资企业是依照《中华人民共和国独资企业法》设立，由一个自然人投资，财产为投资人个人所有，投资人以其个人财产对企业债务承担无限责任的经营实体。

合伙企业是指依照《中华人民共和国合伙企业法》设立的由各合伙人订立合伙协议，共同出资、合伙经营、共享收益、共担风险，并对合伙企业债务承担无限连带责任的营利性组织。其中包括特殊普通合伙企业，其是指以专门知识和技能为客户提供有偿服务的专业服务机构。例如，律师事务所、会计师事务所、医师事务所、设计师事务所等。特殊普通合伙企业必须在其企业名称中标明“特殊普通合伙”字样，以区别于普通合伙企业。

公司制企业是指一般以营利为目的，从事商业经营活动或某些目的而成立的具有法人资格的组织。其按照《中华人民共和国公司法》的规定，由法定人数以上的投资者（或股东）出资建立、自主经营、自负盈亏。我国公司制企业有有限责任公司和股份有限公司两种形式。

2．企业执行的基本制度

为管理和规范现代企业的组织形式、生产经营活动和财务活动，我国企业要求建立现代企业制度，需要自主制订适合本企业的、合法的管理工作制度。就会计制度而言，国家制定了会计法、企业会计准则、具体会计准则和分行业会计制度等。

国务院国有资产监督管理委员会编写的《企业财务制度汇编》，包括企业财务预决算、清产核资、经济责任审计、审计监督管理、综合绩效评价、财务统计、会计核算管理、会计内控、境外投资财务、工资福利财务、住房改革财务、改革改制财务、税务管理财务等制度内容。

3．企业业务类型

对于不同的行业，其财务管理模式也不同。企业的生产特点也会对企业财务管理有所影响。例如，生产型企业的财务管理重点为成本费用管理，而商品流通型企业的财务管理则更加注重销售收入的增加和销售款项的回收管理。

4．财务管理的基础工作

财务管理的基础工作包括定额管理、物资的计量验收、收发制度、原始记录和内部的计划价格制度等。企业财务管理人员的业务水平差异，对财务基础工作的执行产生影响。

1.3.2 财务管理的外部环境

企业财务管理的外部环境是指处于财务个体之外或间接影响企业财务管理活动的各种条件和因素的总和，主要包括政治政策环境、市场经济环境、法律环境、金融市场环境和其他外部环境等。

1．政治政策环境

政治政策环境是有关国家法治、社会制度、政治形势、方针政策等条件和因素的统称。政治政策环境是企业财务管理的大环境，从整体上影响着企业财务管理活动的策划和运行。

2．市场经济环境

市场经济环境是指社会的生产力和生产关系等条件的组合。它主要包括经济体制的类型、经济结构的状况、经济资源的供求等。在市场经济环境下，企业要以市场为基础来合理有效地配置资源。

20世纪30年代，西方资本主义国家爆发大规模经济危机。美、德、法、英等资本主义国家共有数十万家企业破产，失业工人超过数千万人。受恐慌心理的影响，储户纷纷从银行提款而发生挤兑，造成上千家银行破产。由于经济危机的出现，企业理财的重点转变为如何维持企业的生存，包括维持企业资产的流动性、清偿企业债务、防范破产、企业合并重组等。到了20世纪50年代中期，财务管理的重点从企业的外部转向企业的内部，注重企业的内部决策和控制。如何管理资金、降低成本、减少资金浪费和加速资金周转，成为该阶段财务管理的主要内容。在实践中，计算机技术开始逐渐被广泛应用于财务分析与计划，以及现金、应收账款、库存和固定资产的管理与控制等领域。

3．法律环境

法律环境主要包括企业组织法规、税务法规、财务会计法规等，是指企业所处社会的法制建设现状及其完善程度。企业需考虑不同法治水平下法律环境对财务管理的影响和约束，在守法的前提下进行财务管理工作，以实现企业价值的最大化。

4．金融市场环境

金融市场是指资金融通的场所。其可以为企业实现投资活动和筹资活动，也可实现长期资金与短期资金的相互转化，促使资金合理流动，从而对企业财务管理产生重要影响。

5．其他外部环境

地理、自然、社会环境，如企业所处的地理位置、气候特征、人口特征、民俗习惯、社会文化等条件，对企业财务管理工作也会产生一定的影响。

1.4 财务管理的组织

1.4.1 企业财务管理的组织机构

企业财务管理的组织机构，是开展财务活动、实现财务目标的重要条件。由于企业财务决策在战略决策中占有重要地位，企业均单独设立财务管理组织机构，并设一名专管财务的副总经理（CFO），负责制订公司财务政策和决策，解决在企业生产经营活动中所涉及的财务问题，包括企业产品开发、生产、经营、销售等决策，兼顾微观与宏观两个方面的管理与调控。在财务副总经理之下，设有两位重要管理人员：财务长和总会计师。财务长负责资金筹集和使用以及股利分配等工作；总会计师主要负责会计税务以及审计等工作，如图1-2所示。也有一些大型企业，财务副总经理兼任总会计师。

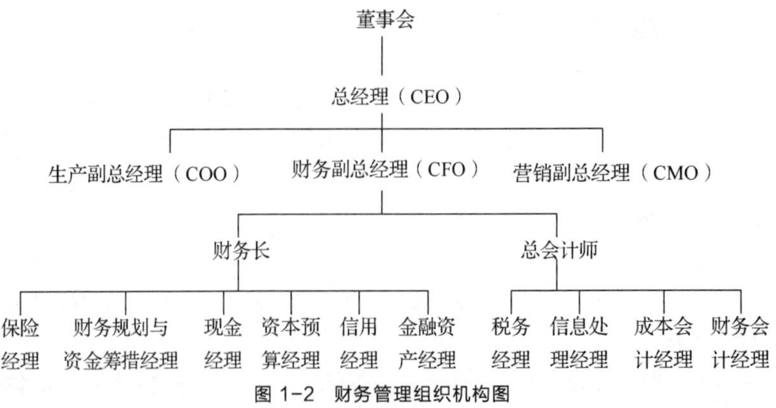

图 1-2 财务管理组织机构图

除设立财务部门之外，大型企业往往还采取财务委员会形式，即利用委员会中拥有不同背景和知识结构的委员来制订财务政策并做出重大的财务决策。委员们是来自各个职能部门和重要的生产经营部门的主要负责人。财务委员会协同董事会对资本投资和经营等重大财务事项进行决策。

1.4.2 首席财务官

现代企业对财务副总经理企业财务部门负责人的要求不仅体现在日常管理上，更注重其对企业战略全局的谋划。在大型企业中，财务部门负责人常被称为财务总监、财务主管、首席财务官（CFO）等。

清朝的时候，在店铺里就有账房先生，"上奉业主使命，下管全店收支，对内有监督保管之权，对外有制约营业之职能，具左右逢源，上下沟通之管理机能"。

首席财务官代表所有者的利益，其监督贯穿于企业生产经营和财务收支的事前、事中和事后的全过程，可以随时掌握企业各部门活动的各种信息。因此，相比企业的其他监督形式，首席财务官监督具有不可替代的重要作用。对上报企业财务报表的真实性，与经理共同承担责任；对国有资产的流失承担相应责任；对企业重大投资项目决策失误造成的经济损失承担责任；对企业严重违反财经纪律的行为承担责任。企业所有者通过授予首席财务官以监督和约束经营者行为的权力，规范企业财务行为，如约束"内部人控制"。现代企业经营权和所有权分离，企业经营者的利益和所有者的利益并不完全一致，这样就可能产生经营者为了自身利益而背离甚至损害所有者利益的情况，即所谓的"内部人控制"。

首席财务官的主要职权包括参与制订企业财务管理制度，监督检查企业各级财务活动和资金收支情况；参与拟订财务预算、决策方案和发行股票、债券方案；审核企业新项目的可行性；同经理共同批准规定限额内的经营性、投资性资金支出；参与拟订企业利润分配方案和亏损弥补方案；审核企业财务报表，与经理共同确定其真实性，并上报本企业董事会和国有资产产权部门；定期向国有资产产权部门报告本企业资产和经济效益变化情况，对企业重大经营问题及时报告。

综合训练案例

创业项目是否可行？

王晓多已经大学毕业两年了，从事了几份工作，但至今还没有让他很满意的，不是报酬太低，就是工作内容沉闷缺少创造性等。他觉得在几份工作中都没能发现自己的价值。于是，他决定创业。这个想法一进入大脑，就让他兴奋了好几天。可对于究竟干什么，他无所适从。

“兴趣是最好的老师”，这是他高中班主任常说的一句话，也冥冥中给了他指引。要说兴趣，他爱好摄影，时不时地走走、拍拍，他钟情于以独特的视角记录幸福瞬间，他喜欢给世间万物赋予灵动的一瞥。

他调查了一下，在“网红”经济迅速发展的今天，拍照、短视频拍摄剪辑、视频文案策划等业务的市场需求还是很多的。除了个人消费者，中小企业也有此类需求，毕竟短视频已经被应用在产品销售、品牌宣传、视频广告等很多领域。

成立一间小的摄影工作室需要的投入包括：房租、处理软件以及摄像机、手机、音频设备、灯光设备、三脚架、稳定器等。购买这些设备要花费4万元左右。虽然工作了两年，可是王晓多没存下什么钱，这4万元对他来说也是个大数目。若找父母借，那么，他想给父母一个惊喜的愿望就落空了；若找亲友借，支付的利息也会给他很大的压力。思来想去，王晓多想到把小时候攒的几本邮票卖掉凑钱。可是却发现集邮市场不景气，一些邮票已经开始贬值。偶然间，他翻看手机相册时，发现了一张合影，是与学习摄影时认识的一个好兄弟的合影。他想到如果两个人合作，自己的负担会小一点，设备也能够快速到位，这样就可以开工了。可一旦买入了这些设备，那么，摄影将不再仅是爱好，而是工作。对于摄影工作室正常经营并盈利后的利润分配问题，他现在还没有想法，想以后再考虑。两人已经很久未联系，王晓多不确定好兄弟是否有资金可以投入。他在网上商城浏览相关设备时，发现有些设备实际上是可以分期付款购买的，他有些担心自己会走入购物陷阱。对于工作室能不能使他获得超过前几份工作的报酬，甚至实现财富梦想，他无法确定，但他清楚，事前规划是必不可少的。

思考讨论题：

（1）基于财务视角，王晓多应该关注摄影工作室的哪些事情、指标或者因素？

（2）你支持王晓多创业吗？理由是什么？

（3）你能否给王晓多提供一份虚拟的规划报告？如果不能，还需要补充哪些信息与资料？

第2章 财务管理基础

学习目标

【知识目标】

熟练掌握货币时间价值原理、风险、报酬与利率的基本价值观念，以及这些价值观念中涉及的相关计算；

熟悉本量利分析的基本原理与相关计算。

【素养目标】

建立财务价值观念，包括对不同时点资金价值的认识、风险与报酬关系的分析以及利率变动影响因素的思考，并有意识地用于后续筹资、投资、分配等财务管理活动。

引导案例

这里有一个神奇的只接收一分硬币的储蓄罐。第一天投进一枚硬币，第二天你将取出两枚，如果第二天不取，第三天你将取出四枚，如果第三天仍然不取，第四天你将取出八枚，如果你能够收起好奇心，等上一个月，你猜你能够取出多少枚硬币？或者说，这枚你投资的一分硬币，为你带来了多少财富？实话告诉你吧，超过五百万枚！这实际上就是以复利表达的货币时间价值的威力。正如爱因斯坦所说："复利的计算是人类世界的第八大奇迹"。

当然，你清楚，这价值的得到和威力的发挥仰仗着那个神奇的储蓄罐——也就是投资者或者企业不断寻找的盈利模式。这么好的储蓄罐，到哪里去找呢？其实，即使找到了，也可能会发生一些意想不到的事情，若储蓄罐不小心摔碎了，或者之前我们根本没有意识到这是个神奇的储蓄罐而转手送人了，或者这个储蓄罐被弟弟在罐口塞了泡泡糖并拿去砸了核桃……那我们还能获得报酬吗？可能性微乎其微。

如果我们在得到储蓄罐之后，幸运地看到了罐底的说明书，不存在将其送人的可能，也会小心轻放保管好，但仍然可能因不可控制的因素导致储蓄罐产生增值的速度大大减慢，如第一天投进一枚硬币，第十天才能取出两枚，如果在二十天内一直不取，则在第二十天你将取出四枚，以此类推，那么，再等上一个月也只能取出八枚而已。

在财务管理中，储蓄罐中资金增值的速度可以用利率来表达。日常生活中的利率实际上存在于多场景之下：我们发现，银行同期贷款利率高于存款利率；国债利率高于银行同期定期存款利率；不同银行的同期存款利率也不相同。并且，相比于过去，利率的调整更加频繁，利率的数值越来越难以把握和确定。储蓄罐中资金增值的利率影响了我们获得的财富数量，那么，利率对财务管理工作会产生什么影响？我们又该如何理解利率？

企业财务管理的目标是实现企业价值最大化，而这一目标能否实现在很大程度上依赖于企业现金流量发生的时间，离开货币时间价值，许多财务决策将无法正确做出；要想取得满意的经济效益，企业必须均衡风险与报酬；利率直接关系到企业筹资成本的高低，从而影响利润水平以及企业价值。以上这些基本价值观念构成了现代企业财务管理的基础。

2.1 货币时间价值

2.1.1 货币时间价值的概念

货币时间价值，即货币在使用过程中随着时间变化发生的增值，即货币经历一定时间的投资和再投资所增加的价值。货币时间价值有两种表现形式。一种是相对数，即利率；另一种是绝对数，即利息额。

货币时间价值的概念

如果你突然收到一张1 260亿美元的账单，你一定会大吃一惊。田纳西镇的一家银行应向存款者支付1 260亿美元，纽约布鲁克林法院做出了这样的判决。田纳西镇的这家银行收到账单时，也被惊呆了。原来，1966年，一家不动产公司在这家银行存入一笔6亿美元的存款，约定银行按每周1%的利率（复利）支付利息。从存款日到田纳西镇对该银行进行清算的7年中，这笔存款应按每周1%的复利计息，而在银行清算后的21年中，每年应按8.54%的复利计息，共计1 260亿美元。

货币的时间价值是货币在周转使用中产生的，货币投入生产经营过程后，随着时间持续而价值不断增长。货币不能存储起来，否则不仅会丧失交换功能，还会随着时间而贬值。同时，资金的循环和周转以及实现货币增值需要时间，每经过一次循环，货币就增加一定数额，周转次数越多，增值额也越大，货币总量在循环周转中呈几何级数增长。今天的一元钱和明天的一元钱，价值是不相等的。在市场经济条件下，货币作为一种必需的生产要素，在投入生产过程后，会使投入者取得相应的报酬。货币时间价值是货币的所有者让渡货币使用权参与社会财富分配的一种形式。

练一练

（判断）货币在任何情形下，都随着时间产生增值。（　　）

答案：错误。马克思在“资本论”中指出：“作为资本，货币的流通本身就是目的，因为只有在这个不断更新的运动中才有价值的增值。”“如果把它从流通中取出来，那它就凝固为贮藏货币，即使藏到世界末日，也不会增加分毫。”正如培根所说：“金钱就像粪土，只有播撒出去后才是好东西。”货币在资金循环过程中不断增值。

货币时间价值原理表明，不同时点上资金的筹集、投放、使用和回收价值是不等的，帮助个人建立动态、主动、积极的理财观念，帮助企业以动态的眼光去看待资金，加强资金管理工作，减少资金闲置浪费，提高资金使用的经济效率，对企业的价值评估、项目投资预算、债券价值评估、股票价值评估等财务管理工作影响重大。

2.1.2 货币时间价值的运算

1. 货币时间价值运算的工具——现金流图

现金流图是直观反映每一时间点上资金的流向和数量的图形。它明确了资金运动发生的时间、流向和数量。

同一时点的资金才能直接在价值上进行比较，不同时点的单位货币价值不相等，不同时点的资金或资金流，则需要按一定的折现率，折算到某一可比时点上。现金流图将资金情况作为时间的函数用图形和数字表示出来。在现金流图上，横轴向右方时点增加，表示时间的延续，从各个时点上引出的不同方向的纵向箭头线表示发生在那个时点上现金的流入或流出，现金流的大小由箭头线旁的数字表示。图 2-1 所示的现金流图，表示在 0 时点和 2 时点分别有 100 单位和 200 单位的现金流入，在 1 时点有 150 单位的现金流出，也就是在第 1 期期初有 100 单位的现金流入，在第 1 期期末有 150 单位的现金流出，在第 2 期期末有 200 单位的现金流入。

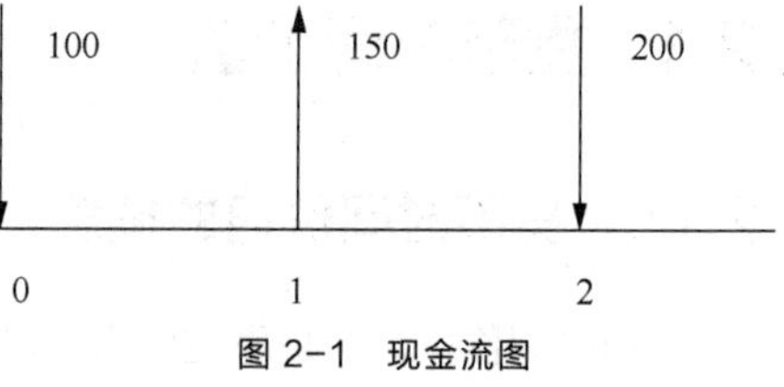

图 2-1 现金流图

2. 终值和现值的运算关系

狭义的货币时间价值是指在没有风险和没有通货膨胀条件下的社会平均资金利润率；广义的货币时间价值是指货币的时间价值原理，即不同时点的货币换算关系。由于货币随时间的增长过程与利息的增值过程在数学上相似，因此，在换算时使用计算利息的方法，主要有单利的现值和终值、复利的现值和终值，以及各种年金的现值和终值。

（1）单利的现值和终值

单利是指在规定的期限内只计算本金的利息，每期的利息不计入下一期计息的本金，不产生新的利息收入。

假如，期初投入资金 P，每期利息率为 i，则经过 n 期后，可以获得终值 F 的计算公式为：

$$F=P\cdot(1+i\cdot n) \tag{2-1}$$

单利法下的现值 P 为：

$$P=\frac{F}{1+i\cdot n} \tag{2-2}$$

从单利法计算公式中可以看到，在期初投入资金 P 和利息率 i 一定的情况下，每期的利息是相同的。若期数 n 相同，则整个期间的利息总额也是相同的，与开始计息的起点无关。

（2）复利的现值和终值

复利，不同于单利，它将每期的利息收入在下期转化为本金，产生新的利息收入，即所谓的“利滚利”，充分体现了货币的时间价值。如果不特别提及，在讨论货币时间价值时，均采用复利的计算方法。

复利现象在生活中很常见，在自然界中也可以找到它的存在。初夏时节，荷塘里嫩绿的浮萍开始零星地出现，最初荷塘里只有一两片，然后每天慢慢增加，直到蝉声四起的时候，荷塘中还有一半都是空荡荡的。但是一夜之间，浮萍会突然奇迹般地占满整个水面。其实，浮萍是以指数增长的形式分蘖的，越到后来，增长速度就会越快。

① 终值计算

在期初（第一年年初或第 0 年年末）的资金即为现值 P，对应其 n 年后的资金本利和即为终值，也叫作未来值，用 F_n 表示。

如果在期初（第一年年初或第 0 年年末）投入为 P，以后不再投入，n 年后的本利和为 F_n，图 2-2 所示为其现金流图。

按照复利法计算第 n 年年末本利和 F_n，如表 2-1 所示。

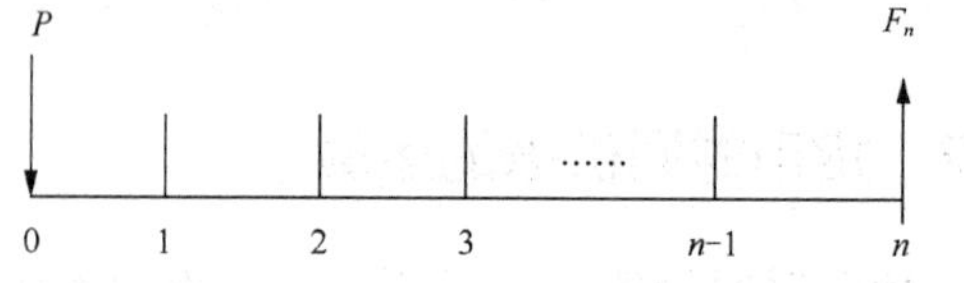

（0点表示第一年年初，1点表示第一年年末，同时又是第二年年初，下同）

图 2-2 资金一次投入示意图

表 2-1 复利法下各年本利和

年	各年年初数	各年利息	各年年末本利和
1	P	Pi	$P+Pi=P(1+i)$
2	$P(1+i)$	$P(1+i)i$	$P(1+i)+P(1+i)i=P(1+i)^2$
3	$P(1+i)^2$	$P(1+i)^2i$	$P(1+i)^2+P(1+i)^2i=P(1+i)^3$
……	……	……	……
n	$P(1+i)^{n-1}$	$P(1+i)^{n-1}i$	$P(1+i)^{n-1}+P(1+i)^{n-1}i=P(1+i)^n$

从表 2-1 中可知，第 n 年年末的本利和为：

$$F_n=P\cdot(1+i)^n \tag{2-3}$$

在式（2-3）中，P 为现值，F_n是终值，$(1+i)^n$常用符号$(F/P，i，n)$表示，称为复利终值系数，因此式（2-3）亦可用式（2-4）表示。

$$F_n=P\cdot(F/P，i，n) \tag{2-4}$$

对不同的 i 和 n，其终值系数可通过查阅终值系数表得到。

富兰克林遗嘱的内容大概是这样的："我将从财产中拿出1 000英镑赠送给波士顿的居民。若他们接受了这笔钱，就应该挑选公民代表来经营这笔钱。首先，按5%的年利率，将这笔钱借给年轻的手工业者，那么100年之后这笔钱就大约增加到131 500英镑。然后，拿出其中的100 500英镑来建一所公共建筑物，剩下的31 000英镑继续用来借贷生息，那么第二个100年之后，这笔钱就增加到了4 076 538英镑。此时，我想拿出3 000 000英镑让马萨诸塞州的公众来支配，剩下的仍然由波士顿的居民来管理。之后，这笔钱的管理，我也不敢多作主张了！"富兰克林本来的1 000英镑在遗嘱中却包含了几百万英镑财产的分配，这究竟是"信口开河"，还是"言而有据"呢？事实上，借助于复利公式，我们就可以通过计算而做出自己的判断。

例2-1 某人以年利率10%从银行借款10 000元，期限为5年，如图2-3所示，采用复利计息，第5年年末时他应该偿还的本金和利息共为多少钱？

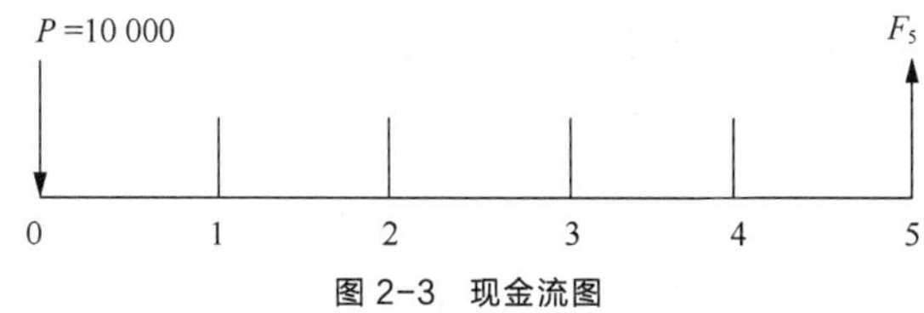

图 2-3 现金流图

解：因为$F_n=P\cdot(1+i)^n$ 或者$F_n=P\cdot(F/P，i，n)$

所以$F_5=10\ 000\cdot(F/P，10\%，5)=10\ 000\times1.6105=16\ 105$（元）

练一练

（思考）两笔3万元投资，经过100年后，分别增值1亿元和10亿元，两者的货币时间价值大相径庭，似乎违背了"时间对每个人都是公平的"的规律，这合理吗？

答案：合理。来看一个真实的例子。

1905年，惠特尼女士以3万美元购得毕加索名画——《拿烟斗的男孩》。2004年5月5日，该女士的后人将《拿烟斗的男孩》在纽约索思比拍卖行拍卖，并最终以创纪录的1.04亿美元（包括竞拍者的额外费用）成交。该画因此成为世界上"最昂贵的绘画”。该女士及其后人从中可以获利1亿多美元，由此可见当初的投资是多么正确的选择！

可是，倘若当时的惠特尼女士没有购买这幅名画，而是拿着这3万美元去投资，那么按照11%（美国近70年股市的平均投资收益率）的投资收益率计算，100年后，这笔投资的价值约为10.22亿美元，几乎是卖画获利的10倍！

在现值3万美元与终值1亿多美元以及10.22亿美元的换算关系中，均需借助式（2-3）或式（2-4），两者终值大相径庭的原因，就是每期利息率不同。

我们还可以进一步思考：投资方案不同，在一定时期内的价值增长也不相同，应该以哪一个为货币时间价值的标准呢？财务上，以没有风险没有通货膨胀条件下的社会平均资金报酬率为标准，一般以存款的纯利率为准，或者在通货膨胀率很低的情况下以国债等政府债券利率表示。假如你现在手头有100万元现金，有4种选择：A. 埋在地下、藏在鞋盒子里或天花板上，一年后，还是100万元；B. 选择定期存款，年利率为2%，一年后价值为102万元，增长2万元；C. 购买企业债券，年利率为5%，增长5万元；D. 选择购买股票，预期收益率为10%，增长10万元。同样是100万元，在这个例子里，货币的时间价值可以用方案B中2%这个相对数来表示，也可以用2万元这个绝对数来表示。

② 现值计算

复利现值是复利终值的逆运算，指未来一定时间的资金按复利计算的现在价值，或者说是为取得未来一定本利和而现在所需要的本金。

由式（2-3）可以得出式（2-5）：

$$P = F_n \cdot \frac{1}{(1+i)^n} \tag{2-5}$$

其中，$\frac{1}{(1+i)^n}$ 可以用符号 $(P/F，i，n)$ 表示，称为复利现值系数。因此式（2-5）可改写为式（2-6）：

$$P = F_n \cdot (P/F，i，n) \tag{2-6}$$

例2-2 某人想进行投资，如果已知投资报酬率为10%，希望5年后能获得本利和10 000元，如图2-4所示，那么现在他应该投入多少钱？

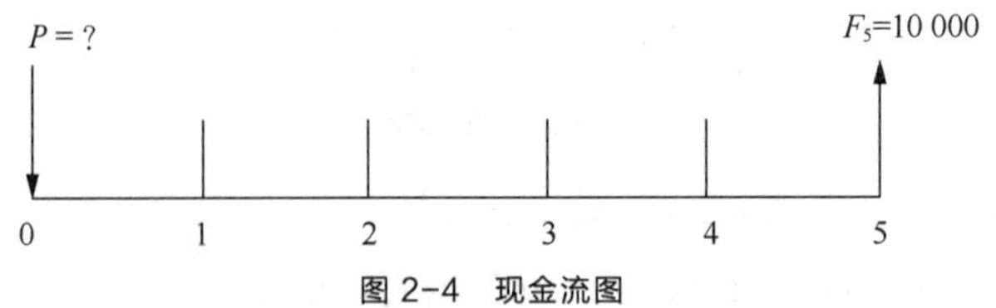

图 2-4 现金流图

解： 由式（2-5）、式（2-6）可得：

$$P = F_n \cdot \frac{1}{(1+i)^n} = 10\,000 \times \frac{1}{(1+10\%)^5} = 10\,000 \times 0.620\,9 = 6\,209 \text{（元）}$$

或者：$P=F_n \cdot (P/F，i，n)=10\,000\times(P/F，10\%，5)=10\,000\times0.620\,9=6\,209$（元）

3．年金的运算关系

在经济生活中，分期付款赊购、分期偿还贷款、发放养老金等行为，具有每次收付相同金额且持续定期收支的特点，这样的等额、定期的系列资金称为年金。年金按其每次收付发生的时点不同，可分为普通年金、预付年金、递延年金和永续年金。

（1）普通年金

普通年金是指一定时期内每期期末等额收付的系列款项，又称后付年金。

① 普通年金终值

普通年金终值是一定时期内每期期末收付款项的复利终值之和。如图 2-5 所示。普通年金终值相当于零存整取的本利和，即：各期收支款项的复利终值之和。

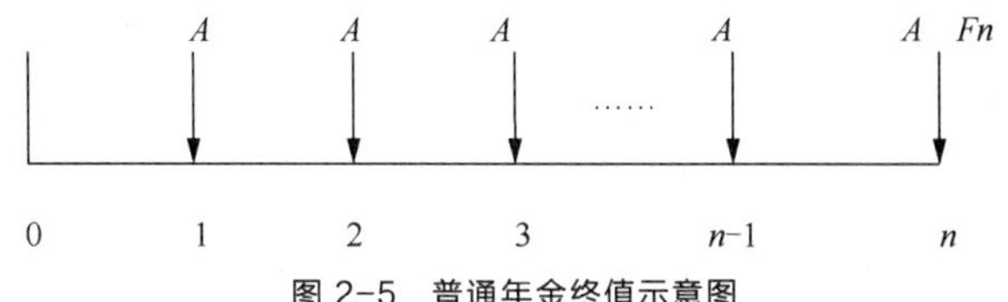

图 2-5 普通年金终值示意图

设：各年 j 的年末均投入等额资金 A，年利率为 i，则终值 F_n 的计算如下。

根据第1年年末的A计算其到第n年年末的本利和为：$A(1+i)^{n-1}$

根据第2年年末的A计算其到第n年年末的本利和为：$A(1+i)^{n-2}$

根据第3年年末的A计算其到第n年年末的本利和为：$A(1+i)^{n-3}$

根据第（n-1）年年末的A计算其到第n年年末的本利和为：$A(1+i)^{n-(n-1)}=A(1+i)^1$

根据第n年年末的A计算其到第n年年末的本利和为：$A(1+i)^{n-n}=A(1+i)^0$

因此，根据各年的年末投入等额资金 A 计算得到的各自的第 n 年年末的本利和相加得到式（2-7）：

$$\begin{aligned}F_n&=\sum_{j=1}^{n}A\cdot(1+i)^{n-j}=A\cdot\sum_{j=1}^{n}(1+i)^{n-j}\\&=A\cdot[(1+i)^{n-1}+(1+i)^{n-2}+\cdots+(1+i)^2+(1+i)^1+(1+i)^0]\\&=A\cdot\frac{(1+i)^n-1}{i}\end{aligned}\tag{2-7}$$

将 $\frac{(1+i)^n-1}{i}$ 用符号表示为 $(F/A,\ i,\ n)$，称为年金终值系数，则式（2-7）可表示为式（2-8）：

$$F_n=A(F/A,\ i,\ n)\tag{2-8}$$

所以，若已知终值（F_n），求各年等额资金量的公式为（2-9）：

$$A=F_n\cdot\frac{i}{(1+i)^n-1}\tag{2-9}$$

将 $\frac{i}{(1+i)^n-1}$ 用符号表示为 $(A/F,\ i,\ n)$，称为偿债基金系数，则式（2-9）可以表示为式（2-10）：

$$A=F_n\cdot(A/F,\ i,\ n)\tag{2-10}$$

例2-3 某人每年年末均可获得公司分红5万元，如果其将这些分红进行投资，若年均投资报酬率为10%，到第5年年末时一次取出的本利和为多少？现金流图如图2-6所示。

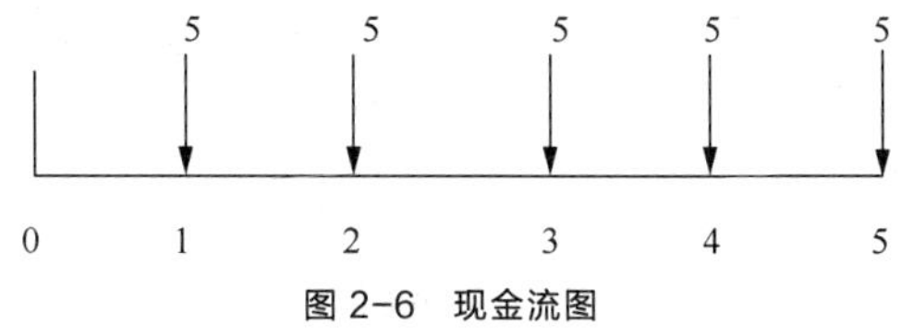

图 2-6 现金流图

解： 由式（2-7）得：

$$F_5 = A \cdot \frac{(1+i)^5 - 1}{i} = 5 \times \frac{(1+10\%)^5 - 1}{10\%} = 5 \times 6.1051 = 30.5255 \text{（万元）}$$

或者：$F_5 = A \cdot (F/A,\ 10\%,\ 5) = 5 \times 6.1051 = 30.5255$（万元）

练一练

（单选）甲方案在3年中每年年初付款500元，乙方案在3年中每年年末付款500元，若利率为10%，则两个方案第3年年末的终值关系是（　　）。

A. 前者大　　　　B. 后者大

答案：A。在货币时间价值的计算中，一定要分清楚是期初还是期末。因为同一期的期初和期末相差一期。这就体现了现金流图这一工具的重要性。画在图上，能够清晰区分。当然，上述问题也可以从预付年金和普通年金的关系上进行分析。预付年金将在下文中讲解。

② 普通年金现值

普通年金现值是指为在每期期末取得相等金额的款项，现在需要投入的金额，如图 2-7 所示。

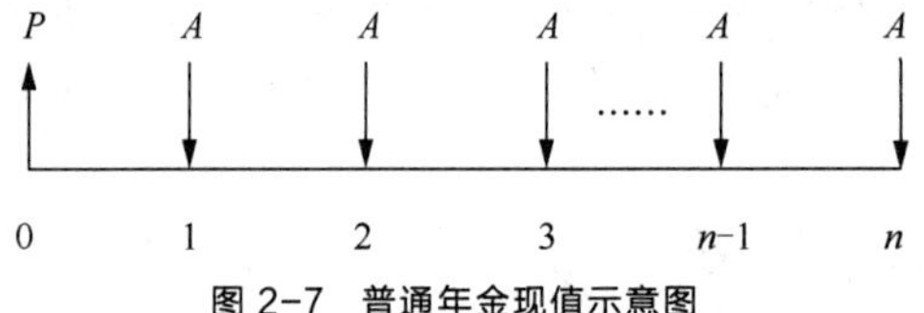

图 2-7　普通年金现值示意图

由式（2-5）和式（2-7）得到式（2-11）：

$$P = A \cdot \frac{(1+i)^n - 1}{i(1+i)^n} \tag{2-11}$$

将 $\frac{(1+i)^n - 1}{i(1+i)^n}$ 用符号 $(P/A,\ i,\ n)$ 表示，称为年金现值系数，则式（2-11）可表示为式（2-12）：

$$P = A \cdot (P/A,\ i,\ n) \tag{2-12}$$

由式（2-11）和式（2-12），若已知一次期初（第一年年初或第 0 年年末）投入，求各年年末等额量为多少，则得到式（2-13）：

$$A = P \cdot \frac{i(1+i)^n}{(1+i)^n - 1} \tag{2-13}$$

将 $\frac{i(1+i)^n}{(1+i)^n - 1}$ 用符号 $(A/P,\ i,\ n)$ 表示，称为投资回收系数，则式（2-13）可以表示为式（2-14）：

$$A = P \cdot (A/P,\ i,\ n) \tag{2-14}$$

例2-4 某企业从银行贷款50万元投资于某项目，若偿还期为10年，每年年末偿还相等的金额，贷款年利率为8%，试求每年年末应偿还多少？现金流图如图2-8所示。

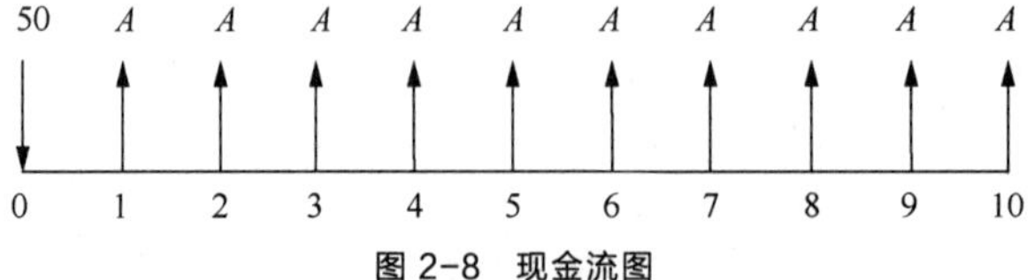

图 2-8　现金流图

解：由式（2-13）和式（2-14）可得：

$$A=P\cdot\frac{i(1+i)^n}{(1+i)^n-1}=P\cdot(A/P,\ i,\ n)=50\times(A/P,\ 8\%,\ 10)=7.45\text{（万元）}$$

（2）预付年金

预付年金是指一定时期内每期期初等额收付的系列款项，又称即付年金、先付年金。预付年金与普通年金的区别在于付款时间不同。

① 预付年金终值

预付年金终值是其最后一期期末的本利和，是各期等额收付款项的复利终值之和。n 期预付年金终值与 n 期普通年金终值之间的关系，如图 2-9 与图 2-5 所示。两者付款次数相同，但由于付款时间不同，n 期预付年金终值比 n 期的普通年金终值多计算一期利息。

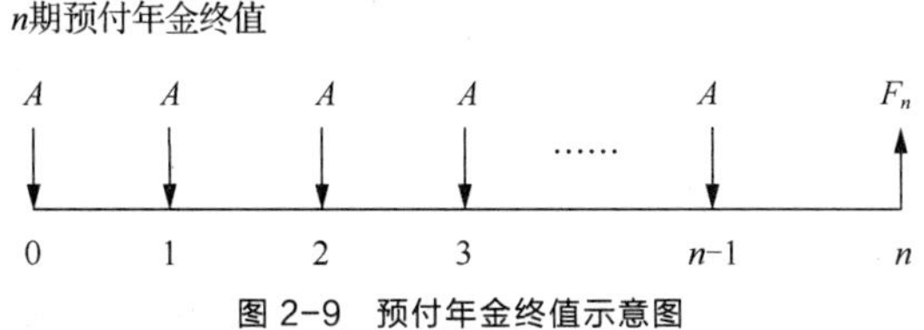

图 2-9　预付年金终值示意图

因此，在 n 期普通年金终值[式（2-7）]的基础上乘以$(1+i)$，就是 n 期预付年金终值。即式（2-15）：

$$F_n=A\cdot[\frac{(1+i)^n-1}{i}]\cdot(1+i)$$

$$=A\cdot[\frac{(1+i)^{n+1}-(1+i)}{i}] \tag{2-15}$$

将$[\frac{(1+i)^{n+1}-1}{i}-1]$用符号表示为$[(F/A,\ i,\ n+1)-1]$，称为预付年金终值系数，为（$n$+1）期年金终值系数减去 1。则式（2-15）可表示为（2-16）：

$$F_n=A\cdot[(F/A,\ i,\ n+1)-1] \tag{2-16}$$

例2-5 某公司决定连续5年每年年初存入100万元作为住房基金。银行存款利率为10%。则该公司在第5年年末一次取出本利和多少万元？现金流图如图2-10所示。

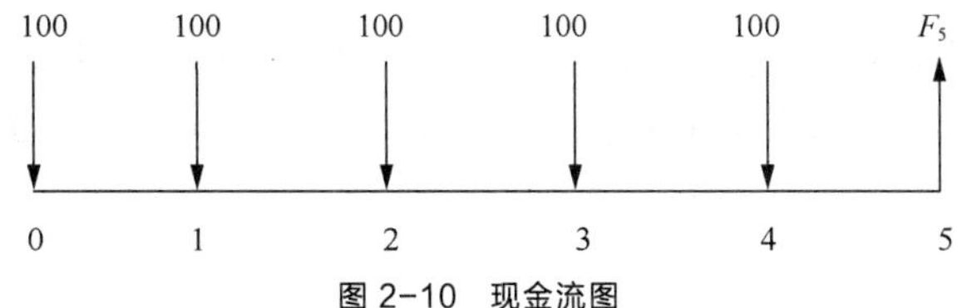

图 2-10　现金流图

解：由式（2-15）可得：

$$F_5=A\cdot\left[\frac{(1+i)^{n+1}-1}{i}-1\right]=100\times\left[\frac{(1+10\%)^{5+1}-1}{10\%}-1\right]=671.56\text{（万元）}$$

② 预付年金现值

n 期的预付年金现值与 n 期的普通年金现值之间的关系，如图 2-11 与图 2-7 所示。两者期限相同，但由于付款时间不同，n 期预付年金现值比 n 期的普通年金现值少折现一期。

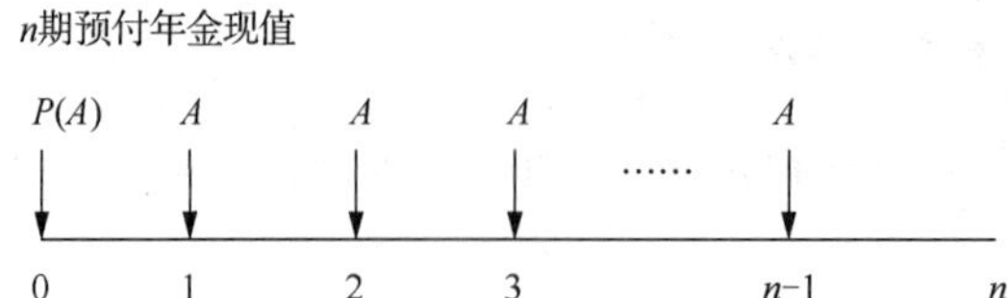

图 2-11 预付年金现值示意图

所以，在 n 期普通年金现值的基础上乘以 $(1+i)$，便可求出 n 期预付年金的现值。即式（2-17）：

$$P = A\cdot\left[\frac{(1+i)^n-1}{i(1+i)^n}\right]\cdot(1+i)$$

$$= A\cdot\left[\frac{1-(1+i)^{-(n-1)}}{i}+1\right] \quad (2\text{-}17)$$

将 $\left[\frac{1-(1+i)^{-(n-1)}}{i}+1\right]$ 用符号表示为 $[(P/A,\ i,\ n-1)+1]$，称为预付年金现值系数，则式（2-17）可表示为（2-18）：

$$P=A\cdot[(P/A,\ i,\ n-1)+1] \quad (2\text{-}18)$$

例2-6 某公司现购得一台设备，在5年中每年年初支付购买货款10万元，利息率为8%，这笔设备的分期购货款相当于一次现金支付的购价是多少？现金流量如图2-12所示。

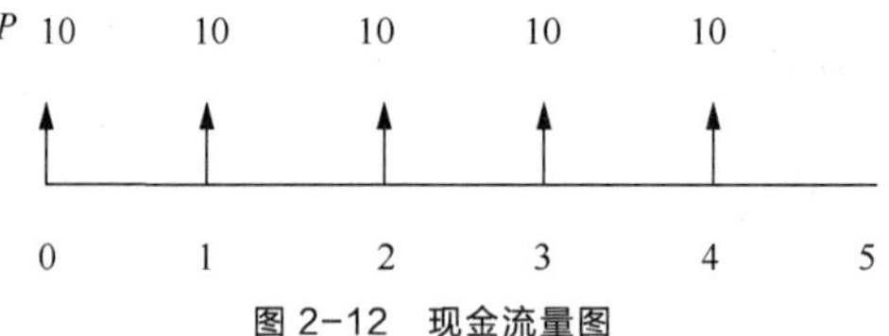

图 2-12 现金流量图

解：由式（2-17）可得：

$$P = A\cdot\left[\frac{(1+i)^{n-1}-1}{i(1+i)^{n-1}}+1\right]=10\times\left[\frac{(1+8\%)^{5-1}-1}{8\%(1+8\%)^{5-1}}+1\right]=43.121\text{（万元）}$$

（3）递延年金

递延年金是指第一次收付发生在第二期或以后某期的年金，是普通年金的特殊形式。显然，递延年金终值与递延期数无关，其计算方法与普通年金终值的计算方法相同。

例2-7 某公司向银行借入一笔钱，贷款年利率为10%，银行规定前5年不用还本付息，但从第6年到第10年每年年末偿付本息10 000元。问该笔贷款的现值是多少？现金流量如图2-13所示。

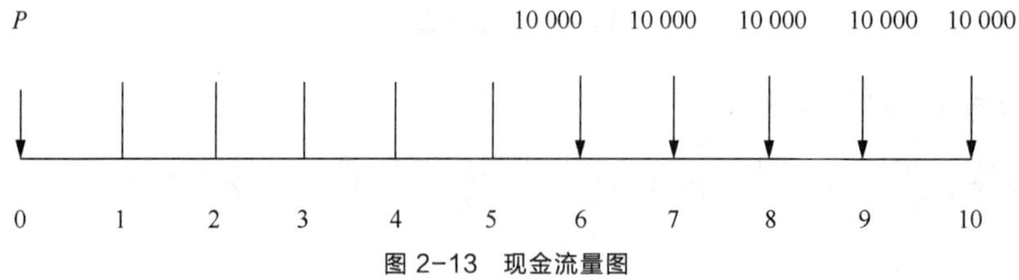

图 2-13 现金流量图

解：由式（2-12）、式（2-6）可得

$$P=A\cdot(P/A,\ i,\ n)\cdot(P/F,\ i,\ m)=10\,000\times(P/A,\ 10\%,\ 5)\times(P/F,\ 10\%,\ 5)=23\,537.08\text{（元）}$$

（4）永续年金

永续年金是指收付期限为无限的年金。在经济生活中，无限期债券、优先股股利、奖励基金都属于永续年金。永续年金没有终止的时间，所以没有终值。

著名的诺贝尔奖金是以阿尔弗雷德·贝恩哈德·诺贝尔的部分遗产创立的基金。他在遗嘱中提出，将部分遗产（920万美元）作为基金，以其利息分设物理学、化学、生理学或医学、文学及和平奖项（后添加了经济学奖），授予世界各国在这些领域对人类做出重大贡献的学者。如果每次发放的奖金数相同并且持续发放下去，永不停止，则诺贝尔奖金就是典型的永续年金。

永续年金现值可从普通年金现值的计算公式中推导出来：

$$P=\lim_{n\to\infty}\left[A\cdot\frac{(1+i)^n-1}{i(1+i)^n}\right]=\frac{A}{i} \tag{2-19}$$

例2-8 某人持有某公司的优先股，每年年末获得10 000元固定股息，若利息率为10%，则该优先股的现值为多少？

解：根据式（2-19）可得：$P=\frac{A}{i}=\frac{10\,000}{10\%}=100\,000$（元）

练一练

（判断）永续年金可视作期限无限的普通年金，终值与现值的计算可在普通年金的基础上求得。（　　）

答案：错误。永续年金没有终点，也就无所谓终值，其终值不存在。

当你学业有成的时候，可以为你的母校设置以你名字命名的奖学金。你不必担心奖学金发放几年后就没有了。很多大学都有基金会，会运营校友捐款，从而达成更长时间甚至是永远的发放，实现永续年金“奖学金”。

2.2 风险与报酬

2.2.1 风险及其计量

1．风险的内涵

风险是指在一定条件下和一定时期内可能发生的各种结果的变动程度。变动程度越大，风险越大。这里的各种结果，主要指投资收益或收益率的各种结果。

练一练

（判断）风险意味着损失。（　　）

答案：错误。风险意味着变动，可能带来收益，也可能带来损失。

关于“风险”一词的由来，有种说法是：远古时期，渔民们以打鱼捕捞为生，深深地体会到“风”会带来许多不确定的危险，“风”即意味着“险”，“风险”的定义由此而来。实际上，“风”带来的“险”，也可能是使船只更快靠岸。即便如此，渔民们每次出海前都要祈祷出海时能够风平浪静，满载而归。也就是说，人们希望能够控制风险，运筹帷幄，不希望获得超常的收益或损失的结果。

风险是在“一定条件下”的风险，随着航运条件的改善，渔民们打鱼捕捞的风险是不一样的；风险的大小随时间的变化而变化，可以说是“一定时期内”的风险，打鱼捕捞越接近尾声，结果预计就越准确，事件不确定性一般在缩小，到最后完成，结果也就完全确定了。

风险可能给投资者带来超出预期的收益，也可能带来超出预期的损失。一般来说，投资者对意外损失的关注要比对意外收益的关注强烈得多。因此，人们研究风险时侧重于减少风险，经常把风险看成不利事件发生的可能性而要求规避风险。

在决策时，由于某些信息的取得成本过高，或者不能事先确知企业经营的未来发展，如价格、销量、成本等都可能发生预想不到并且无法控制的变化，以及决策者对外部因素的不可控，如政府政策的变化、顾客需求的改变、供应商的违约等，都会导致风险的产生。风险表达了事件本身的不确定性，具有客观存在的特点。但严格来说，风险和不确定性是有区别的。风险是指事先可以知道所有可能的结果，以及每种结果发生的概率；而不确定性则是指事前并不知道所有可能的结果，或者虽然知道可能的结果但无法知道它们发生的概率。在实务操作中对风险和不确定性不做严格区分，都将其视为“风险”问题对待，一般把风险理解为“可测定概率”的不确定性。

2．风险的分类

从不同的角度划分，风险分为不同的类别，从单个投资主体和企业经营本身可以对风险做如下分类。

（1）从单个投资主体的角度，根据风险是否能被分散，风险分为系统风险和非系统风险。系统风险是指那些影响所有公司即整个市场的因素引起的风险，也称为市场风险，如经济危机、自然灾害、战争等。这类风险影响所有的投资对象，不能通过多样化投资来分散，因此，又称为不可分散风险。

非系统风险是指只影响个别公司的特有事件而造成的风险，又称为公司特有风险。例如，新产品开发风险、事故风险等。这种风险是随机发生的，有时是可以避免的，可通过多样化投资等来分散，因此又称为可分散风险。

1993年3月，沪深股市分别从历史的最高点1 558点、358点开始下跌，一直跌到1994年7月末的330点和94点，股票市值下降了70%以上，这种下跌是由系统风险引发的。就像乘坐飞机旅行，坐头等舱的旅客不会比坐经济舱的旅客更安全，即坐头等舱和坐经济舱的危险程度一样，这就是系统风险。在森林里遇到野兽，逃生的关键不是跑得快，而是能否比同伴跑得更快，这是一种非系统风险。

（2）从企业经营本身来看，风险可分为经营风险和财务风险。经营风险是指生产经营的不确定性带来的风险，它是任何企业进行经营活动都会面临的风险。企业经营活动的每一环节都会有风险，而且有时往往是企业所不能控制的。

财务风险是指企业因负债经营而带来的风险。若企业没有需要固定支付的利息，那么就不会出现财务风险。企业只要负债经营，就可能发生财务风险，财务风险可能导致企业破产倒闭。

3．风险的计量

风险的计量，主要使用概率和统计的方法。

某一事件出现的可能性，可以用概率（P_i）表示。把每种可能性或结果列示出来，并给予一种概率，就构成了概率分布。概率分布是指某一事件各种结果发生可能性的概率分配。任何一个事件的概率分布都必须符合以下两个规则。

① $0 \leqslant P_i \leqslant 1$；② $\sum_{i=1}^{n} P_i = 1$。

第一步，计算期望收益率。期望收益率是概率分布的平均值，即对每种可能的收益率按其各自的概率进行加权平均所得的收益率。期望收益率可按公式（2-20）计算：

$$\bar{K}=\sum_{i=1}^{n}K_iP_i \tag{2-20}$$

式中，$\bar{K}$ 表示期望收益率；K_i 表示第 i 种可能的收益率；P_i 表示第 i 种可能结果的概率；n 表示所有可能结果的数目。

第二步，计算离散程度。随机变量离散程度最常用的参数是方差和标准差。

方差用来表示随机变量与期望值之间的离散程度，通常用 σ^2 表示。采用收益分布的方差能够对风险进行测算，其计算公式为：

$$\sigma^2=\sum_{i=1}^{n}(K_i-\bar{K})^2\cdot P_i \tag{2-21}$$

标准差也叫均方差，是方差的平方根。它是各种可能的收益率偏离期望收益率的综合差异。实际上一般都是运用标准差来衡量某一事件可能结果的概率分布的宽窄程度，以此来对决策对象各种可能结果的离散程度进行衡量。标准差越小，说明离散程度越小，风险也就越小。标准差通常用 σ 表示，其计算公式为：

$$\sigma=\sqrt{\sum_{i=1}^{n}(K_i-\bar{K})^2\cdot P_i} \tag{2-22}$$

第三步，计算标准差率。标准差是反映随机变量离散程度的一个指标。但它是一个绝对值，只能用来比较期望收益率相同的各项投资的风险程度，而不能用来比较期望收益率不同的各项投资的风险程度。要比较不同期望收益率的项目的风险程度，就需用标准差同期望收益率的比值，即标准差率，也称标准差系数。其计算公式为：

$$V=\frac{\sigma}{\bar{K}}\times 100\% \tag{2-23}$$

式中，V 表示标准差率。

练一练

（单选）甲、乙两个投资项目的期望收益率不同，甲投资项目可能收益率的标准差大于乙投资项目，则两个项目的风险相比，(　　)。

A. 甲小于乙　　B. 甲不大于乙　　C. 甲大于乙　　D. 难以判断

答案：D。依据式（2-23），利用标准差率判断项目风险大小，在期望收益率未知时，无法进行风险的判断。

例2-9 假设某企业有一投资项目，现有A、B两个方案可供选择。这两个方案在未来三种经济状况下的预期收益率及其概率分布如表2-2所示。

表 2-2　　A、B 两个方案的期望收益率及其概率分布表

经济情况	发生概率	A 方案期望收益率	B 方案期望收益率
繁荣	30%	90%	20%
正常	40%	15%	15%
衰退	30%	-60%	10%
合计	1.0	—	—

在这里，概率既表示每一种经济状况出现的可能性，又表示各种不同期望收益率出现的可能性。在【例2-9】中，当未来经济情况出现繁荣的可能性有30%时，A方案可以获得高达90%的收益率，即采纳A方案获利90%的机会是30%。实际上，收益率还受到其他

多种因素的影响，这里为了简化只考虑了经济情况这一个影响收益率的因素。

A方案的期望收益率为：

$$\bar{K}=30\%\times90\%+40\%\times15\%+30\%\times(-60\%)=15\%$$

B方案的期望收益率为：

$$\bar{K}=30\%\times20\%+40\%\times15\%+30\%\times10\%=15\%$$

两个方案的期望收益率相同，但从图2-14中可以看出其概率分布并不相同，A方案收益率的分散程度大于B项目的，A方案的风险似乎要比B方案的风险大得多。这说明两个方案的报酬率相同，但风险程度不同，要运用离散程度定量衡量风险大小。

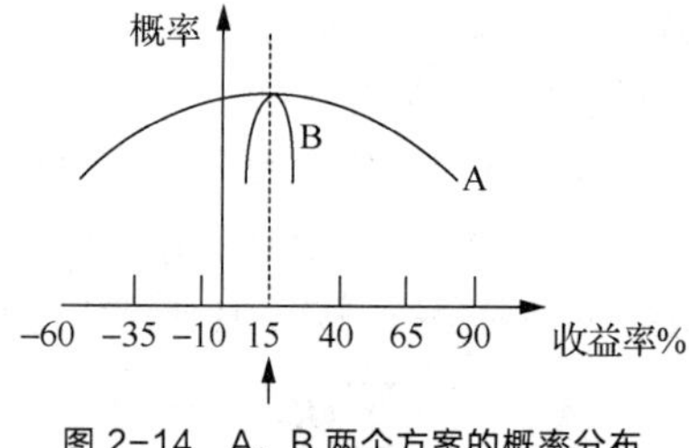

图 2-14　A、B 两个方案的概率分布

A方案的标准差为：

$$\sigma_A=\sqrt{(90\%-15\%)^2\times30\%+(15\%-15\%)^2\times40\%+(-60\%-15\%)^2\times30\%}=58.09\%$$

B方案的标准差为：

$$\sigma_B=\sqrt{(20\%-15\%)^2\times30\%+(15\%-15\%)^2\times40\%+(10\%-15\%)^2\times30\%}=3.87\%$$

A方案的标准差率为：

$$V_A=\frac{\sigma_A}{\bar{K}_A}\times100\%=\frac{58.09\%}{15\%}\times100\%=387.3\%$$

B方案的标准差率为：

$$V_B=\frac{\sigma_B}{\bar{K}_B}\times100\%=\frac{3.87\%}{15\%}\times100\%=25.8\%$$

上述结果说明A方案为了获得1%的收益而承担了387.3%的标准差，而B方案只承担了25.8%，所以B方案更优。此例中，两个方案的期望收益率相等，可直接根据标准差来比较两个方案的风险程度，但如果期望收益率不等，则必须计算标准差率才能比较两个方案的风险程度。

2.2.2 风险报酬的计量

企业或投资者在有风险的条件下进行投资而获得的超过货币时间价值的额外收益，称为风险报酬或风险收益；企业或投资者因为冒风险进行投资活动而获得的超过时间价值率的那部分额外报酬率，称为风险报酬率。在企业财务管理中，风险报酬通常用相对数即风险报酬率来表示。

风险报酬率的大小主要取决于两个因素：风险大小和风险价格。一般而言，风险报酬的大小与风险的大小成正比，即风险报酬率与反映风险程度的标准差率成正比。在风险市场上，风险价格的高低取决于风险价值系数 b。风险报酬率用式（2-24）表示：

风险报酬率=风险价值系数×标准差率

用符号表示为：

$$R_R=b\cdot V \tag{2-24}$$

如果忽略通货膨胀因素的影响，投资报酬率就是无风险的投资报酬率（无风险报酬率）和有风险的投资报酬率（风险报酬率）之和。用式（2-25）表示：

投资报酬率=无风险报酬率+风险报酬率

$$R=R_F+R_R=R_F+b\cdot V \tag{2-25}$$

式中，R 表示投资报酬率；R_F 表示无风险报酬率；R_R 表示风险报酬率；b 表示风险价值系数；V 表示标准差率。

无风险报酬率就是货币时间价值率加上通货膨胀率。一般地，把投资于国库券的收益率视为无风险报酬率。风险价值系数一般由投资者根据以往同类项目或主观经验加以确定。

计算出风险报酬率后，就可以根据有关的投资数据资料计算出风险报酬的大小。其计算公式为式（2-26）：

$$P_R = C \cdot R_R$$

$$或\ P_R = P_m \cdot \frac{R_R}{K} = P_m \cdot \frac{R_R}{R_F + R_R} \quad (2\text{-}26)$$

式中，P_R表示风险报酬；C表示总投资额；P_m表示投资总报酬。

在【例 2-9】中，假设 A、B 两个方案的风险价值系数分别为 8%和 12%，总投资额为 100 000 元。

两个方案的风险报酬率分别如下：

A方案：$R_{R(\mathrm{A})} = b_\mathrm{A} \cdot V_\mathrm{A} = 8\% \times 387.3\% = 31\%$

B方案：$R_{R(\mathrm{B})} = b_\mathrm{B} \cdot V_\mathrm{B} = 12\% \times 25.8\% = 3.1\%$

两个方案的风险报酬分别如下：

A方案：$P_{R(\mathrm{A})} = C_{(\mathrm{A})} \cdot R_{R(\mathrm{A})} = 100\,000 \times 31\% = 31\,000$（元）

B方案：$P_{R(\mathrm{B})} = C_{(\mathrm{B})} \cdot R_{R(\mathrm{B})} = 100\,000 \times 3.1\% = 3100$（元）

风险计量中无论是各种结果的确定还是其发生概率，都带有一定的主观性，无法精准确定。为了实现企业价值最大化的目标，风险报酬原理的关键是要树立风险价值观念，即在进行投资决策时，测量风险并权衡风险与报酬之间的关系，选择有可能避免风险、分散风险并获得高报酬的投资方案，以实现收益最大情况下的风险最小。

投资者总是力求冒较小的风险，得到尽可能大的收益，至少是风险与收益大体相当。面对未来的不确定，人们如同站在大雾面前，茫然无措。如果有一阵清风吹散一些迷雾，就会让人把前面的路看得清楚些。因此，人们需要学会感知方向，这就如同投资时需要事先对风险进行衡量。

2.3 利率

2.3.1 利率及其构成

1. 利率的概念

利率又称利息率，是衡量资金增值量的基本单位，也就是资金的增值与投入资金的价值之比，通常用一定期间内利息与本金的百分比形式表示。

从投资者角度看，利率是投资者期望获得的收益率。从筹资方角度看，利率是使用资金必须支付的利息代价，要用收益进行补偿。利率越高，说明所要支付的使用资金的代价就越高，收益补偿的数额也就越大。若企业筹措资金的目的是用于投资，但投资收益不足以补偿利息，则该项投资就无利可图。从资金流通的借贷关系来看，利率是一个特定时期运用资金这一资源的交易价格，也就是说，资金作为一种特殊商品，在资金市场上的买卖，是以利率作为价值标准的，资金的融通实质上是通过利率这个价格体系在市场机制作用下对资金的再分配。

利率在个人和企业财务决策过程中起重要作用。例如，一个企业拥有投资收益率很高的投资机会，它就可以发行较高利率的证券来筹资，投资者会把过去投资利率较低的证券卖掉，来购买这种利率较高的证券，这样，资金将从低利率的投资项目不断向高利率的投资项目流动。因此，在有效的资本市场中，资金从低收益项目到高收益项目的分配，是由市场机制通过利率的差异来决定的。

利率水平的高低对上市公司股票价格和债券价格会产生双重影响。利率的上升或者下降影响企业的财务费用，从而导致上市公司利润的下降或升高，这将会造成上市公司证券价格的下跌或升高；同时，利率上升或下降，资金就会从证券市场流向银行或从银行流向证券市场，证券投资需求减少或增加，证券价格也会下跌或升高。

2. 利率的分类

按照利率之间的变动关系，利率分为基准利率和套算利率。基准利率是中央银行的再贴现率。套算利率是各金融机构根据基准利率和借贷款项的特点而换算出的利率。

按利率与市场资金供求状况的关系，利率分为固定利率和浮动利率。固定利率是在借贷期内固定不变的利率。由于通货膨胀，固定利率会使债权人的利益受到损害。浮动利率在借贷期内可以调整，在通货膨胀情况下采用浮动利率，可使债权人减少损失。浮动利率通常有最高限和最低限，并在借款合同中明确。对于借款企业来讲，若预测市场利率将上升，应与商业银行签订固定利率合同；反之，则应签订浮动利率合同。

按形成机制不同，利率分为市场利率和法定利率。市场利率根据资金市场上的供求关系而变动。法定利率由政府金融管理部门或中央银行确定。

按数量关系，利率分为优惠利率、浮动优惠利率和非优惠利率。优惠利率是银行向财力雄厚、经营状况好的企业贷款时收取的名义利率，为贷款利率的最低限。浮动优惠利率是随市场条件的变化而随时调整变化的优惠利率。非优惠利率是指高于优惠利率的利率。非优惠利率与优惠利率之间差距的大小，由借款企业的信誉、与银行的往来关系及当时的信贷状况所决定。

随着我国利率市场化进程的加快，利率的波动将会更加频繁，这将为企业财务管理带来更多挑战。

3. 利率的构成

利率是资金这种特殊商品的价格，主要由供求关系决定。除此之外，经济周期、通货膨胀、国家货币政策和财政政策、国际经济政治关系、国家利率管制程度以及产业平均利润水平、市场经济发展状况、物价水平等，对利率变动均有不同程度的影响。

利率通常由以下三个部分构成：

利率=纯利率+通货膨胀补偿率+风险报酬率

其中，纯利率是指无通货膨胀、无风险情况下的平均利率。在没有通货膨胀时，国库券的利率可以视为纯利率。纯利率的高低，受平均利润率、资金供求关系和国家宏观调控的影响。

通货膨胀补偿率是指为补偿由于通货膨胀导致货币的实际购买力下降造成损失而要求提高的利率。通货膨胀使货币贬值，并使投资者真实报酬下降。

风险报酬率是投资者要求的除纯利率和通货膨胀补偿率之外的风险补偿。风险越大，投资人要求的风险补偿越大，风险报酬率越高。

4. 名义利率与实际利率的换算

在讨论利率时，总是和一定的期间相对应的，如月利率、年利率等。有时候，实际收付利息的期间和名义的计息期间、实际获得的借款和名义借款数额并不吻合。要明确实际利率就需要进行换算。

借款合同上规定的利率为名义利率。当名义利率为年利率，且合同期限等于一年时，若在借款合同开始时得到了全部借款，且采用期末一次还本付息（企业以规定的利率计算利息，将本息一并支付给银行），则实际利率与名义利率相等。当名义利率为年利率，但计息期间小于一年时，即使在借款合同开始时得到了全部借款，实际利率仍然会高于名义利率，而且计算期限越短，实际利率与名义利率的差距就越大。此时，两者的关系可用式（2-27）表达。

$$\text{实际利率}=(1+\frac{\text{名义利率}}{m})^m-1 \quad (2\text{-}27)$$

式中，m 表示一年内计息次数。

银行向企业发放贷款时采用贴现法也会导致名义利率和实际利率不一致。贴现法即先从本金中扣除利息部分，而到期时借款企业则要偿还贷款全部本金的一种计息方法。对于这种方法下取得的贷款，企业可利用的贷款额减少，只有本金减去利息部分后的差额，因此，贷款的实际利率高于名义利率。

若为一年期的贴现贷款，则该笔贷款的实际利率可用式（2-28）表示：

$$\text{实际利率}=\frac{\text{利息支出}}{\text{借款总额}-\text{利息支出}}\times100\% \quad (2\text{-}28)$$

如果借款期限在一年以下，则实际利率可用式（2-29）表示：

$$\text{实际利率}=\left[(1+\frac{\text{利息支出}}{\text{借款总额}-\text{利息支出}})^m-1\right]\times100\% \quad (2\text{-}29)$$

还有一种情况是银行向企业发放贷款时采用了加息法。加息法也称加息分摊法，是指在分期等额偿还贷款的情况下，借款企业从第一期就开始偿还本金，直到借款全部还清的方法。就本金来讲，借款企业实际上只借用了一半的资金，却要支付全额利息。因而，借款企业所负担的实际利率约为名义利率的 1 倍。例如，为期一年的贷款会要求借款企业在 12 个月内平均偿还，每月偿还 1/12。在这种情况下，贷款的实际利率将会大大高于名义利率。此时，两者关系可用式（2-30）表达：

$$\text{实际利率}=\frac{\text{利息}}{\text{年平均借款额}}=\frac{\text{利息}}{\text{借款总额}/2} \quad (2\text{-}30)$$

练一练

（单选）一项借款，每半年付息一次、每季度付息一次、每月付息一次、每星期付息一次、每天付息一次、每小时付息一次以及不断缩小的时间间隔付息，则实际利率与其名义利率相比（　　）。

A. 越来越大，趋于无穷　B. 越来越大但有最大值　C.越来越小

答案：B。依据式（2-27）可以做出判断，随着计息次数的增加，实际利率在不断增大；当式（2-27）中的m趋于无穷大时，实际利率存在最大值。

例2-10 某企业从银行获得一笔名义利率为8%的贷款150 000元，若年内计息次数为5次，则其实际利率为多少？

解： 实际利率$=\left(1+\frac{8\%}{5}\right)^5-1=8.26\%$

例2-11 某企业从银行取得借款10 000元，期限1年，年利率（名义利率）为8%，按照贴现法付息，该项贷款的实际利率为多少？

解： 实际利率$=\frac{10\,000\times8\%}{10\,000-10\,000\times8\%}\times100\%=8.7\%$

例2-12 某企业借入（名义）年利率为12%的贷款20 000元，分12个月等额偿还本息。该项借款的实际利率为多少？

解： 实际利率$=\frac{20\,000\times12\%}{20\,000/2}=24\%$

2.3.2 利率与通货膨胀

1．通货膨胀的含义

经济学界对通货膨胀的解释并不完全一致，但普遍认可的定义是：一定时期内货币的发行量超过流通中所需的货币量而导致的物价上涨现象。

第一次世界大战之后，协约国要求德国支付巨额赔款。这使得德国出现了财政收支不平衡以及严重的财政赤字，为了筹集用于赔款的资金，德国政府大量发行货币，引起了严重的通货膨胀。例如，以报纸的价格来说，1921年1月，人们仅需花费0.3马克就可以买一份报纸，但是到1923年9月，竟然要花费1 000马克。更惊人的是，1923年11月，一份报纸的价格竟然高达7 000万马克。名义价值和实际价值不符的货币，造成货币贬值、物价上涨，也就是老百姓常说的“钱毛了”。产业结构不合理等因素也可能导致通货膨胀。

2．物价变动指数与通货膨胀预期

货币购买力的上升或下降可以通过物价变动指数计量。所谓物价变动指数，是指反映不同时期商品价格变动的动态相对数。按照计算时包括商品范围的不同，其分为个别物价指数、类别物价指数和一般物价指数三种。一般物价水平变动以全部商品价格为对象，通常用消费品价格指数表示，在我国称为社会商品零售物价总指数。消费品价格指数是对城市居民消费商品、劳务的情况，通过抽样调查取得数据计算形成的统计平均数，能够反映报告期内因价格变动而增加或减少的开支数。

若预期的货币购买力降低，则产生通货膨胀的预期，将引发利率上升，资金的供应者将会要求增加回报。反之，亦反。预期通货膨胀率与名义利率之间的关系称为费雪效应。名义无风险利率等于实际利率加预期通货膨胀率，即式（2-31）：

$$名义无风险利率=实际利率+预期通货膨胀率 \tag{2-31}$$

为了保证实际利率也就是实际购买力不变，一国经济往往通过调整名义利率来抑通货膨胀的影响。

3．通货膨胀对财务管理的影响

通货膨胀导致财务管理信息资料不实。由于通货膨胀必然引起物价变动，但会计核算一般维持成本计价原则，导致资产负债表所反映的资产价值低估，不能反映企业的真实财务状况。资产价值低估和交易价格上涨，材料成本和加工费用增加，会造成产品成本中原材料、折旧费、成本等低估。而收入却按现时价格计算，使经营成果不真实。同时，由于固定资产价值低估，造成折旧提取不足，实物资产和生产能力发生减损。由于收入高估，成本费用低估，致使利润虚增，税负增加，资本流失。

通货膨胀使利率上升，企业使用资金的成本会提高。另外，通货膨胀加剧，会使物价水平全面提高，购置同样物资的资金需要量大幅增加。

通货膨胀会使预测、决策及预算不实，影响财务决策，使财务控制失去意义。如果企业持有债券，则债券价格将随着通货膨胀、市场利率的提高而下降，使企业遭受损失。

2.4 本量利关系

2.4.1 成本性态

所谓成本性态，是指成本总额对业务量的依存关系。其中，业务量指企业生产经营活动水平的标志量。它可以是产出量也可以是投入量；可以使用实物或时间度量，也可以使用货币度量。

总成本按其性态可以分为固定成本、变动成本和混合成本。其中：固定成本是指在一定时期和一定业务量范围内，其总额不受业务量增减变动影响而能保持相对稳定的成本，如固定工资、固定资产折旧等。变动成本是指在一定时期和一定业务量范围内，总额随业务量变动而正比例变动的成本，如直接材料、直接人工、外部加工费等，其单位变动成本为常量。混合成本是介于固定成本和变动成本之间的成本，总额因业务量变动而变动，但不是成正比例关系，可以分解成固定成本和变动成本两个部分。

总成本都可以分成固定成本和变动成本两个部分，这里，采用产出量来度量业务量，并假设产量和销量相等。这样总成本可以用式（2-32）表达：

$$\begin{aligned}\text{总成本}&=\text{变动成本}+\text{固定成本}\\&=\text{单位变动成本}\times\text{销量}+\text{固定成本}\end{aligned}\tag{2-32}$$

2.4.2 本量利方程

本量利分析是企业经营管理中应用非常普遍的一种分析方法，是成本、业务量和利润三者依存关系分析的简称。它以数量化的会计模型与图形来揭示固定成本、变动成本、销售量、销售单价、销售收入和销售利润之间的内在联系，是为预测、决策和规划提供必要的财务信息的一种技术方法。

本量利方程由基本损益方程式、基本损益方程式的变换形式和考虑所得税的损益方程式等构成。本量利分析从粗略地估计销售利润（息税前利润）到考虑所得税，还可以细致考虑包括利息费用在内的期间费用，使估算更加准确。

1. 基本损益方程式

基本损益方程式用损益法来计算利润，由一定期间的收入和与这些收入相对应的成本的差额得到，用式（2-33）表达：

$$\text{销售利润}=\text{销售收入}-\text{总成本}\tag{2-33}$$

由于：销售收入=单价×销量，结合式（2-32）

则有：$\text{销售利润}=\text{单价}\times\text{销量}-\text{单位变动成本}\times\text{销量}-\text{固定成本}$ （2-34）

例2-13 某企业每月固定成本2 000元，生产一种产品，单价20元，单位变动成本10元，本月计划生产销售500件。其预期销售利润是多少？

解： 将有关数据代入式（2-34）得：

$$\begin{aligned}\text{销售利润}&=\text{单价}\times\text{销量}-\text{单位变动成本}\times\text{销量}-\text{固定成本}\\&=20\times500-10\times500-2\,000=3\,000\text{（元）}\end{aligned}$$

2. 基本损益方程式的变换形式

基本损益方程式把“销售利润”放在等号的左边，把其他变量放在等号的右边，这种形式便于计算销售利润。如果待求的数值是其他变量，则可以将方程式进行恒等变换，使等号左边是待求的变量，右边为其他参数，由此可得出不同的基本损益方程式的变换形式，即在该方程式中其他变量已知时，计算销量、计算单价、计算单位变动成本、计算固定成本，分别如式（2-35）、式（2-36）、式（2-37）、式（2-38）所示：

$$\text{销量}=\frac{\text{固定成本}+\text{销售利润}}{\text{单价}-\text{单位变动成本}}\tag{2-35}$$

$$\text{单价}=\frac{\text{固定成本}+\text{销售利润}}{\text{销量}}+\text{单位变动成本}\tag{2-36}$$

$$单位变动成本=单价-\frac{固定成本+销售利润}{销量} \tag{2-37}$$

$$固定成本=单价×销量-单位变动成本×销量-销售利润 \tag{2-38}$$

例2-14 某企业每月固定成本2 000元，生产单一产品的单价为20元，计划销售300件产品，要实现利润1 600元。其单位变动成本应为多少？

解： 将有关数据代入计算单位变动成本的方程式：

$$单位变动成本=单价-\frac{固定成本+销售利润}{销量}=20-\frac{2\,000+1\,600}{300}=8（元/件）$$

3. 考虑所得税的损益方程式

计算税后利润的损益方程式为式（2-39）：

$$税后利润=销售利润-所得税=销售利润×(1-所得税税率)$$

$$税后利润=(单价×销量-单位变动成本×销量-固定成本)×(1-所得税税率) \tag{2-39}$$

例2-15 企业生产甲产品，每月固定成本2 000元，单位变动成本5元，甲产品单价20元，所得税税率25%，本月计划生产600件，预期税后利润为多少？如果要实现净利润700元，最低销售量需要达到多少？

解：

$$税后利润=(单价×销量-单位变动成本×销量-固定成本)×(1-所得税税率)$$
$$=(20×600-5×600-2\,000)×(1-25\%)=5\,250（元）$$

$$销量=\frac{固定成本+\dfrac{税后利润}{1-所得税率}}{单价-单位变动成本}=\frac{2\,000+\dfrac{700}{1-25\%}}{20-5}=196（件）$$

企业运用本量利分析主要实现两个目标：（1）测算保利点，实现目标利润。在销售价格和成本水平保持基本稳定的情况下，为实现目标利润测算需要达到的销售量和销售额。（2）测算盈亏平衡点（保本点），降低企业成本。成本控制是企业管理活动中永恒的主题。企业借助本量利分析，可以调整和改进现有的经营管理方法，降低企业成本，提升企业的综合竞争力。

2.4.3 盈亏平衡分析

盈亏平衡分析可以分为传统盈亏平衡分析和动态盈亏平衡分析。

1. 盈亏平衡点的确定

传统盈亏平衡分析以盈利为零作为盈亏平衡点，没有考虑资金的时间价值，是一种静态分析。盈亏平衡点，是指企业收入和总成本相等的经营状态，即企业处于既不盈利也不亏损的状态。盈亏平衡意味着企业已经损失了基准收益。

确定盈亏平衡点通常有两种方法，即销售量法和销售额法。通常用一定的业务量来表示这种状态。

（1）销售量法

销售量法以销售产品的实物量来表示盈亏平衡点。这种方法适用于产品单一的企业，也可以用于多品种生产企业要对各产品或重点产品分别确定其盈亏平衡点时。

由：销售利润=单价×销量-单位变动成本×销量-固定成本

当销售利润为0时，销量为盈亏平衡点销量，得到式（2-40）：

$$盈亏平衡点销量=\frac{固定成本}{单价-单位变动成本} \tag{2-40}$$

例2-16 某企业生产一种产品，单价10元，单位变动成本5元，固定成本2 000元，则其盈亏平衡点销量为多少？

解： $$盈亏平衡点销量=\frac{固定成本}{单价-单位变动成本}=\frac{2\,000}{10-5}=400（件）$$

（2）销售额法

销售额法以销售金额表示盈亏平衡点。这种方法适用于产销多种产品的企业，因为各种产品销售实物量计量单位不同，无法加总，而只能用金额才能汇总反映其销售情况。多品种企业的盈亏平衡点，尽管可以使用联合单位销量来表示，但是更常见的还是使用销售额法来确定。当然，单一产品的企业也可用销售额法来确定其唯一产品的盈亏平衡点。

这里，需要引入一个新的概念——边际贡献，又称边际毛利，是指产品销售收入扣除自身变动成本后为企业做出的贡献。产品的边际贡献弥补固定成本总额后还有剩余，才能形成企业的利润。边际贡献与销售额的比率，即为边际贡献率，可用式（2-41）表示：

$$\begin{aligned}边际贡献率&=(销售额-变动成本)/销售额\\&=(单价-单位变动成本)/单价\end{aligned} \tag{2-41}$$

因为：销售利润=销售额×边际贡献率-固定成本

当销售利润为0时，销售额为盈亏平衡点销售额，得到式（2-42）：

$$盈亏平衡点销售额=\frac{固定成本}{边际贡献率} \tag{2-42}$$

2．动态盈亏平衡分析

把货币时间价值纳入到盈亏平衡分析中，将盈亏平衡状态定义为净现值等于零的状态，便能变静态盈亏平衡分析为动态盈亏平衡分析。由于净现值的经济实质是项目在整个经济计算期内可以获得的、超过基准收益水平的、以现值表示的超额净收益，所以，净现值等于零意味着项目刚好获得了基准收益水平的收益，实现了资金的基本水平的保值和真正意义的“盈亏平衡”。

动态盈亏平衡分析不仅考虑了资金的时间价值，而且可以根据企业所要求的不同的基准收益率确定不同的盈亏平衡点，使企业的投资决策和经营决策更全面、更准确，从而提高项目投资决策的科学性和可靠性。

综合训练案例

拿破仑带给法兰西的尴尬

拿破仑1797年3月在卢森堡一所小学演讲时说了这样一番话：“为了答谢贵校对我，尤其是对我夫人约瑟芬的盛情款待，我不仅今天呈上一束玫瑰花，并且在未来的日子里，只要我们法兰西存在一天，每年的今天我将亲自派人送给贵校一束价值相等的玫瑰花，作为法兰西与卢森堡友谊的象征。”时过境迁，拿破仑穷于应付连绵的战争和此起彼伏的政治事件，最终惨败而流放到圣赫勒拿岛，把在卢森堡的诺言忘得一干二净。可卢森堡这个小国对“欧洲巨人与卢森堡孩子亲切、和谐相处的一刻”念念不忘，并载入他们的史册。1984年年底，卢森堡旧事重提，向法国提出“违背赠送玫瑰花”诺言案的索赔；要么从1797年起，用3路易作为一束玫瑰花的本金，以5厘复利（即利滚利）计息全部清偿这笔玫瑰案；要么法国政府在法国各大报刊上公开承认拿破仑是个言而无信的小人。

起初，法国政府准备不惜重金赎回拿破仑的声誉，但却被计算出的数字惊呆了；原本3路易的许诺，本息高达1 375 596法郎。经过苦思冥想，法国政府斟词酌句的答复是："以后，无论在精神上还是物质上，法国将始终不渝地对卢森堡的中小学教育事业予以支持与赞助，来兑现我们的拿破仑将军那一诺千金的玫瑰花信誉。"这一措辞最终得到了卢森堡人民的谅解。

（资料来源：《读者》）

思考讨论题：

（1）法国政府是如何得出1 375 596法郎这个结论的？它的依据是什么？

（2）以上案例给你什么启发？

第3章 筹资管理

学习目标

【知识目标】

了解筹资管理的基本框架，熟悉企业筹资数量、筹资渠道、筹资方式、筹资成本、筹资风险、筹资结构等内容；

掌握在具体环境下如何选择并运用具体的筹资方式解决企业资金短缺问题。

【素养目标】

培养权衡思想。尽管企业筹资行为存在方式、渠道等不同，但从本质上看，企业都希望通过权衡各种筹资方式的利弊、成本、风险等因素，选择对企业最为有利的筹资方案。

引导案例

资金是企业的血液，企业经营发展的各种活动都离不开资金，所以企业要保证有充足的资金。

南方航空股份有限公司（以下简称“南航”）2003年在上海证券交易所上市，是典型的重资产型企业。随着我国旅游业的高速发展，南航为维持领军地位，以高额债务增加了飞机数量。这些债务给南航带来了财务杠杆的收益。2006年，南航的总资产收益率为0.4%。而当时财务杠杆高达7.56倍，净资产收益率达到1.17%。可见，南航的负债变相增加了它的收益。相比之下，长航凤凰股份有限公司（以下简称“长航凤凰”）就没这么幸运了。自2008年起，长航凤凰的财务费用负担加重。2013年，它的负债总额达到58.6亿元，而净资产为-9.2亿元，已严重资不抵债。2014年5月，因连续三年亏损，其不得不暂停上市，并进入破产重整程序。

华谊兄弟发行股票筹资，成功上市，增加了企业信誉，提高了知名度。企业有了足够的资金投资电影，增加了盈利来源，提高了核心竞争力。

南航为什么选择债务筹资而没有像华谊兄弟一样选择股票筹资？企业还有哪些筹资渠道？企业筹集资金需要具备哪些条件？企业筹资时如何尽可能减少成本付出？南航还能选择什么方式筹资？各种方式之间的比例是否需要控制？为什么南航的负债筹资方式能给企业带来经济效益？长航凤凰为何面临破产？

3.1 企业筹资概述

企业筹资，是指企业根据其生产经营、对外投资和调整资本结构等需要，通过筹资渠道和金融市场，运用债务、股权等筹资方式，有效地筹措资本的活动。

资金是企业持续从事生产经营活动的基本条件，企业筹资管理位于企业生产活动的前端，其动机多是为了企业扩张或偿还债务，或者两者兼而有之，其涉及筹资数量、筹资时间、筹资途径、筹资成本、筹资风险和筹资方案评价和选择等具体工作，还要考虑筹资带来的后续利息偿付、股息分配、公司控制权改变等情况，是复杂的决策过程，企业筹资管理的目标是确定最优资本结构。总体而言，企业资金来源主要有三条途径：短期负债筹资、长期负债筹资与股权资本筹资。其中，具有长期影响以及战略意义的长期负债与股权资本筹资决策，被称为资本结构决策。一旦筹资行为导致企业的资本结构失衡、偿债能力丧失、企业利润降低、偿付风险激化，那么随之而来的财务困境将威胁到企业的生存。因此，筹资风险分析不容忽视。

3.1.1 企业筹资的原则

1. 规模适当原则

规模适当原则决定了企业在遵循法律法规和国家产业政策背景下的筹集资金数量，也间接约束了企业筹资的途径与方式。企业筹集资金的数量应该符合所在经济市场的注册资本限额规定，同时满足其当前偿债能力和负债水平限额的法律规定。企业在不同的经营时期，对资金的需求量会发生改变，企业财务人员需要综合考虑企业的生产经营情况，预测资金的需求数量，使资金的筹集量与需求量达到平衡，既要避免资金不足影响生产经营的发展以及引发的短缺成本，又要防止资金过剩增加筹资成本与闲置的机会成本，进而提升资金的使用效率。

2. 来源合法原则

一方面，企业筹资渠道反映了资金的分布状况和供求关系，另一方面，不同的筹资渠道暗含了对企业权益的各种不同的约束机制，以此获得企业的所有权或收益分配权，也决定了筹资的难易程度与成本。不同来源的资金，对企业财务状况和经营成果的要求不同，因此，企业应全面考虑资金渠道和筹集方式，选择适宜企业发展的资金来源，同时保持企业长期资本与短期资本的结构合理。

3. 筹措及时原则

对企业而言，短平快的筹资过程可以节省许多中间成本；过长的筹资周期，如上市增发股票，则提高了企业资本成本，增加了对企业资金流动性的要求。因此，筹资时间的估算应该准确，以确保资金及时到位。

4. 方式经济原则

各类筹资方式根据资金使用的时间、回收风险等提出了不同的回报要求。企业筹资时应根据不同的资金需求与筹资政策，考虑各种渠道的筹资潜力、约束条件、风险程度，综合考察、分析各种资金的使用成本和投资收益率，求得最优的筹资组合，力求以最小的成本实现企业效益最大化。

5. 风险可控原则

负债水平要与自有资本和偿债能力相适应。企业既要防止负债过多，导致财务风险加大、偿债能力降低，又要合理有效地负债经营，提高自有资本的收益水平。当负债超过自有资本时，所有者权益就将变成负数，这就是“资不抵债”，是导致传统企业破产的主要原因。

3.1.2 资金需求量的预测

1. 资金需求量预测概述

资金需求量预测，是指以预测期企业经营规模的发展和资金利用效果的提高为依据，对企业未来筹资需求进行估计和推测。其中，企业经营规模一般被认为与企业筹资额度之间存在线性相关关系，即企业经营规模越大，筹资数额越多，当然，其他因素包括企业对外投资情况、企业信用状况、企业产品类型、企业销售地区分布等也会影响企业规模以及对企业筹资数量的预测。资金的利用效果主要体现为企业资产的配置，要根据资产的性质、用途和占用资金的数额不同，分别预测固定资产和流动资产资金需求量。企业固定资产资金需求量比较稳定，不需频繁进行预测，一般通过投资决策和编制资本预算完成。相对而言，企业投资需求和偿付需求在企业正常的生产经营条件下，均是间歇性存在的。对于间歇性资金需求，预留足够资金准备是一种良好的解决办法，但出于资产结构匹配和节约成本开支的目的，企业不会为之长期设置准备资金。通常情况下，企业在预测资金流动性需求的基础上，来确定企业资金筹集数量的。

总之，对于企业资金需求量预测，一方面，企业需要预知自身的财务需求，即通过预测投资、偿付、采购等需求来确定资金的需求量，提前安排筹资计划，以免影响资金周转；另一方面，企业应根据可能筹措到的资金来安排销售增长以及有关的投资项目，使投资决策建立在可行的基础上。因而，对资金需求量的预测存在投资与筹资的双向分析。

2. 资金需求量的定性预测法

定性预测是指预测者依靠熟悉业务知识、具有丰富经验和综合分析能力的人员或专家，根据已掌握的企业历史经营资料和直观材料，运用个人的经验和分析判断能力，对事物的未来发展做出性质和程度上的判断，并通过一定方法综合这些判断，作为预测未来的依据。其具体的预测方法如下。

（1）德尔菲法

德尔菲法是通过向专家进行几轮咨询以获得专家一致性意见的预测方法，选择合适的专家是关键环节。由于其具有匿名性、反馈性和统计性三大特点，在社会科学领域中被广泛应用。

德尔菲法的具体实施过程如下。①组成专家小组，包括经理、财务主管、销售主管、营销负责人等。②提出所要预测的资金问题及要求，如企业未来发展战略、资金使用情况、成本支出变化、收入与利润及可能的筹资途径和成本代价等，并附上所有背景资料。③每个专家根据已知资料提出本人预测意见并提出预测值。④将第一次判断意见汇总、列表、对比，再发还回去进行判断和修改，逐轮收集意见并向专家反馈信息，经过三四轮，直到各个专家不再改变自己意见为止。⑤组织人员对专家意见进行综合处理，得出最终预测结论，即企业在未来一段时间内，需要以何种方式、从何途径来筹集多少资金，以应对何种情况。

德尔菲法的优点在于能够加快预测速度和节约预测费用，获得各种不同但有价值的观点和意见。它适用于长期预测和对新事件的预测，在历史资料不足或不可测因素较多时尤为适用。

德尔菲法的缺点在于，对于经营范围较分散及投资活动频繁企业的资金需求预测可能不可靠；责任比较分散；专家的意见有时可能不完整或不切合实际。

（2）主观概率法

主观概率是人们凭经验或预感而估算出来的概率。它与客观概率不同，客观概率是根据事件发展的客观性统计出来的一种概率。主观概率法通过准备相关资料、编制主观概率调查表并汇总整理，形成预测判断的结果，是一种判断者对中心假设的相对支持的反映。

主观概率法是一种适用性很强的统计预测方法，可以用于人类活动的各个领域。在很多情况下，人们没有办法计算事情发生的客观概率，因而只能用主观概率来描述事件发生的概率。但该方法受到描述的影响，具有描述的依赖性。对融资约束的描述可能会压缩资金需求量。

（3）领先指标法

领先指标法通过将财务、经营指标分为领先指标、同步指标和滞后指标，并根据这三类指标之间的关系进行分析预测。领先指标是指能够对经济趋势进行前瞻性预测的指标。

领先指标法不仅可以预测企业财务和经营的发展趋势，而且可以预测其转折点。

（4）厂长（经理）评判意见法

企业的厂长（经理）等负责人把与市场有关或者熟悉市场情况的各种负责人员和中层管理部门的负责人召集起来，让他们对未来的市场发展形势或就某一市场问题发表意见，将各种意见汇总起来，进行分析研究和综合处理，结合财务人员对企业市场经营活动的分析，形成对市场及资金需求的预测结果。

（5）情景预测法

情景预测法把研究对象分为主题和环境，通过识别影响主题发展的外部因素，模拟外部因素可能发生的多种交叉情景，预测主题发展的各种可能前景。

由于情景预测法条件限制少，应用灵活，能充分调动预测人员全面考虑的想象力，有利于决策者客观决策，常应用在制定经济政策、公司战略等方面。但在应用过程中要注意具体问题具体分析。同一个预测主题，由于所处环境不同，最终的情景可能会有很大差异。比如，企业资金需求量在所处不同的企业生命周期时，预测量会有很大差异。

3. 资金需求量的定量预测法

定量预测法主要是依据企业有关历史资料，采用一定的数学模型预测企业资金需求量的方法。定量预测法预测结果较精确，但必须具有完备的历史资料，计算较繁杂。常用的定量预测法有销售百分比法、因素分析法和资金习性预测法等。

（1）销售百分比法

销售百分比法是根据预测的销售额与资产负债表和利润表的项目之间的比例关系，预测企业资金需求数量的一种方法。

运用这种方法有两个前提：一是假定未来销售预测已经完成，将销售预测作为财务预测的起点；二是假设收入、费用、资产、负债与销售收入存在稳定的百分比关系。在实际运用销售百分比法时，通过预计利润表预测企业内部筹资量，通过预计资产负债表预测企业资金需求量以及外部筹资量。具体步骤如下。

① 利用预计利润表来预测内部筹资量

第一步：取得基准年度的利润表，计算利润表某项目金额与销售额的百分比，如式（3-1）所示：

$$\text{某项目销售百分比}=\frac{\text{该项目金额}}{\text{基期销售额}}\times 100\% \tag{3-1}$$

第二步：采用预测年度的预计销售额乘以第一步计算出的利润表某项目销售百分比，计算预计利润表各项目的预计数，如式（3-2）所示：

$$\text{某项目预计数}=\text{预计销售额}\times\text{某项目销售百分比} \tag{3-2}$$

第三步：根据预测年度净利润预计数与企业预定的留用比率，计算预计留存利润额，如式（3-3）所示：

$$\text{预计留存利润额}=\text{预计销售额}\times\text{销售净利润率}\times(1-\text{股利支付率}) \tag{3-3}$$

第四步：根据预测年度预计留存利润额与非付现成本，计算内部筹资量。如式（3-4）所示：

内部筹资量=预计留存利润额+非付现成本（3-4）

其中，非付现成本包括固定资产的折旧、无形资产的摊销、开办费的摊销等，这些数据要从预计资产负债表中获得。

外部筹资包括直接筹资（企业与资金供应者之间）和间接筹资（在企业、金融中介、资金供应者三者间传递）。内部筹资主要是指企业不经过外部协商，仅凭借经营手段和内部股东会议，通过折旧、摊销、留存收益等方式完成自我资本的补充与增长。

② 运用预计资产负债表预测外部筹资量

第一步：分析资产负债表中各个项目与销售收入总额之间的依存关系，划分敏感项目和非敏感项目。敏感项目的项目金额随销售额的增长而相应的增加，如现金、应收账款、存货、应付账款和其他应付款等。非敏感项目的项目金额一般不随销售额的增长而相应的增加，如对外投资、固定资产净值、短期借款、长期负债和实收资本等。

第二步：取得基准年度的资产负债表，计算某敏感项目销售百分比，如式（3-5）所示：

某敏感项目销售百分比=(该敏感项目/销售额)×100%（3-5）

第三步：计算预测期各敏感项目预计数，如式（3-6）所示：

某敏感项目预计数=预计销售额×某敏感项目销售百分比（3-6）

第四步：计算外部筹资量，如式（3-7）所示。其中，在资产、负债和所有者权益项目中，非敏感项目预计数等于基期数，敏感项目预计数由式（3-6）计算得出：

外部筹资量=预计资产合计-预计负债合计-预计所有者权益额（3-7）

第五步：计算预测期资金需求量，如式（3-8）所示：

预测期资金需求量=内部筹资量+外部筹资量（3-8）

为简便起见，外部筹资量也可用式（3-9）计算：

外部筹资量=预计年度销售增加额×(基准年度的总敏感资产的销售百分比-基准年度总敏感负债的销售百分比)-预计留存利润额（3-9）

销售百分比法是资金需求量预测方法中比较简单的一种方法，这种方法使用成本低，便于了解主要变量之间的关系。其缺点是假设资产、收入、负债、成本与销售收入成正比例关系，与实际有误差，并且无法对长期资金需求量进行准确预测。现实中由于存在规模经济和批量采购问题，许多情况下资产、收入、负债、成本与销售收入不成正比。所以这种方法适合预测较短期的资金变动，还可作为复杂方法的补充或检验。

例3-1 甲公司上年销售额为3 000万元，预计下一年度销售额为4 000万元，销售净利润率为4.5%，股利支付率为30%，筹资需求表的已知数据如表3-1第2列所示，试确定筹资数额。

表 3-1 甲公司筹资需求表

金额单位：万元

资产负债表数据	上年期末实际	占销售额百分比（销售额 3 000 万元）	本年计划（销售额 4 000 万元）
资产			
流动资产	700	23.33%	933.33
长期资产	1 300	43.33%	1 733.33
资产合计	2 000		2 666.66
负债及所有者权益			
短期借款	60	N	60

续表

资产负债表数据	上年期末实际	占销售额百分比（销售额 3 000 万元）	本年计划（销售额 4 000 万元）
应付票据	5	N	5
应付款项	176	5.87%	234.8
预提费用	9	0.3%	12
长期负债	810	N	810
负债合计	1 060		1 121.8
实收资本	100	N	100
资本公积	16	N	16
留存收益	824	N	950
所有者权益	940		1 066
筹资需求			478.86

解：根据3.1.2节中的公式，确定筹资数额步骤如下。

① 确定销售百分比，如表3-1中的第3列。其中，流动资产和长期资产、应付款项和预提费用与销售额成正比；其余为非敏感项目，与销售额无关或关联较小（在表3-1中用N表示）。

② 分别计算下一年的资产和负债，如表3-1中的第4列。

预计资产合计=2 666.66（万元）；预计负债合计=1 121.8（万元）

③ 预计留存利润额，参照式（3-3）。

预计留存利润额=预计销售额×销售净利润率×(1−股利支付率)

=4 000×4.5%×(1−30%)=126（万元）

④ 预计所有者权益额。

预计所有者权益=基期所有者权益+预计留存利润额

=940+126=1 066（万元）

⑤ 预计外部筹资量。

外部筹资量=预计资产合计−预计负债合计−预计所有者权益额

=2 666.66−1 121.8−1 066=478.86（万元）

可见，甲公司为了实现4 000万元的销售额，需要增加资产666.66(2 666.66−2 000)万元，其中负债增长提供61.8万元，留存利润额增长提供126万元，本年度外部再筹资478.86万元。

（2）因素分析法

因素分析法又称分析调整法，是根据企业基期实际资金占用数额和预测期有关因素的增减变化情况，测算企业预测期资金需求量的方法。其运用步骤如下。

第一步：确定基期资金中的合理占用数额和不合理占用数额；

第二步：确定预测期有关因素变动对资金需求量的影响。一般影响资金需求量的因素有：业务量、资产价格的升降和资金周转速度的快慢。

采用因素分析法预测资金需求量，相关公式如式（3-10）所示：

预测期的资金需求量=(基期资金实际占用额−其中不合理的占用额)×(1±预测期业务量变化率)×(1±预测期资产价格变化率)×(1±预测期资金周转速度变化率)　　（3-10）

因素分析法计算比较简单但预测结果不太准确。采用这种方法时首先应在上年度流动资金平均占用额基础上，剔除其中呆滞积压不合理的部分，然后根据预测期的生产经营任务和加速流动资金周转的要求进行测算。

例3-2 某公司基期流动资金平均占用额为7 000 000元，其中超储积压和不合理占用额为500 000元，预测期的业务量变化率、预测期的资产价格变化率均为增加1%，预测期的资金周转速度变化率不变，求预测期资金需求量。

解： 由式（3-10）计算预测期资金需求量：

(7 000 000−500 000)×(1+1%)×(1+1%)×1=6 630 650（元）

（3）资金习性预测法

资金习性预测法是根据资金习性预测未来资金需求量的方法。资金习性是指资金变动与产销量变动之间的依存关系。按资金习性，资金分为不变资金、变动资金和半变动资金。其中，不变资金是指在一定产销量范围内，不受产销量变动影响的资金。变动资金是指随产销量变动而同比例变动的资金。半变动资金是指随产销量变动而变动，但不成正比例变动的资金。资金习性预测法具体包括高低点法和资金增长趋势预测法。

① 高低点法

该方法通过观察相关范围内产销量的最高点和最低点及其对应的资金，推算出不变资金和单位产销量所需变动资金的数值。其基本原理是：在产销量与资金变动的历史数据中，找出产销量最高点和最低点及其所对应的资金占用，以两点法求出直线方程，作为预测资金需求量的模型。

由于收集的历史数据处在一个相关范围内，可以假定资金与产销量之间存在线性联系，用式（3-11）表示：

$$Y = a + bX \tag{3-11}$$

式中，X表示产销量；Y表示资金占用额。

高点的资金性态为 $Y_H=a+bX_H$；低点的资金性态为 $Y_L=a+bX_L$，由此可以得出 $b=(Y_H-Y_L)/(X_H-X_L)$，$a=Y_H-bX_H$ 或 $a=Y_L-bX_L$。因此可根据 a、b 以及预测的产销量 X 预测资金需求量。

② 资金增长趋势预测法

该方法首先假定资金需求量与销售额之间存在线性关系，然后根据一系列历史资料，利用最小二乘法原理，计算能代表平均资金水平的直线截距和斜率，建立回归直线方程，并利用其预测资金需求量。预测模型与高低点法类似，用式（3-12）表示：

$$Y = a + bX \tag{3-12}$$

式中，Y表示资金需求量；a表示不变资金；b表示单位变动资金；X表示产销量。

只要求出 a、b，就可在 X 预测值的基础上，确定其资金需求量。在预测出资金需求量后，扣除已有资金来源和留存收益增加额，即可计算出外部筹资需求。

企业利用资金习性预测法预测资金需求量应在事先对历史数据进行相关性检验，且在相关性较高的情况下采用，否则预测值会出现较大的偏差。

提炼总结：定性预测与定量预测都可以进行资金需求量的预测，我们该如何选择呢？两者相比各有优劣势，如表3-2所示。

表 3-2 定性预测与定量预测

定性预测	定量预测
注重企业发展的预测，能发挥专家经验和主观能动性，灵活简便易行，较快得出预测结果，省时省费用	注重数量分析，重视对事物发展变化程度的数量描述，依据历史统计资料，较少受主观因素的影响

续表

定性预测	定量预测
易受主观因素的影响，依赖人的知识、经验和主观判断能力并受到其束缚和限制，难以对企业资金需求在数量上精确描述	预测结果较精确，但计算较繁杂，比较机械，不易处理有较大波动的资料，难以预测事物的变化
适合对预测对象的数据资料（包括历史的和现实的）掌握不充分，或者影响因素复杂、难以用数字描述，或者对主要影响因素难以数量分析等情况	适合有充分数据资料的预测对象，或影响因素简单且符合一定数量变化规律的情况
两者并不是相互排斥的，而是相互补充的，在实际预测过程中可以结合使用	

3.1.3 企业筹资渠道

企业可以尝试从多种渠道获取资金，包括国家财政资金、银行信贷资金、非银行金融机构资金、其他法人单位资金、民间资金、企业内部形成资金、风险投资资金等。其中，每种筹资渠道代表了一种投资主体，而投资主体目标的差异决定了企业在选择筹资渠道时的成本与代价。

1. 国家财政资金

代表国家投资的政府部门或者机构，以国家财政资金投入企业，形成国家资本金。国家财政资金对企业投资，多出于扶持行业发展、稳定市场环境的目的。

国家财政资金是国有独资企业和国有控股公司的重要资金来源渠道，国家财政资金对于繁荣和稳定市场功不可没。2013年6月，为配合成品油价格调整，中央财政将284.8亿元资金拨付各地，用于对渔业、林业、城市公交、农村道路客运和出租车的补贴。国家财政资金也是预防危机的重要屏障。2008年次贷危机发生后，美国、日本等发达经济体纷纷出台政策，实施政府对银行注资，以求稳定银行业，避免金融机构破产泛滥，造成更严重的经济危机。

2. 银行信贷资金

我国银行主要分为商业性银行和政策性银行，商业性银行为各类企业提供贷款，政策性银行主要为特定企业提供政策性贷款。商业性银行出于赚取贷款利息的目的而将银行信贷资金提供给信誉良好的企业。银行信贷资金的特征是筹资金额有限、定期付息、到期还本。银行放贷审查严格，企业筹集银行信贷资金的难度较大。

3. 非银行金融机构资金

非银行金融机构，主要包括保险公司、信托投资公司、证券公司、租赁公司、企业集团的财务公司以及贷款公司、农村资金互助社等新型金融机构。它们提供各种金融服务，既包括信贷资金投放，也包括物资融通和为企业承销证券等金融服务。

为了更好地解决“三农”问题，中央政府从2004年开始试图从金融角度找到破解“三农”问题的关键，从根本上提高农民收入，小额贷款公司便是其中的一次积极尝试。小额贷款公司最初的定位是服务“三农”，完善农村金融体系，加大对农户、农业小企业的贷款，实现民间资本的阳光化、规范化发展。

4. 其他法人单位资金

其他法人单位以其可支配资金在企业之间相互融通而形成其他法人单位资金。在生产经营中，企业会产生部分暂时闲置的资金，在企业之间相互调剂余缺，形成短期的临时资金融通，或者形成相互投资的长期稳定的经济联合。

5. 民间资金

对于个人闲置资金，符合条件的企业可以通过发行股票、债券等方式将其积聚起来形成企业资金。

6. 企业内部形成资金

企业内部形成资金，主要指提取盈余公积和未分配利润而形成的资金，以及一些经常性的延期支付款项，如应付职工薪酬、应交税费、应付股利等。

7. 风险投资资金

风险投资是对新兴的有巨大市场潜力的企业的一种股权资本投资，风险投资因此成为创业期中小高新技术企业的可行筹资渠道。

苹果公司是在20世纪70年代由风险投资家——马克库拉进行创业风险投资而发展起来的。马克库拉当年对苹果公司投资9.1万美元，十几年后便拥有了苹果公司1.54亿美元的股票。这种高风险、高回报可能性的创业风险投资正在经济舞台中发挥重要作用。

风险投资的投资期限在3～5年或更久，其投资人通常占被投资企业15%～20%的股权，而不要求取得控股权，也不需要任何担保或抵押；投资对象多为处于创业期的中小型企业，而且多为高新技术企业；投资人积极参与被投资企业的经营管理，提供增值服务，二者同舟共济；通过被投资企业上市、收购、兼并或其他股权转让方式，在产权流动中实现投资回报。

风险投资与银行贷款的区别如表3-3所示。

表 3-3　风险投资与银行贷款的区别

	抵押资产	与被投资者的关系	回报方式	时间	考虑重点
风险投资	无	同舟共济	转让股权	中长期	企业发展前景
银行贷款	有	不参与	利息	短期	企业有无资产

在过去几年里，不少企业家开始把互联网作为寻找资金的一种渠道。网络开始逐渐为小企业获得资金提供机遇。

上述各种渠道的资金供应量存在差别，有些渠道如银行信贷资金和非银行金融机构资金的供应量较多，而企业内部形成资金的供应量则相对较少。资金供应量的多少，在一定程度上取决于财务管理环境的变化，特别是宏观经济体制、银行体制和金融市场的发展速度等。

实践中，企业进行筹资决策时最需要考虑的是筹资渠道与筹资方式的选择，它们之间有密切的关系。一定的筹资方式可能适用于多种筹资渠道，也可能只适用于某一特定的筹资渠道；同一渠道的资金也可能采取不同的筹资方式取得。因此企业筹资时，应注意两者的合理搭配，以提高资金的使用效率。

3.2 企业筹资方式

企业筹资方式包括商业信用筹资、借款筹资、债券筹资、可转换债券筹资、吸收直接投资、普通股筹资、优先股筹资等。

筹资方式可以按照不同的标准进行分类。例如，按照企业筹集资金的所有权属性分类，可以分为股权筹资和债权筹资两种。前者通过发行股票、直接吸引投资、留存收益等方式增加企业资本总量，后者通过契约、合同等法律方式，向债权人有时限地举借资金。企业的股权资本一般由资本金投入和留存收益构成，其中，资本金投入是企业所有者为创办和发展企业而投入的资本，是企业股权筹资最基本的部分。

3.2.1 商业信用筹资

商业信用是指在商品交易中由于延期付款或预收货款所形成的企业间的借贷关系。商业信用筹资是“自发性筹资”。随着市场经济的发展，信用结算方式已成为企业竞争的有力手段，在短期负债筹资中占有相当大的比重。商业信用具体包括应付账款、应付票据、预收账款等。

孔子说“民无信不立”，说明信用的地位举足轻重。晋商、徽商、鲁商等是活跃在中国大地上的一支支强大的商帮，他们之所以能够发展成为商海大腕，不仅靠谋略制胜，还靠诚信开路。在激烈的市场竞争中。“诚招天下客”“信纳万家财”“童叟无欺，诚信为本”“言而信”是经商者长久取胜的关键因素，作为商业道德代代相传。

1. 应付账款及其筹资成本

应付账款是企业购买货物暂未付款而欠对方的账项，即卖方允许买方在购货后一定时期内支付货款的一种延期付款、月结等形式，可以满足买方短期的资金需要。

三角债是甲企业欠乙企业的债务、乙企业欠丙企业的债务、丙企业欠甲企业的债务，以及与此类似的债务关系构成，企业之间因拖欠货款等原因形成的连锁债务关系。

一个企业的应付账款必然是另一个企业的应收账款，为避免形成难解的三角债，企业应恪守商业信用约定。

关于应付账款的筹资成本，信用条件按其是否负担代价，分为免费信用、有代价信用和展期信用。例如，信用条款中的规定“2/10，*n*/30”，即购货方若 10 天内付款，则可享有 2%的现金折扣，超过 10 天，需要付全款，且全部货款需在 30 天内付清。免费信用是购货方不支付任何代价而获得的免费筹资额，还可以在销货方允许的折扣期内享受折扣。其中 10 天内付款可享有的 2%折扣，即为免费信用。有代价信用指购货方放弃折扣需要付出代价而取得的信用。上述信用条款中，企业若超过 10 天且在 30 天内付清，取得延期 20 天付款的信用，则必须付全额货款，即丧失折扣优惠，这种信用就是有代价信用。展期信用即购货方在规定的信用期满后推迟付款而强制取得的信用，这是违反常规的做法。展期信用隐含着企业放弃折扣的机会成本以及由于推迟付款而可能损害企业信誉的成本，可能导致供应商乃至其他贷款人的信用丧失、日后招致苛刻的信用条件等。企业放弃折扣的机会成本可称为隐含利息成本，其计算公式如式（3-13）所示：

$$隐含利息成本=\frac{现金折扣率}{1-现金折扣率}\times\frac{360}{信用期-折扣期} \qquad (3\text{-}13)$$

式（3-13）表明，放弃现金折扣的机会成本与现金折扣率的大小、折扣期的长短呈同方向变化，与信用期的长短呈反方向变化。

练一练

（单选）企业按“1/10、*n*/20”的条件购入货物20万元。如果该企业在第10天付款，便享受了10天的免费信用期，并获得现金折扣0.2万元，免费信用额为19.8万元。倘若该企业放弃折扣，在10天后不超过20天付款，应该选择在哪天付款？

A. 第 11 天　　B. 第 19 天　　C. 第 20 天

答案：C。该企业要承受因放弃折扣而造成的隐含利息成本。运用式（3-13），该企业放弃折扣在第20天付款所负担的成本为：1% / (1−1%)×360 / (20−10)=36.36%。

从上式中可以看出，在10天后不超过20天付款，应该选择第20天付款，在第10天到第20天中的某一天付款，其成本还要高于在第20天付款的成本，即放弃现金折扣的理性决策是将付款日推迟至信用期内的最后一天。

该企业放弃现金折扣付出的成本36.36%，是非常高的，这种成本通常高于短期借款的成本。大多数企业都会尽可能保证在折扣期限内付款。一个企业放弃现金折扣往往意味着企业财务状况不佳，从而对它的信用会带来不利影响。若企业能以低于放弃折扣的隐含利息成本（实质是一种机会成本）的利率借入资金，便应在现金折扣期内用借入的资金支付货款，享受现金折扣。

在附有多种信用条件的情况下，由于信用条件的差异，企业需要比较隐含利息成本后做出决策。若企业短期投资收益高于放弃折扣的隐含利息成本，则应放弃折扣而去追求更高的收益。

练一练

（单选）放弃现金折扣的成本大小与（　　）。

A. 折扣百分比的大小呈反向变化

B. 信用期的长短呈同向变化

C. 折扣百分比的大小、信用期的长短均呈同方向变化

D. 折扣期的长短呈同方向变化

答案：D。运用式（3-13），放弃现金折扣的机会成本与现金折扣率的大小、折扣期的长短呈同方向变化，与信用期的长短呈反方向变化，因此，A、B、C不正确。

2. 应付票据及其筹资成本

商业票据分为由买方开出的商业本票和由买方开出并由承兑人承兑的商业汇票，按照承兑人不同，商业汇票又分为商业承兑汇票和银行承兑汇票。票据中明确规定了具体的付款日期、付款金额、是否计息等相关内容，从而为双方的债务管理提供了严格的法律依据，使其规范化、制度化和法定化，也明确了筹资成本。有时候，票据持有人将未到期的商业票据让渡给贴现银行，银行按照票面金额和贴现率扣除自贴现日至汇票到期日期间的利息，将余额交付给汇票持有人，也就是票据贴现，票据贴现成为票据持有人以银行资金提前取得货款的一种融资行为。其中的贴现率一般是国家规定的贴现率，贴现利息构成了票据持有人的筹资成本，计算如式（3-14）所示：

贴现利息=票据到期值×贴现天数×年贴现率/360　　（3-14）

其中，不带息汇票，其票据到期值即为票面金额；带息汇票，其票据到期值为票面金额加上票面到期利息。

姚公鹤在《上海闲话》中提及：“惟间有持票者不及守候支票之届期。拟先期向该钱店兑取现款者，持票人按照未到期之日数，扣还该店利息若干日，名曰贴现。”巴金在《谈〈秋〉》中也提到：“他做的是所谓贴现，这种生意只要有本钱，赚钱也很容易。”这些说明票据贴现由来已久，广泛存在。

随着金融市场业务的发展，原来与商品劳务交易相联系的商业票据，已经发展成为一种与商品劳务交易没有关系的独立融资性票据，成为企业在金融市场上筹措短期资金的债务凭证。为了与传统的商业票据相区别，人们通常把这种专门用于融资的票据称作短期融资券或短期商业债券。

3. 预收账款及其筹资成本

房地产业存在预售制度，类似于香港地区的“卖楼花”。“卖楼花”，是指将一个房子“拆分”，根据工程进度分期付款，像飘落的花朵一样，因而称为“楼花”。2016年房地产企业自筹资金中仅有34.07%左右是自有资金，而65.83%以上都来源于银行贷款和预收账款。预收账款是一种可以形成超高负债率（高达75%）的典型负债，某种程度上推动了房地产市场的快速发展与繁荣。

预收账款是指卖方按照合同或协议的约定，在货物交付之前，向买方预先收取部分或全部货款的一种信用形式。与应付账款不同，这是由买方向卖方提供的一种商业信用，对于卖方而言，预收的货款成为其短期资金筹集的一种形式。这种资金筹集方式一般不需要支付任何代价，属于免费信用。但这种信用形式一般局限于市场上紧俏同时买方又急需的商品或生产周期较长、成本售价较高的货物，如电梯、轮船和房地产等。

4. 商业信用筹资的优缺点

首先，商业信用伴随着商品交易自然产生，属于“自发性融资”行为，只要企业生产经营

活动持续进行，商业信用筹资行为就不会停止，不需要做特殊安排，融资的限制较少，是一种持续性的信用形式。与短期借款相比，使用商业信用筹资一般没有过多限制条款，即使有也不是十分严格，而且无须正式办理筹资手续。商业信用只要保持在适度的范围内，不会给企业带来不利的影响。其次，商业信用筹资容易取得且弹性较好，其能否取得、何时取得、取得多少等基本上可以由企业自主决定，因而在取得时间和偿还时间（必要时可以展期）的确定上企业都有一定的自主权。最后，商业信用筹资能够随着购买和销售的变化而自动地扩张或缩小，从而在规模上也具有较大的弹性。如果信用条件中没有现金折扣，或者企业不放弃现金折扣，或者使用不附息的应付票据，则商业信用融资的融资成本总体上是比较低的，有时甚至基本上是免费的。但商业信用的期限较短，应付账款尤其如此，如果企业要取得现金折扣，则期限更短。如果放弃现金折扣，或者严重拖欠，融资成本会加倍上升。

练一练

（单选）不属于商业信用筹资的是（　　）。

A. 应收账款　　B. 应付账款　　C. 预收账款　　D. 应付票据

答案：A。应收账款是企业的债权，属于商业信用，但并非商业信用筹资，而是应收账款的对方融资。

3.2.2 借款筹资

借款筹资是指企业向银行或非银行金融机构以及其他单位借入资金的筹资方式。按照借款期限的不同，借款可以分为短期借款和长期借款。

中国最早的专门借贷机构是质库，此后又有了票号、钱庄、银号、当铺等。经营存款、抵押物放款收息、集市银钱兑换、汇兑业务等的民间金融机构，融汇天下货币，方便了往来的商旅。

2023年2月10日，中国人民银行公布的数据显示，1月人民币贷款增加4.9万亿元，同比多增9 227亿元，创下有统计以来单月信贷投放最高纪录。企（事）业单位贷款增加4.68万亿元，其中，短期贷款增加1.51万亿元，中长期贷款增加3.5万亿元，票据融资减少4 127亿元；非银行业金融机构贷款减少585亿元。

通常而言，企业适度负债经营可以提高经营效率，如果企业没有负债或者负债比率较低，通常认为该企业的资源没有被完全运用。利用负债经营的企业就是"借鸡生蛋"，用别人的钱替自己赚钱。如果借款的成本即利息率低于经营获得的利润率，这种负债就是好的负债。

一般企业的资产负债率适宜水平为40%～60%，通常资产负债率达到70%，便到了警戒线。然而，不同行业中的企业对于资产负债率的要求也不尽相同，不可一概而论。

1. 短期借款及其筹资成本

短期借款是指企业向银行或其他金融机构借入的、还款期限在一年以内或不超过一年的一个经营周期内的各种借款。短期借款按照偿还方式的不同，分为一次性偿还借款和分期（每月、季）偿还借款；按照利息支付方法的不同，分为收款法借款和贴现法借款；按照有无担保，分为抵押借款和信用借款等；按照目的和用途不同，主要分为生产周转借款、临时借款和结算借款等。

（1）短期借款的信用条件

银行发放短期借款往往带有一些信用条件，主要涉及信贷额度、周转信贷协定、补偿性余额等。①信贷额度是银行对借款企业规定的无担保贷款的最高数额。信贷额度的有效期限通常为1年，根据情况也可延期1年。计算利息时，以已经使用的信贷额度而不是核定的信贷额度作为计息标准。②周转信贷协定是银行承诺提供不超过某一最高限额的具有法律约束力的贷款协定。在协定的有效期内，企业付给银行一定费用，不仅要对其已使用的信用额度支付利息费用，还要对未使用的信用额度支付一定的承诺费，只要企业的借款总额未超过最高限额，银行必须满足企业任何时候提出的借款要求。周转信贷协定的期限通常为 2~6 年。③补偿性余额是银行要求借款企业在银行中保留按贷款限额或实际借用额一定百分比（一般为 10%~20%）的最低存款余额。补偿性余额可降低银行的贷款风险，但提高了企业借款的实际利率，相关公式如式（3-15）所示：

$$R_0 = \frac{R}{1-r} \times 100\% \tag{3-15}$$

式中，R_0表示实际利率；R表示名义利率；r表示补偿性余额。

例3-3 某企业按年利率8%向银行借款10万元，银行要求维持贷款限额15%的补偿性余额，那么企业实际可用的借款以及实际利率为多少？

解： $10 \times (1-15\%) = 8.5$（万元）

该项借款的实际利率为：$\frac{10 \times 8\%}{10 \times (1-15\%)} \times 100\% = 9.4\%$

（2）短期借款的抵押担保

银行向财务风险较大的企业或对信誉不甚有把握的企业发放贷款，有时需要有抵押品担保，以减少可能蒙受损失的风险。短期借款的抵押品经常是借款企业的应收账款、存货、股票、债券等。银行接受抵押品后，将根据抵押品的面值、变现能力和银行的风险偏好决定贷款金额，一般为抵押品面值的 30%~90%。抵押借款的成本通常高于非抵押借款的成本，这是因为银行主要向信誉好的企业提供非抵押贷款，而将抵押贷款看成一种风险投资，故而收取较高的利率；同时银行管理抵押贷款要比管理非抵押贷款困难，为此往往另外收取手续费。

20世纪60年代，联合菜油加工公司向多家银行和企业借入了大约2亿美元的贷款。这些贷款以近20亿磅植物油作为抵押担保。但是，流于形式的检查并未发现相互连接的输油管道可以将油从一个油库输送到另一个油库，而且薄薄的油层下面多是水和淤泥。18.5亿磅油的短缺终于被曝光了。结果公司破产，提供贷款的银行和企业损失了1.5亿美元贷款。

（3）短期借款的成本

短期借款的成本主要表现在名义利率和还款方式两个方面。根据借款企业的情况，借款企业会被给予优惠利率、浮动优惠利率或者非优惠利率等名义利率；约定按照利随本清、等额本息、等额本金、先息后本等还款方式中的某种方式还款。

借款存在多种让人眼花缭乱的还款方式，传统还款类型如“等额本息”“等额本金”；短借长还类型如“气球贷”；加快还款型如“双周供”“按周还”；延后还款型如“宽限期”、还款“合力贷”；散钱活用型如“存抵贷”“存贷通”……很难说清哪种还款方式对客户来说“最省钱”。其中没有“最便宜”的，也没有十全十美的，而只有“最适合”的。企业应视还款资金的特点选择合适的还款方式，正如每一种房贷都有特定的客户群。

2. 长期借款及其筹资成本

长期借款是指借款人向银行或其他非银行金融机构以及其他单位借入的、期限超过一年的借款，主要用于满足购建固定资产等长期资金占用的需要。目前我国长期借款的分类方式有以下几种：按照发放贷款的金融机构的不同，分为政策性银行贷款、商业银行贷款和其他金融机构贷款等；按照是否提供抵押品，分为信用贷款和抵押贷款；按照付息方式与本金的偿还方式不同，分为分期付息到期还本的长期借款、到期一次还本付息的长期借款和分期偿还本息的长期借款。

长期借款的成本主要表现为借款利息率，其可以采用固定利率或者浮动利率。长期借款的利息率最终取决于资本市场的供求关系、借款期限、有无担保、企业信用等级等因素，且通常高于短期借款的利息率。除了借贷双方商定的利息率之外，债权人还会向借款企业收取其他费用，如实行周转信贷协定所收取的承诺费，要求借款企业在商业银行中保持补偿性余额所形成的间接费用等，这些费用都会使借款企业实际使用资金的实际利率提高，增加长期借款的成本。

3.2.3 债券筹资

债券是经济主体为筹集资金而依照法定程序发行的，用以记载和反映债权债务关系的，约定在一定期限内还本付息的有价证券。

1. 债券的基本要素

债券一般包含债券面值、票面利率、到期日等基本要素。

（1）债券面值

债券面值即债券设定的票面金额，它代表发行人承诺于未来某一特定日期偿付给债券持有人的金额。债券在发行之初的定价就隐含了其面值所代表的币种。在国内发行的债券，发行的对象是国内的经济主体，多以本国货币发行和偿付。若在国外发行，则会选择发行地国家或地区的货币或国际通用货币作为债券的币种。

（2）债券票面利率

债券票面利率即债券发行人预计一年内向持有人支付的利息与票面金额的比率。债券的计息和付息方式有多种，可能使用单利或复利计息，利息支付也可能半年一次、一年一次或到期日一次性支付，这就使得其票面利率可能不等于实际年利率。

（3）债券的到期日

债券的到期日即债券偿还本金的日期，表明了债券期限。

2. 债券分类

随着我国铁路大规模的建设，尤其是高铁的建设，铁道部（现为“国家铁路局”）通过发行中国铁路建设债券筹集所需的资金。但是由于当时铁道部原来的负债率高，首期中国铁路建设债券发行推迟，从2011年9月26日一直延至10月10日，最终由国家发改委发函明确“中国铁路建设债券是经国务院批准的政府支持债券”，并在10月12日成功发行。

按照发行主体的不同，债券可分为政府债券（中央政府债券、地方政府债券）、中央银行债券、金融债券、公司信用类债券（非金融企业债务融资工具、企业债券以及公司债券等）和国际债券（外国政府或外国公司发行）。

按照偿还期限分类，债券可以分为短期债券、中期债券、长期债券。

按照偿还方式，债券分为到期一次偿还债券和分期偿还债券。

按照付息方式不同，债券分为零息债券、附息债券。其中，附息债券按照计息方式的不同又可细分为固定利率债券与浮动利率债券等。

按照债券上是否记有持券人的姓名或名称，债券分为记名债券和无记名债券。

按照债券能否上市，债券分为上市债券和非上市债券。

按是否可以转换为公司股票，债券分为可转换债券和不可转换债券。可转换债券是指根据债券合同规定，可以在一定时期内按照事先规定的转换比率或转换价格转换为一定数量的普通股股票的债券。

按有无财产担保，债券分为有担保债券和信用债券。有担保债券是指以一定的公司财产作为抵押担保而发行的公司债券。当发行的有担保债券无法到期偿付时，债权人可以根据合同对抵押的财产进行处理，以抵押财产变现值优先偿付。信用债券是指发行人凭自己的信誉发行的债券，由于没有财产作为担保，其利息率通常要比有担保债券的利息率高。

3．公司债券的发行价格

公司债券发行价格是发行公司（或其承销机构）发行债券时的价格，亦即投资者向发行公司认购该债券时实际支付的价格。

在债券发行前，发行公司和中介服务机构已经参照市场利率制定下来票面利率，或载明于债券之上，但在发行债券时票面利率不一定与当时的市场利率一致。为了协调债券购销双方在债券利息上的利益，不能修改票面利率，发行方就要调整发行价格，其调整结果表现为三种——折价、溢价、平价。折价是指债券的发行价格低于票面金额。当票面利率低于市场利率时，债券折价发行。溢价是指债券的发行价格高于票面金额。当票面利率高于市场利率时，债券溢价发行。平价是指发行价格和票面金额相等。当票面利率与市场利率一致时，债券平价发行。

公司债券可采用组合方式发行，不同期限的公司债券多为固定利率，以单利计算、利随本清或每年支付一次利息并到期还本。因此，同次发行的公司债券发行价格因债券期限、票面利率、是否有担保等要素的不同而不同。

国家电力公司发行总额为40亿元的电力网建设债券，其中3年期的5亿元，15年期的35亿元；中国移动发行总额为80亿元的中国移动债券，其中5年期的30亿元，15年期的50亿元；武汉钢铁发行总额为20亿元的武钢债券，其中3年期的5亿元，7年期的15亿元。发行企业通过不同期限债券的组合，既可以规避利率波动的风险、降低单次发行债券的总成本，又能满足不同期限偏好的投资者需求，提高投资者认购的积极性。

4．公司债券的信用等级

公司债券的信用等级表示债券质量的优劣，反映债券偿本付息能力的强弱和债券投资风险的高低。公司债券的信用等级影响公司债券的发行效果和投资者的投资选择。

公司债券公开发行通常需要债券评信机构评定等级。我国的评信机构在公司债券信用评级工作中，一般主要考查：公司概况、财务质量、投资项目状况、项目发展前景和偿债能力等。

国际三大评信公司是标准普尔、惠誉国际、穆迪公司。惠誉国际是欧资国际评级机构，2000年正式进入中国市场；穆迪公司和标准普尔是美资国际评级机构，穆迪公司于2001年7月在北京设立代表办事处，开拓中国业务，标准普尔于2019年获准进入中国信用评级市场。

5．公司债券发行条件

我国第一只公司债券“07长电债”在2007年9月24日正式发行。

中国长江电力股份有限公司发布公告称，其发行的“07长电债”经过询价，最终票面利率确定为5.35%，债券票面利率在债券存续期内固定不变，采取单利按年计息，网上和网下认购同时展开。根据募集说明书，本期公司债券的发行规模为40亿元，为期限10年的固定利率附息债。网上认购按“时间优先”的原则实时成交；网下认购时间采取机构投资者与主承销商签订认购协议的形式进行。网上、网下预设的发行数量占本期公司债券发行总量的比例分别为10%（4亿元）和90%（36亿元）。本期公司债券由中国建设银行提供全额、不可撤销的连带责任保证担保，经中诚信评估评定，公司主体信用等级为AAA，本期公司债券信用等级为AAA。

《中华人民共和国公司法》规定，发行公司债券，必须符合下列条件。①股份有限公司的净资产额不低于人民币 3 000 万元。有限责任公司的净资产额不低于人民币 6 000 万元。②累计债券总额不超过公司净资产额的 40%。③最近三年平均可分配利润足以支付公司债券一年的利息。④筹集的资金投向符合国家产业政策。⑤债券的利率不得超过国务院限定的利率水平。⑥发行公司债券筹集的资金，必须用于审批机关批准的用途，不得用于弥补亏损和非生产性支出。

练一练

（简答）债券筹资与长期借款都可用于进行长期资金的筹集，公司该如何选择呢？

答案：两者相比各有优劣势，如表3-4所示。

表 3-4　　债券与长期借款

债券	长期借款
公开发行实施注册制并受证监会监管	受债权人监管
债券评信机构评定信用等级	银行的信用评分
筹资速度慢，手续复杂	筹资速度快，手续简单
筹资对象广、市场大	筹资对象有限
借款弹性较小	借款弹性较大，用款期间可协商变动
灵活设计债券面值、票面利率、存续期、偿还方式	其借款期、利率、偿还方式等需要和银行等债权人商议
相比权益融资成本低：利息一般是固定的且在税前列支，能产生税盾作用	
对股东有益：不参与企业净利润的分配，不稀释股东控制权	
财务风险增加：需要按时还本付息	
限制性条款多：影响企业资金使用的灵活性	

3.2.4 可转换债券筹资

可转换债券又称为可转换公司债券，是指发行人依照法定程序发行，在一定期间内依据约定的条件可以转换成股份的、兼具“股性”和“债性”的混合证券品种。可转换债券赋予持有人在发债后一定时间内选择是否依约定的条件将持有的债券转换为发行公司的股票（或者相关公司股票）的权利。

1997年3月25日，中国证监会发布了《可转换公司债券管理暂行办法》，提供了基本法规依据。2020年12月31日，证监会令第178号公布《可转换公司债券管理办法》，自2021年1月31日起施行，为在证券交易所或者国务院批准的其他全国性证券交易场所交易、转让、信息披露、转股、赎回与回售可转债等相关活动提供了依据。

《上海证券交易所可转换公司债券交易实施细则》《深圳证券交易所可转换公司债券交易实施细则》，已经中国证监会批准，均自2022年8月1日起施行。

可转换债券包括标的股票、转换价格或转换比率、转换期、赎回条款、回售条款、强制性转换条款等构成要素，它们表明了可转换债券与不可转换债券的区别。

中国宝安集团股份有限公司（以下简称“宝安公司”）于1992年在国内发行了可转换债券，并于1993年2月10日在深圳证券交易所挂牌交易，是我国资本市场第一张A股上市可转换债券。其可转换债券的主要发行条件是：按债券面值每张5 000元发行总额为5亿元人民币的债券，期限是3年（1993年1月1日—1995年12月31日），票面利率为年息3%，每年付息1次。债券载明两项限制性条款，其中可转换条款规定债券持有人自1993年6月1日起至债券到期日前可选择以每股25元的转换价格转换为宝安公司的1股人民币普通股（其中转换以“手”为单位，上市后每张面值5 000元的可转换债券拆细为5 000张，上市标价为“张”，每2 500张为一手）；宝安公司有权利但没有义务在可转换债券到期前半年内以每手2 575元的赎回价格赎回可转换债券，但赎回前60天需公告声明。

1. 标的股票

可转换债券实际上是一种股票期权或股票选择权，它的标的物就是可以转换成的股票。可转换债券的标的股票一般是发行公司自己的股票，但也有可能是其他公司的股票，如可转换债券发行公司的上市子公司的股票。可转换公司债券的价值中包含了买入标的股票的权利，因此，可转换公司债券的价格必然依赖于标的股票价格的变动情况，并与标的股票的价格同向变动。

*ST搜特股票及衍生品种可转换公司债券“搜特转债”于2023年5月23日起停牌。停盘前最后一个交易日的报价分别为0.42元/股和18元/张，搜特转债相比可转换债券面值，已经不到2折。*ST搜特的股价因连续20个交易日低于1元而触及交易类退市指标，搜特转债作为其发行的可转换公司债券，也终止上市，成为国内历史上首只被强制退市的可转换债券。

2. 转换价格或转换比率

可转换债券的转换价格是指可转换债券转换为每股股份所支付的价格。上市公司发行的可转换债券，一般以标的股票前一个月的股票平均价格为基准，上浮一定幅度作为转换价格；而重点国有企业发行的可转换公司债券，以拟发行股票的价格为基准，折扣一定比例作为转换价格。

转换比率是每张可转换债券能够转换的普通股股数。可转换债券的面值、转换价格、转换比率之间存在下列关系：

转换比率=债券面值÷转换价格　　　　(3-16)

恒宇工业公司在2006年发行的可转换债券：在2011年之前，持有该债券者可将每单位债券转换成12.5股，2011—2016年可转换成11.76股，2017—2021年可转换成11.11股。转换价格由开始时的80元上升到85元，然后升至90元。其中，不足1股部分以现金支付。

3. 转换期

转换期是指可转换债券转换为股份的起始日至结束日的期间。

转换期可以与债券的期限相同，也可以短于债券的期限，主要有四种：发行一段时间后的某日至到期日前的某日、发行一段时间后的某日至到期日、发行后一日至到期日前的某日、发行后一日至到期日。在前两种情况下，发行了可转换公司债券之后，发行公司锁定了一段期限，在该期限内公司不受理转股事宜，其目的是不希望将负债过早变为资本金而稀释原有的股东权益；在后两种情况下，发行公司在可转股之前没有锁定期限，其目的是吸引更多的投资者。

4. 赎回条款

赎回是指在一定条件下公司按事先约定的价格买回未转股的可转换债券，赎回条款是发行公司为了保护自身利益设置的。发行公司在赎回债券之前要发出公告，要求债券持有人在将债券转换为普通股与卖回给发行公司之间做出选择。一般而言，债券持有人会将债券转换为普通股。设置赎回条款是为了促使债券持有人转换股份，因此该条款又被称为加速条款，能使发行公司避免市场利率下降后，因继续向债券持有人支付较高的债券票面利率而蒙受损失。

5. 回售条款

回售条款是为投资者提供的一项安全性保障，主要是为了降低投资风险，吸引更多的投资者。当可转换债券的转换价值远低于债券面值时，投资者必定不会执行转换权利，此时投资者依据一定的条件可以要求发行公司以面额加计利息补偿金的价格收回可转换债券。回售条款实质上是赋予投资者的一种卖出权，投资者可以根据市场的变化而选择是否行使这种权利。

6. 强制性转换条款

强制性转换条款是在某些条件具备之后，债券持有人必须将可转换债券转换为股票而无权要求偿还债券本金的规定。设置强制性转换条款，能够保证可转换债券顺利地转换成股票，实现发行公司扩大权益筹资的目的。

提炼总结：可转换债券筹资的优缺点有哪些呢？表3-5列出了一些相比不可转换债券筹资或者权益筹资的优缺点。你还能想到哪些？

表 3-5　　可转换债券筹资的优缺点

优点	缺点
筹资成本低：利率一般低于同一条件下的不可转换债券的利率；转换为普通股时，发行方无须支付筹资费用	丧失低息的风险：转换后，公司的综合资本成本上升
有利于稳定股票价格：循序转换对公司股价影响不大	股权筹资额降低的风险：公司以固定转换价格转换股票，在股价上扬时，股权筹资额有增加的可能
减少筹资中的利益冲突：提供了债权投资或股权投资的选择权，便于筹集资金；偿债压力相对小，持有人是公司的潜在股东，利益趋同	财务风险：若未如约转换普通股，则会增加偿债压力，特别是在订有回售条款的情况下，偿债压力会加大

3.2.5 吸收直接投资

吸收直接投资指的是企业按照“共同投资、共同经营、共担风险、共享利润”的原则吸收国家、法人、个人、外商投入资金的一种筹资方式，它是有限责任公司筹措资本金的基本形式。

吸收直接投资无须公开发行证券，它与发行股票、留存收益都属于企业筹集自有资金的重要方式。吸收直接投资中，出资者即企业的所有者，对企业享有经营管理权。若企业经营状况好，盈利多，则各所有者按出资比例分享利润；反之，若企业经营状况差，连年亏损，甚至破产清算，则出资各方按其投资比例承担损失。

1．吸收直接投资的类型

按照资金的来源渠道，吸收直接投资可以分为三种类型，即吸收国家投资、吸收法人投资和吸收个人投资。

吸收国家投资是指有权代表国家投资的政府部门或者机构以国有资产投入企业形成的国家资本金。国家财政资金是国有独资企业和国有控股公司重要的资金来源渠道。吸收法人投资是指其他企业单位以其可支配的资产投入企业形成的法人资本金。吸收法人投资广泛适用于法人单位之间，具有灵活多样的出资方式。吸收个人投资是指社会个人或企业内部职工以个人合法财产投入企业所形成的个人资本金。个人投资一般以参与企业利润分配为目的。

以下两家公司吸收直接投资的类型有什么不同？

1999年，留美归国博士邓中翰带着微机摄像芯片技术联系了北京风险投资公司等风险投资机构，但未获支持。后来，邓中翰等人创立了数字图像与多媒体芯片设计企业——中星微电子公司。原信息产业部成立的风险投资公司——盈富泰克公司，以参股方式向中星微电子公司投资了1 000万元。该公司此后经历了三轮融资，且融资股价节节攀升，最后在纳斯达克上市。

2013年，顺丰速运获得来自元禾控股、招商局集团、中信资本、古玉资本的联合投资，总投资金额80亿元。该融资是顺丰速运成立20年来所做的第一次股权融资。顺丰速运处于行业领头羊地位，其营业收入和利润率均是行业内领先水平，股权结构清晰，债务债权关系简单，近年来被上百家基金、投资公司所追逐，但顺丰速运一直婉拒合作，此轮融资为顺丰速运发展写下了浓重的一笔。

按照出资方式，吸收直接投资可以分为吸收现金投资、吸收实物投资、吸收无形资产投资等类型。

吸收现金投资是吸收直接投资中一种主要的出资方式。现金可灵活方便地转换为其他经济资源，因此，企业应尽可能多地争取投资者以现金形式出资。吸收实物投资即投资者直接以房屋、建筑物、机器设备等固定资产和原材料、燃料、产品等流动资产作价投资。吸收实物投资的实物资产应确实是企业研发、生产、经营所需要的、技术性能好的资产，同时实物资产的作价应该公平合理，可由双方协商确定，也可聘请各方同意的专业资产评估机构确定。吸收无形资产投资即投资者直接以专利权、商标权、商誉、非专利技术、土地使用权等无形资产作价投资。无形资产相对于实物资产，其价值具有很大的不确定性，因此，企业在接受这种投资时应谨慎调查和进行可行性研究。法律、行政法规明确规定了不得作为出资的财产。

《中华人民共和国公司法》将注册资本实缴登记制改为认缴登记制，取消了一些公司的注册门槛，使"1元注册公司"变为现实，令广大创业者为之欢呼雀跃。1元注册公司真的好吗？但若考虑公司未来股权转让的缴税，对于创业者，仅用1元注册公司的做法，并不可取。

2. 吸收直接投资的程序

首先是确定筹资数量。吸收直接投资通常是在企业开办时所采用的一种筹资方式。企业在经营过程中，如果发现自有资金不足，也可采用吸收投资的方式筹集资金，但在吸收投资以前，要根据企业的经营范围、生产性质、投资规模、最低注册资金要求、企业信用状况、企业产品类型等情况，确定合理的筹资数量。一般而言，企业经营规模越大，筹资数额越多。

其次是寻找投资伙伴，协商投资事项，签署投资协议。企业通过宣传工作，让投资者充分了解企业的发展方向和发展前景、经营性质和规模及获利能力等，以找到合适的合作伙伴。企业与出资者确定投资意向后，双方协商出资方式、出资比例、出资数量以及参与管理的形式等具体条件，协商确定实物投资、工业产权投资、土地使用权投资的作价或聘请双方认可并具有专业资质的资产评估机构进行评定。当投资者的出资资产价值确定后，双方应签署投资协议或合同，从法律上明确双方的义务、权利和责任。

最后是按期获取资金。企业根据投资协议中规定的出资期限、出资方式、出资比例、出资数额等，按规定获取资金。投资者若未按规定缴纳所认缴的出资额，应当对已足额出资的投资者承担违约责任。

【提炼总结】吸收直接投资相比其他的筹资方式，至少有表3-6所示的优缺点。你还能想到哪些？

表 3-6 吸收直接投资的优缺点

优点	缺点
有利于直接获取投资者的先进设备和先进技术，提高企业的生产水平，尽快形成生产能力	找到合适的投资者较为困难，有时来自机缘巧合
有利于增强企业实力。筹集资金属于自有资金，能增强企业的信誉和借款能力，有利于尽快形成和扩大生产经营规模	资本成本较高。支付给投资者的报酬是从税后利润部分支付的，不具有抵税作用
筹资风险小。没有固定的利息费用，根据企业经营状况好坏灵活回报投资者	容易分散控制权。投资者一般都要求获得相应投资数量的经营管理权，导致企业控制权分散甚至完全被控制

3.2.6 普通股筹资

股票最早出现于荷兰的东印度公司。在17世纪初，随着大工业、大企业的发展，资本短缺现象出现。为了筹集更多的资本，出现了由出资者以股份共同出资经营的企业组织，产生了股票这种表示投资者投资入股份额的有价证券，投资者即股东，按其出资额的大小享受权益和承担责任。世界上最早的股份公司诞生于1602年，即在荷兰成立的东印度公司。

伴随着股份公司的发展，转让股票的买卖交易需求产生了。后来，为了吸收和集中分散在社会上的资金，股票向社会公开发行，从而带动了股票市场的出现和形成。东印度公司在荷兰阿姆斯特丹的一个酒馆进行股票交易，该场所因此成为世界上第一个股票市场，即股票交易所。

目前，股份有限公司已经成为最基本的企业组织形式，股票已经成为企业筹资的重要方式，而股票的发行和交易也已成为证券市场的基本经营内容。

1．普通股及其股东权利

普通股是股份有限公司发行的无特别权利的、不加以特别限制、股利不固定的股份，也是最基本的、标准的股份。通常情况下，股份有限公司只发行普通股。

持有普通股股份者为普通股股东，主要有如下权利：有权参与股东大会，并有建议权、表决权和选举权，也可以委托他人代表其行使股东权利；股份转让权，股东持有的股份可以自由转让，但必须符合《中华人民共和国公司法》（以下简称《公司法》）、其他法规和公司章程规定的条件和程序；红利分享权与股利分配请求权，股东有权从公司利润分配中在优先股股东取得股息之后得到股息；对公司账目和股东大会决议的审查权和对公司事务的质询权；分配公司剩余财产的权利，当公司破产或清算时，若公司的资产在偿还债务后还有剩余，其剩余部分要进行分配；增发新股时的优先认购权，认购权取决于持股比例、认购时间与股权登记日；公司章程规定的其他权利。

同时，普通股股东对公司负有义务：股东要遵守公司章程、缴纳股款、对公司负有有限责任、不得退股等义务。

2．普通股的分类

按有无记名划分，普通股可分为记名股票和无记名股票。记名股票在发行时，票面上记载股东的姓名，并记载于公司的股东名册上。除持有者和其正式的委托代理人或合法继承人、受赠人外，任何人都不能行使记名股票的股权。另外，根据《公司法》的规定，记名股票的转让，必须由股票持有人以背书方式或者法律、行政法规规定的其他方式转让。无记名股票在股票上不记载股东的姓名。其持有者可自行转让股票，任何人一旦持有便享有股东的权利，无须再通过其他方式、途径证明自己有股东资格。

按是否标明金额划分，普通股可分为面值股票和无面值股票。面值股票，或称金额股票，是指在股票票面上记载一定金额的股票。持有这种股票的股东以持有股票票面金额之和表示占公司总资本的份额，以此来确定股东对公司享有权利和承担义务的多少。无面值股票也称比例股票或无面额股票，发行时无票面价值记载，仅表明每股占资本总额的比例。其价值随公司财产的增减而增减，因此，这种股票的内在价值总是处于变动状态之中，优点是避免了公司实际资产与票面资产的背离，因为股票的面值往往名不符实，人们关心的不是股票面值，而是股票价格。发行这种股票对公司管理、财务核算、法律责任等方面要求高。

按投资主体划分，普通股可分为国家股、法人股、个人股和外资股。国家股是有权代表国家投资的部门或机构以国有资产向公司投资而形成的股份。法人股是企业法人依法以其可支配的财产向公司投资而形成的股份，或具有法人资格的事业单位和社会团体以国家允许用于经营的资产向公司投资而形成的股份。个人股是社会个人或公司内部职工以个人合法财产投入公司而形成的股份。外资股为外国和我国港、澳、台地区投资者购买人民币特种股票而形成的股份。

目前在我国，国家股、法人股、个人股和外资股虽然同为普通股，但彼此间的权利义务关系存在差别。例如，同为上市公司的普通股股东，只有个人股股东和外资股股东手中的股票在交易所可以上市转让，而国家股和法人股则不能完全流通。但随着我国股份制改革的深入、股市的成熟和发展，国家股和法人股已经逐步进入股市的二级流通市场。在其他一些资本市场中，普通股按照是否完全拥有表决权和收益权划分为不同级别。例如，A级普通股卖给社会公众，支付股利，但一段时间内无表决权；B级普通股由公司创办人保留，有表决权，但一段时间内不支付股利；E级普通股拥有部分表决权等。

按发行对象和上市地区划分，普通股可分为A股、B股、H股、N股和S股等。A股是人民币普通股票，即供我国（港、澳、台地区除外）个人和法人买卖的，以人民币标明票面金额并以人民币认购和交易的股票。B股、H股、N股和S股是人民币特种股票，即供外国和中国港、澳、台地区投资者买卖的，以人民币标明票面金额但以外币认购和交易的股票。其中，B股在上海、深圳上市；H股指中国企业在香港地区联合交易所发行并上市的股票，取Hong Kong第一个字母“H”为名；N股指中国企业在纽约交易所发行并上市的股票，取New York第一个字母“N”为名；S股指中国企业在新加坡交易所发行并上市的股票，取Singapore第一个字母“S”为名。

按发行时间的先后划分，普通股分为原始股和新股。原始股是公司设立时发行的股票，“原始股”一向是中国证券市场上初始投资者的代名词。新股是公司增资时发行的股票。原始股和新股发行的具体条件、目的、发行价格不尽相同，但股东的权利、义务是一致的。

3. 普通股股票的价值

（1）票面价值

普通股股票的票面价值是股票票面标明的金额，是股票的名义价值，其大小通常由公司章程规定。在我国一般为1元/股。股票的票面价值与其实际价值关联不大，有时甚至毫无关联。有的公司将股票的面值定得很低，而其实际价值却很大，如面值为1元的股票其市价可能高达30元。较低面值的股票在发行时具有较大弹性，有利于股东的大众化，吸引更多的投资者。票面价值可以确定每一股份在公司的全部股本总额中所占的比例，也可以表明公司股东对每股股份所负有限责任的最高限额。

公司发行无面值股票时，往往会根据核定的股本和发行股数为股票确立一个价值，这一价值即无面值股票的设定价值。

（2）账面价值

普通股股票的账面价值是指公司账面上普通股股票的价值，即每股股票对应的公司净资产，也称每股净资产或股票净值，通常情况下并不等于股票价格。主要原因有两点：一是会计价值通常反映的是历史成本或者按某种规则计算的公允价值，并不等于公司资产的实际价值；二是账面价值并不反映公司的未来发展前景。其计算公式为（3-17）：

$$\begin{aligned}\text{账面价值} &= \frac{\text{公司净资产}-\text{优先股股份所享权益}}{\text{流通在外的普通股股份数额}} \\ &= \frac{\text{公司资产}-\text{公司负债}-\text{优先股股份所享权益}}{\text{流通在外的普通股股份数额}} \qquad (3\text{-}17)\end{aligned}$$

（3）清算价值

清算价值指公司清算时每股股票所代表的实际价值。从理论上讲，股票的每股清算价值应与股票的账面价值相一致，但实际上并非如此。由于清算时资产并非按其账面价值处置，再加上庞大的清算费用，导致股票的清算价值低于账面价值。

（4）市场价值

股票的市场价值即它的市场价格，是在股票交易过程中形成的价格。股票的市场价值受众多因素的影响会发生经常性的变化，并且这种变化是对股票市场行情的直接反映。

练一练

（思考）你在进行股票投资的时候，会依据票面价值、账面价值还是市场价值？

答案：股票的票面价值、账面价值都无法反映股票的真实价值，市场价值相对而言，反映了公众认可的股票的公允价格。这个公允价格回答了价值是多少的问题，但并没有回答值不值的问题。就像购买其他的投资品一样，若物超所值，即市场价值被低估的时候，才值得购买。在后续的投资章节，将会以其内在价值作为参照，讨论值不值的问题。

4．股票的发行

家喻户晓的美的，从1968年开始创业，1980年正式进军家电行业，2000年成立美的集团股份有限公司。2013年9月18日，美的集团在深圳证券交易所上市，成功发行6.86亿股普通股，共募集资金305亿元（扣除发行费用7 208万元后），每股发行价达到44.56元。

股份有限公司在设立时要发行股票。公司设立之后，为了扩大经营、改善资本结构，也会增资发行新股。广义的股票发行包含募集行为和狭义的发行行为。所谓“募集”，既指发行人筹集股本和资本，也指发行人招募股东。从行为方面分析，募集是广义发行的主要组成部分，包含了除发行人制作并交付股票以外的，从发行人招募、投资人申购、发行人核定（即指确定投资者认购股份数量的行为）并发售股票、投资人缴款直到发行人获得所筹资金等若干行为。从这也可以看出，广义的发行包含了募集行为与狭义发行。股份的发行，实行公开、公平、公正的原则，必须同股同权、同股同利。同次发行的股票，每股的发行条件和价格应当相同，任何单位或个人所认购的股份，每股应支付相同的价款。发行股票还应接受证券监督管理机构的管理和监督。股票发行应执行的管理规定，主要包括股票发行条件、发行程序和方式、销售方式等。

（1）股票发行的基本条件

按照我国《公司法》和《证券法》的有关规定，股份有限公司发行股票，应符合以下规定与条件：同次发行的股票，每股的发行条件和价格应当相同；股票发行价格可以等于票面金额，也可以超过票面金额，但不得低于票面金额；股票应当载明公司名称、公司成立日期、股票种类、票面金额及代表的股份数、股票的编号等主要事项；公司发行的股票，可以为记名股票，也可以为无记名股票。公司向发起人、法人发行的股票，应当为记名股票，并应当记载该发起人、法人的名称或者姓名，不得另立户名或者以代表人姓名记名。对社会公众发行的股票，可以为记名股票，也可以为无记名股票。公司发行记名股票的，应当置备股东名册，记载股东的姓名或者名称及住所、各股东所持股份数、各股东所持股票的编号、各股东取得股份的日期。发行无记名股票的，公司应当记载其股票数量、编号及发行日期。

公司公开发行新股，必须具备下列条件：具备健全且运行良好的组织结构；具有持续盈利能力，财务状态良好；最近三年财务会计无虚假记载，无其他重大违法行为；证券监督管理机构规定的其他条件。

（2）公司首次发行股票应具备的其他特殊条件

发起人认缴和社会公开募集的股本应达到法定资本的最低限额；发起设立时，应由公司发起人认购公司应发行的全部股份；募集设立时，发起人认购的股份不得少于公司股份总数的35%，其余股份应向社会公开募集；发起人应有 5 人以上，其中须有过半数在中国境内有住所；无形资产不超过公司注册资本的 35%。

国有企业改组为股份公司，发起人可少于 5 人，但应采取募集设立方式发行股票，将有限责任公司改制为股份有限公司。折合的股份资本总额应等于公司净资产额，原有限责任公司的债权、债务由变更后的股份公司继承。

（3）配股发行的条件

配股是指上市公司在获得有关部门的批准后，向其现有股东提出配股建议，使现有股东按持股比例认购配售股份的行为，它是上市公司发行新股的一种方式。

2015年12月28日，兴业证券股份有限公司（以下简称“兴业证券”）以总股本52亿股为基数，每10股配售3股，可配售股份总数为15.6亿股，实际配股增加14.97亿股。配股完成后，兴业证券总股本达到66.97亿股。采用代销方式，此次配股扣除发行费用1.94亿元后，募集资金120.6亿元。

上市公司必须符合下列基本条件，方可向股东配股：上市公司必须与控股股东在人员、资产、财务上分开，保证上市公司的人员独立、资产完整和财务独立；公司章程符合《公司法》的规定，并已根据《上市公司章程指引》进行了修订；配股募集资金的用途符合国家产业政策的规定；前一次发行的股份已经募足，募集资金使用效果良好，本次配股距前次发行间隔一个完整的会计年度（1 月 1 日至 12 月 31 日）以上；公司上市超过三个完整会计年度的，最近三个完整会计年度的净资产收益率的均值在 10%以上；上市不满三个完整会计年度的，按上市后所经历的完整会计年度平均计算；属于农业、能源、原材料、基础设施、高科技等国家重点支持行业的公司，净资产收益率可以略低，但不得低于 9%；上述指标计算期间内任何一年的净资产收益率不得低于 6%；公司在最近三年内财务会计文件无虚假记载或重大遗漏；本次配股募集资金后，公司预测的净资产收益率应达到或超过同期银行存款利率水平；配售的股票限于普通股，配售的对象为股权登记日登记在册的公司全体股东；公司一次配股发行股份总数，不得超过该公司前一次发行并募足股份后其股份总数的 30%，公司将本次配股募集资金用于国家重点建设项目、技改项目的，可不受 30%的比例限制。

（4）股票发行的程序

股份有限公司在设立时发行股票与增资发行新股，在程序上有所不同。

设立时发行股票的程序：提出募集股份申请——公告招股说明书，制作认股书，签订承销协议和代收股款协议——招认股份，缴纳股款——召开创立大会，选举董事会、监事会——办理设立登记，交割股票。

增资发行新股的程序：股东大会做出发行新股的决议——由董事会向国务院授权的部门或上级人民政府申请并经批准——公告新股招股说明书和财务会计报表及附属明细表，与证券经营机构签订承销合同，定向募集时向新股认购人发出认购公告或通知——招认股份，收缴股款——改组董事会、监事会，办理变更登记并向社会公告。

（5）股票的发行方式

公司发行股票筹资时，应当选择适宜的股票发行方式和销售方式，并制定恰当的发行价格，以便及时募足资本。按是否面向社会大众，股票的发行方式可分为公开发行和不公开发行两种方式。

公开发行即公募发行，是指面向社会大众推销股票的发行方式。这种发行方式按有无中介机构参与，又可分为公开直接发行和公开间接发行。公开直接发行是不通过投资银行或证券公司等中介机构，由发行公司办理发行事宜、承担发行风险的方式。公开间接发行指由证券中介机构公开向社会公众发行股票的方式。我国股份有限公司采用募集设立方式向社会公开发行新股时，需由证券经营机构承销的做法，就属于股票的公开间接发行。这种发行方式的发行范围广、发行对象多，易于足额募集资本；股票的变现性强，流通性好；还有助于提高发行公司的知名度和影响力。但这种发行方式的不足主要是手续繁杂，发行成本高。

辽宁科隆精细化工股份有限公司向社会大众首次公开发行不超过1 700万股人民币普通股（A股）并在创业板上市的申请，已获得中国证券监督管理委员会证监许可20141057号文核准。本次发行采用网下向符合条件的投资者询价配售和网上向持有深圳市场非限售A股的社会公众投资者定价发行相结合的方式进行。回拨机制启动前，网下初始发行数量为1 020万股，占本次发行规模的60%；网上初始发行数量为680万股，占本次发行规模的40%。

不公开发行即私募发行，指的是公司不公开对外发行股票，而只向少数特定的对象直接发行，因而不需中介机构承销。我国股份有限公司采用发起设立方式和以不向社会公开募集的方式发行新股的做法，即属于股票的不公开发行。这种发行方式弹性较大，发行成本低，但发行范围小，发行价格可能比公开发行价格低，股票变现性差。

2013年9月29日，青岛海尔发布公告称，KKR拟通过现金认购青岛海尔发行的10%股份成为公司战略股东，本次募集资金总额33.82亿元全部用于补充流动资金。青岛海尔募集资金降低了资产负债率，为后续扩大规模和搭建网络化平台完成资金储备。青岛海尔通过与KKR开展战略合作，撬动其全球研发和渠道资源，有助于扩充战略资源，实现战略转型目标。

（6）股票的销售方式

股份有限公司向社会公开发行股票时所采取的股票销售方式有两类：自销和委托承销。

自销，即不经过证券经营机构而直接将股票出售给投资者的行为。自销方式在企业债券上运用较广，而在股票发行上并不普遍，对不具备条件进入交易所上市的股票，企业往往自销，所售股票的转让通过地区交易市场进行。此种销售方式可以节省发行费用，同时由发行公司直接控制发行过程，比较可靠。但这种方式筹资时间较长，发行公司要承担全部发行风险，同时，由于发行公司需要自己制作规定发行申请书、招股说明书等有关文件，并开展征募活动，征收认缴款，负担相当重。自销方式需要发行公司具有较高的知名度、美誉度和实力。

委托承销，是指发行公司将股票销售业务委托给证券承销机构代理的行为。证券承销机构是指专门从事证券买卖业务的金融中介机构，如证券公司、信托投资公司、投资银行等。我国规定，股票发行必须由依法设立的承销机构承销，一般是具有股票发行业务的综合性证券公司。承销又分为包销和代销两种具体办法。所谓包销，是指根据承销协议商定的价格，证券经营机构一次性全部购进发行公司公开募集的全部股份，然后以较高的价格出售给社会上的认购者的行为。包销又分为余额包销和全额包销两种方式。其中，余额包销是指由承销者按协议规定的发行条件，在约定的期限内向社会公众推销股票，至销售截止日期为止，未售出的股票余额由承销者负责认购的行为。全额包销则是由承销者将全部股票认购下来，然后再向社会公众推销的行为。所谓代销，是证券经营机构代替发行公司发售股票，并由此赚取一定的佣金，在承销期结束时，将未售出的股票全部退还给发行人的承销方式。对发行公司来说，包销可使其及时筹足资本，免于承担发行风险（因为股款未募足的风险由承销商承担），但将股票以较低的价格出售给承销商会损失部分溢价，并且实际支付的发行费用也较高；代销的费用虽不高，只需支付一定的佣金给承销商，但要承担股款未募足的风险。

2018年11月，深圳市隆利科技股份有限公司在深圳创业板采用余额包销方式，公开发行新股1 816.53万股。其中网上发行股数为1 816.50万股，占公开发行数量的99.998 3%，剩余的未达到新股网上申购单元500股的余股300股，由保荐机构国海证券股份有限公司负责包销。最终包销股份数量为65 967股，包销金额为1 376 731.29元，包销比例为0.363 1%。

（7）股票的发行价格

股票的发行价格，是股票发行时所使用的价格，也就是投资者认购股票时所支付的价格。股票发行价格通常由发行公司根据股票面额、股市行情和其他有关因素决定。以募集设立方式设立的公司首次发行的股票价格，由发起人决定；公司增资发行新股的股票价格，由股东大会决定。股票价格确定的方法主要包括定价和竞价两种。我国A股市场一般采取定价方式，根据证监会确定的市盈率标准和发行公司的每股盈利水平制定发行价格。竞价是指由投资者根据发行公司的财务状况和盈利状况，进行投标竞价，确定发行价格的行为。

股票的发行价格一般有三种。

① 平价发行，也称为等价发行或面值发行，即发行价格等于股票面值。在这种发行价格下，发行公司所得资本与公司股本是一致的。一般在股票的初次发行或在股东内部分摊增资的情况下采用。市价往往高于面值，因此，以面值为发行价格能够使认购者得到价格差异带来的收益，促使股东认购。

② 时价发行，也称为市价发行，是以本公司股票在流通市场上买卖的实际价格为基准确定的股票发行价格。这种价格一般高于票面金额，两者的差价称为溢价，溢价带来的收益归该股份有限公司所有。选用时价发行股票，考虑了股票的现行市场价值，对投资者也有一定的吸引力。

③ 中间价发行，即以时价和平价的中间值确定的股票发行价格。中间价的发行对象一般为原股东。在时价和面值之间采取一个折中的价格发行，实际上是将差价收益一部分归原股东所有，一部分归公司所有。

按时价和中间价发行的实际发行价格，可能高于股票面值（溢价发行），也可能低于股票面值（折价发行），也可能等于股票面值（平价发行）。但我国《公司法》规定，股票发行价格可以为票面金额，也可以超过票面金额，但不得低于票面金额，即不允许折价发行。合理确定股票的发行价格应考虑市盈率、每股净资产、行业前景及公司经营管理水平、股票市场的供求状况等多种因素。

5. 股票的上市

股票上市是指股份有限公司公开发行的股票，符合规定条件，经过证券交易所审核、证监会注册后，作为交易的对象在证券交易所上市交易的股票，称为上市股票，其股份有限公司称为上市公司。股份有限公司申请股票上市，基本目的是增强本公司股票的吸引力，形成稳定的资本来源，从而在更大范围内筹措资本。

中国人民保险集团股份有限公司于2018年11月6日，以“网下询价配售、网上定价发行、战略配售”方式发行上市。其公开发行股票18亿股，每股发行价3.34元，扣除发行费用1.64亿元后实际募集资金约58.5亿元。那么，上市有哪些益处和不利呢？

股票上市对发行公司而言，可提高公司股票的流动性、变现性和股权的社会化水平，实现资本大众化，防止股权过于集中，便于投资者认购、交易，分散投资者风险，便于公司采用出让股票的方式收购其他公司；有助于确定公司增发新股的发行价格以及公司的价值，便于筹措新资金，有利于促进公司实现财富最大化目标；同时，提高公司的知名度，吸引更多顾客。但也有人认为，股票上市对公司不利，主要是：各种“公开”的要求可能会暴露公司的商业秘密；公司将负担较高的信息采集和披露成本；在资本市场不完善的情况下，股价的人为波动可能歪曲公司的实际状况，损害公司形象；可能分散公司的控制权，限制经理人员的经营自由，造成管理上的困难。

普通股筹资相比其他的筹资方式，至少有表3-7所示的优缺点。你还能想到哪些？

表3-7　普通股筹资的优缺点

优点	缺点
筹集资本具有永久性，无固定到期日，不需要归还。这对保证公司对资本的最低需要，维持公司长期稳定发展极为有益	资本成本较高。其发行费用高于其他证券；股息从税后利润中支付，不冲减应税所得；股东一般要求的回报较高
没有固定的股利负担，没有固定的到期还本付息的压力，筹资风险小	增加新股东，稀释公司控制权，容易被收购和控股

续表

优点	缺点
反映了公司实力，可作为其他方式筹资的基础；有利于增强公司的举债能力，抵御风险	新股东分享公司未发行新股前积累的保留盈余，会降低普通股的每股净收益，可能引发股价的下跌
由于普通股的预期收益高，并可一定程度地抵消通货膨胀的影响，筹资相对容易	信息披露制度容易泄露公司的商业机密，并使经营者受各方面严格监督，增加经营与管理的压力

3.2.7 优先股筹资

优先股是介于普通股与公司债券之间的一种筹资工具，是公司在筹集资金时，给予投资者某些优先权的股票。这种优先权主要表现在两个方面：一是优先股有固定的股息，通常是按照其面值的固定比例支付，不随公司业绩好坏而波动，并可以先于普通股股东分配公司利润；二是当公司破产进行财产清算时，优先股股东对公司剩余财产有先于普通股股东的要求权，可以优先获得未支付的股息和清算金额。但优先股的持股人无表决权，不能参加公司的经营管理，除非在以下特殊事项发生时：（1）修改公司章程中与优先股相关的内容；（2）发行优先股；（3）一次或累计减少公司注册资本超过10%；（4）公司合并、分立、解散或变更公司形式；（5）公司章程规定的其他情形。因此，优先股与普通股相比，虽然收益和决策参与权有限，但风险较小。

2013年10月10日，浙江朗诗德健康饮水设备股份有限公司采取非公开发行方式发行优先股2 000万股，计划募集资金1.5亿元。募集期为3年，募完截止。此次发行的优先股的收益率，主要分为三个层次。第一是每年10%的固定约定收益；第二是在公司利润提升时，享受与股东的相同待遇参与分红；第三是未来走向资本市场，有机会转为普通股，跟企业一起IPO（Initial Public Offerings，首次公开募股）。

1. 优先股的分类

（1）累积优先股和非累积优先股。累积优先股是指如果公司因故不能按期发放优先股股利，则这些股利将累积到以后年度一并发放，公司在发放完全部积欠的优先股股利之前，不得向普通股股东支付任何股利的优先股。对于非累积优先股，虽然对于公司当年所获得的利润有优先于普通股获得分派股息的权利，但如果该年公司所获得的盈利不足以按规定的股利分配，非累积优先股的股东不能要求公司在以后年度中予以补发。

（2）可转换优先股与不可转换优先股。可转换优先股指有权按照发行时的规定，在将来的一定时期内转换为普通股的优先股。不可转换优先股则没有上述权利。可转换优先股是近年来日益流行的一种优先股。

（3）可赎回优先股与不可赎回优先股。可赎回优先股指公司有权按照发行时规定的条件，在将来某一时刻从优先股股东手中收回的优先股。公司在认为能够以较低股利的股票来代替已发行的优先股时，就往往行使这种权利。不可赎回优先股则没有上述权利。

（4）参与优先股与非参与优先股。参与优先股指其股东在获取定额股利后，还有权与普通股股东一起参与剩余利润分配的优先股。非参与优先股则无此权利。

（5）有投票权优先股与无投票权优先股。某些优先股在公司于一定时期内始终未能发放优先股股利时，可以被赋予投票权，参加公司董事的选举，以保证公司管理当局能够维护优先股股东的利益，这些优先股被称为有投票权优先股。有些优先股则不能获得这一权利，被称为无投票权优先股。

特殊时期政府对大企业（包括民营特大型企业）以优先股形式注资进行救助，以避免经济系统可能产生重大系统性崩溃。例如，美国政府注资花旗银行，主要采取购买优先股的形式，维持了花旗银行的基本治理架构。

2. 优先股筹资的优缺点

优先股无固定到期日，不用偿付本金，相当于使用的是一笔无限期的贷款，股利的支付既固定，又有一定的灵活性。一般而言，优先股都采用固定股利，但固定股利的支付并不构成公司的法定义务，公司在经营情况不好时，可以不支付股息而留待以后支付。优先股可以使公司的自有资本实力增强，公司举债能力提高，信誉提高。大多数优先股附有收回条款，资金使用更有弹性。当财务状况弱时，公司发行优先股，而当财务状况强时，公司收回优先股，有利于满足公司资金需求的同时控制公司的资本结构。优先股股东一般不享有投票权，这能够保持原有普通股股东对公司的控制权和支配地位。

公司发行优先股筹集资金，付出的股息在税后利润中扣除，不存在抵税效应。所以，优先股筹资的资本成本通常要高于债务筹资方式的资本成本，如银行借款和债券，而低于发行普通股筹资的资本成本。优先股股息固定，虽然在收益上升时有利，但在收益下降时不利，有时会成为公司一项沉重的财务负担。优先股筹资限制多，发行优先股，通常有许多限制条款。例如，对普通股股利支付的限制、对公司借债的限制等。

除了上述介绍的筹资方式外，融资租赁、互联网融资、PPP融资模式等也能够在特定条件下帮助企业缓解资金不足，达成融资的目的。

中国南方航空股份（01055）于2022年10月28日公布，公司与南航融资租赁订立2023—2025年融资和租赁服务框架协议，以重续2020—2022年融资和租赁服务框架协议项下交易。南航融资租赁同意根据2023—2025年融资和租赁服务框架协议及据此拟订立的相关实施协议的条款及条件，在公司认为适宜并符合公司及股东的整体利益时就租赁飞机、租赁模拟机及租赁航空相关设备向公司继续提供融资租赁服务以及就若干飞机、发动机及航空相关设备向公司提供经营租赁服务。

融资租赁集融资与融物、贸易与技术更新于一体，是指出租人根据承租人对租赁物件的特定要求，购买租赁物件并租给承租人使用，承租人则分期向出租人支付租金。在租赁期内，租赁物件的所有权属于出租人所有，承租人拥有租赁物件的使用权。租期届满，根据融资租赁合同的规定对租赁物的归属按照合同有关条款或者交易习惯确定。

3.3 资本成本

3.3.1 资本成本概述

资本成本是指企业为筹集和使用资金而付出的代价，包括资金筹集成本和资金使用成本两个部分，是资金来源所要求的报酬率。

资本成本概述

其中，资金筹集成本是指在资金筹集过程中支付的各项费用，如发行股票、债券的印刷费、发行手续费、律师费、资信评估费、公证费、担保费、广告费等，一般是在资金筹措时一次性支付，在使用过程中不再发生，可以看作筹资总额的一项扣除。资金使用成本是指使用资金支付的费用，如股票股息、银行借款利息和债券利息等，与使用资金的数量和时间有关。

哪些因素决定了资本成本的高低？下面列出了一些因素，你还能想到哪些？

宏观经济环境决定了整个经济中资本的供给和需求，以及预期通货膨胀的水平，与企业筹资的资本成本密切相关。投资者所要求的投资收益率随着社会的资金需求和供给变动以及通货膨胀水平的变化而改变。当货币需求增加，而供给没有相应增加时，投资人便会提高其投资收益率，企业的资本成本就会上升；反之，则会降低其要求的投资收益率，使资本成本下降；当预期通货膨胀水平上升，货币购买力下降时，投资者也会提出更高的投资收益率来补偿预期通货膨胀带来的损失，导致企业资本成本上升。

证券市场条件影响着企业的资本成本。证券市场的流动性不好，投资者买进或卖出证券相对困难，变现风险加大，要求的投资收益率就会提高，导致资本成本升高。或者证券的价格波动较大，投资的风险大，投资者要求的投资收益率也会提高，导致资本成本升高。

企业内部状况也影响着企业的资本成本。例如，经营风险和财务风险越大，投资者便会要求越高的投资收益率，从而提高资本成本；企业的融资规模增加，筹资成本和资金使用成本也增大，导致资本成本升高，并且证券发行规模的增大还会降低其发行价格，这也会进一步提高企业的资本成本。

1. 资本成本的作用

资本成本是企业选择筹资途径和筹资方式的重要依据。企业筹集长期资本往往有多种方式可以选择，如长期借款、发行债券、发行股票等。不同筹资组合的综合资本成本不同，企业需要根据情况选择最优筹资组合方案。

资本成本是企业比较、选择投资项目的参考指标和门槛，投资项目的投资收益率只有大于资本成本，才是有利可图的。国际上通常将资本成本视为投资项目的“最低报酬率”或“必要报酬率”，以及是否采纳一个投资项目的“取舍率”。

资本成本是企业确定最佳资本结构的依据。而最佳资本结构促使资金使用者挖掘资金潜力，节约资金占用，提高资金使用效益。

资本成本是衡量企业经营成果的尺度，即企业的利润率应该高于资本成本。如果企业的利润率低于资本成本，则需要控制成本，改善企业经营管理方法，提高企业的利润率。

2. 资本成本的形式

资本成本可以分为个别资本成本、综合资本成本和边际资本成本。

个别资本成本是指各种长期资金的成本，如长期借款成本、长期债券成本、优先股成本、普通股成本和留存收益成本。其中，长期借款成本、长期债券成本等债务资本成本一般低于优先股成本、普通股成本和留存收益成本等权益资本成本。个别资本成本多用于比较和评价各种筹资方式。

综合资本成本是指全部长期资金的加权平均成本，其权数可以通过账面价值法、市场价值法、目标价值法进行计算。综合资本成本主要用于评价和选择资本结构。

边际资本成本是新筹集资本的成本，在计算时也需要进行加权平均，一般在追加筹资决策中使用，即在已确定目标资本结构的情况下，考察资本成本随筹资规模变动而变动的情况。

上述三种资本成本之间存在密切的关系。个别资本成本是综合资本成本和边际资本成本的基础，综合资本成本和边际资本成本是对个别资本成本的加权平均。

3.3.2 个别资本成本

公司资本的主要来源包括长期债务、普通股和优先股。权益资本的表现形式是股票，债务资本的表现形式是债券和长期借款。

1. 债务资本成本

债务资本成本指公司长期债务（长期借款和债券）的资本成本，包括资金的使用成本及资金的筹集成本两个部分。其中，长期借款的筹集成本主要指借款手续费，而债券的筹集成本主要包括申请发行债券的手续费、债券注册费、印刷上市费以及推销费用等。

（1）不考虑货币时间价值的情况

长期借款资本成本按式（3-18）计算：

$$K_L = \frac{I_L \times (1-T)}{L \times (1-f_L)} \tag{3-18}$$

式中，K_L表示长期借款资本成本；I_L表示长期借款年利息；T表示所得税税率；L表示长期借款筹资额；f_L表示长期借款筹资费率。

企业债券资本成本按式（3-19）计算：

$$K_b = \frac{I_b \times (1-T)}{B \times (1-f_b)} \tag{3-19}$$

式中，K_b表示债券的资本成本；I_b表示债券年利息；f_b表示债券筹资费率；T表示所得税税率；B表示债券筹资额，按具体发行价格确定。

（2）考虑货币时间价值的情况

假如某公司债券的当前价格为P_0，以后每年的利息支付为$I_t(t=1,\cdots,n)$，至债券到期日按照票面值P_n返还，则此债券的税前资本成本K_d满足式（3-20）：

$$P_0 = \sum_{t=1}^{n} \frac{I_t}{(1+K_d)^t} + \frac{P_n}{(1+K_d)^n} \tag{3-20}$$

如果是新发行的债券，还要考虑发行费用。假设发行费用占债券发行价P_0的百分比为q，以后每年的利息支付为$I_t(t=1,\cdots,n)$，至债券到期日，按照票面值P_n返还，则债券的税前资本成本K_d由式（3-21）确定：

$$P_0 \times (1-q) = \sum_{t=1}^{n} \frac{I_t}{(1+K_d)^t} + \frac{P_n}{(1+K_d)^n} \tag{3-21}$$

按式（3-20）和式（3-21）计算出的债券成本，都没有考虑到所得税的影响，因此，上述K_d被称为税前债务成本。公司的利息费用是在税前支付的，因此，利息费用的支付对公司来说有避税的作用。若所得税税率为T，则税后的债务成本为$K_d \times (1-T)$。税后的债务成本必然会低于税前的债务成本。

例3-4 设甲公司现有一种长期债券。此债券每张面值为100元，现价为103元。每张债券每年须支付利息8元，在10年之后到期。若所得税税率为25%，则在考虑货币时间价值的情况下计算其资本成本。

解： 参照式（3-20），列式如下：

$$103 = \sum_{t=1}^{10} \frac{8}{(1+K_d)^t} + \frac{100}{(1+K_d)^{10}}$$

用Excel软件或插值方法可以求得甲公司的债券资本成本K_d，其等于7.56%，考虑所得税的影响之后，甲公司的债券资本成本为：$K_d \times (1-T)$=7.56%×(1−25%)=5.67%。

例3-5 假设乙公司发行了一种新债券，发行价为100元，期限为10年，每年的利息为6元，发行费率为1.8%。则该债券的资本成本为多少？

解： 参照式（3-21），列式如下：

$$100 \times (1-1.8\%) = \sum_{t=1}^{10} \frac{6}{(1+K_d)^t} + \frac{100}{(1+K_d)^{10}}$$

用Excel软件或插值方法可以求得乙公司的债券资本成本K_d，其等于6.25%，考虑所得税的影响之后，甲公司的债券资本成本为：$K_d \times (1-T)$=6.25%×(1−25%)=4.69%。

2. 优先股资本成本

对于发行优先股的公司来说，优先股也是其资本中重要的一部分。优先股股东所要求的报酬率即为公司付出的筹资代价，也可以被视为优先股的资本成本 K_p。假设优先股每年每股的红利为 D_p，每股发行的价格为 P，则优先股的资本成本 K_p 的计算公式为式（3-22）：

$$K_p = \frac{D_p}{P} \tag{3-22}$$

与负债成本中利息的支付起到的抵税作用不同，发行优先股的公司必须承担因优先股股息而产生的全部成本。

如果是新发行的优先股，与新发行的债券一样也会存在发行费用。设发行费率为 q，则新发行的优先股资本成本 K_p 的计算公式为式（3-23）：

$$K_p = \frac{D_p}{P \times (1-q)} \tag{3-23}$$

例3-6 假设丙公司的优先股每股发行价为1 000元，发行费率为6%，每股每年支付的红利为100元，则丙公司优先股的资本成本为多少？

解：

$$K_p = \frac{100}{1\,000 \times (1-6\%)} \approx 10.6\%$$

练一练

（判断）债券利息和优先股股利都作为财务费用在所得税前支付。（　　）

答案：错误。债券利息作为财务费用在所得税前支付，所以在计算债券资本成本时，有税盾效应，相当于减少了财务费用；优先股股利在所得税后支付，不能作为企业财务费用，所以在计算优先股资本成本时，以实际发生额为基础，没有节税作用。

3．普通股资本成本

公司发行新的普通股或者获得留存收益，都能帮助公司筹集资金。普通股股东要求的回报率就构成了公司普通股或者留存收益的资本成本。与计算负债和优先股的资本成本相比，普通股或者留存收益的资本成本 K_s 的计算相对复杂。主要原因在于，普通股股东获得的回报并不像大多数债券或者优先股那样有规律可循，如定期等额付息。

资本资产定价模型法、债券收益加风险溢酬法、现金流折现法三种方法经常被用来计算普通股的资本成本 K_s。

（1）资本资产定价模型法

资本资产定价模型揭示了风险资产其收益与风险的数量关系，即为了补偿某一特定程度的风险，投资者应该获得的报酬率。该模型认为一个公司普通股期望的收益率 $E(r)$ 与其系统风险系数 β 之间的关系为式（3-24）：

$$E(r) = r_f + \beta\left[E(r_m) - r_f\right] \tag{3-24}$$

式中，$E(r)$ 表示某普通股的期望收益率；r_f 表示无风险报酬率，一般可用政府长期债券的收益率来衡量；β 表示某普通股的系统风险系数，衡量个别股票相对于整个股市的价格波动情况，可以通过统计等方法来确定；$E(r_m)$ 表示市场的期望收益率，可用股票指数的期望收益率来衡量；$E(r_m)-r_f$ 表示市场风险溢价。

$E(r)$ 是普通股股东的期望收益率，也就是该公司普通股的资本成本，$K_s=E(r)$。

例3-7 假设丁公司目前的系统风险系数 β 为1.4，当前的无风险报酬率 r_f 为6%，市场的期望收益率 $E(r_m)$ 为8%，则该公司普通股的资本成本是多少？

解：

$$K_s = E(r) = 6\% + 1.4(8\% - 6\%) = 8.8\%$$

在实际应用中，β用历史数据进行确定，用历史数据代表未来公司的风险可能并不准确。同时，正确测量r_m、r_f也是困难的。但是，资本资产定价模型提供了量化风险报酬的一种重要思想，其提出者也因此获得诺贝尔经济学奖。

（2）债券收益率加风险溢酬法

债券收益率加风险溢酬法是将一个公司的风险溢酬率与其长期债券的利率相加来确定普通股的资本成本。设 i 为长期债券的利率，r 为普通股的风险溢酬率，则 K_s 的计算公式为式（3-25）：

$$K_s = i + r \tag{3-25}$$

例3-8 假设甲公司的长期债券的收益率为7%，而第三方投资公司评估甲公司普通股的风险溢酬率为3.2%，则该公司普通股的成本为多少？

解：

$$K_s = 7\% + 3.2\% = 10.2\%$$

（3）现金流折现法

在2002年5月20日股票收盘的时候，教科书出版商麦格劳-希尔公司的普通股价格是63.78美元。同一天，汽车制造商大众公司收盘时的股价是66.20美元，而百胜餐饮集团——肯德基、必胜客等快餐食物的供应商，当天的收盘价则为63.01美元。这三家公司的股票价格如此近似，它们会为其股东提供相似的股利回报吗？实际上，大众公司的年度股利是每股2美元，麦格劳-希尔公司是每股1.2美元，而百胜餐饮集团根本就没有支付股利！当我们试图确定普通股的资本成本时，离不开股利这一决定因素。

对于普通股的持有者来说，其每期的现金流入就是红利的获得。普通股的价值可以通过式（3-26）来估算：

$$P_0 = \sum_{i=1}^{\infty} \frac{D_i}{(1+K_s)} \tag{3-26}$$

式中，P_0 表示普通股的价值（即股价）；D_i 表示每期股利，i=1,…,∞；K_s 表示普通股的期望收益率，即资本成本。

式（3-26）表示，在不考虑发行费用时，普通股的价值相当于以其期望收益率或资本成本为折现率的未来股利的现值。如果公司未来的股利是不变的，则式（3-26）可以简化为式（3-27）：

$$P_0 = \frac{D_1}{K_s} \tag{3-27}$$

如果公司每年的股利按照一定比例增加，则式（3-26）可以简化为式（3-28）：

$$P_0 = \frac{D_1}{K_s - g} \tag{3-28}$$

式中，g 表示股利的年增长率。

通过式（3-28），可以得到普通股的期望收益率，即其资本成本 K_s 的计算公式为式（3-29）：

$$K_s = \frac{D_1}{P_0} \times 100\% + g \tag{3-29}$$

在上述三种确定普通股资本成本的方法中，考虑的是普通股中留存收益的成本，而并没有考虑新发行的普通股的筹资成本。一般来说，新发行的普通股的成本要高于留存收益的成本。这是因为在发行新股时，与新发行的优先股和债券相同，也会有发行费用。用 K_s 表示新发行的普通股的成本，则普通股的资本成本的计算公式为式（3-30）：

$$K_s = \frac{D_1}{P_0 \times (1-q)} + g \tag{3-30}$$

式中，q 表示新发行的普通股的发行费率。

例3-9 设甲公司计划在一年末的每股股利是7元，股利的增长率为6%，每股的现价为112元，则普通股的资本成本是多少？若股票为新发行的，并且已知发行费率为3%，其他情况不变，则普通股的资本成本是多少？

解：

$$K_s = \frac{7}{112} \times 100\% + 6\% = 12.25\%$$

$$K_s = \frac{7}{112 \times (1-3\%)} + 6\% = 12.44\%$$

由此例可以看出，因为发行成本的存在，公司必须获得更高的收益率才能满足投资者所要求的回报率；如果公司的收益率低于12.44%，则不能满足投资者的回报要求，股票的价格就会下降。

3.3.3 综合资本成本

如果一个公司的资本完全是由普通股组成的，那么普通股的成本就是其资本成本。但一个公司的资本一般由多种资本构成，将个别资本成本加权平均得到的就是综合资本成本，即加权平均资本成本 K_w，其计算公式如式（3-31）所示：

$$K_w = W_d K_d + W_p K_p + W_s K_s \tag{3-31}$$

式中，W_d、W_p 和 W_s 分别表示负债、优先股和普通股所占的权重；K_d、K_p 和 K_s 分别表示负债、优先股和普通股的资本成本，其中负债的资本成本是税后资本成本。

在 3.3.2 节中介绍了个别资本成本 K_d、K_p 和 K_s 的确定方法，其各自的权重可以采用下文中的账面价值法、市场价值法或目标价值法来确定。

1. 账面价值法

账面价值法通过个别资金来源的账面价值占比确定个别资本成本的权重。这种方法易于评估，从公司的资产负债表中就可以得到资料，但往往误差很大。当公司账面价值与其市场价值相差不大时，可以采用该方法。

例如，表 3-8 所示为甲公司用账面价值法确定权重的综合资本成本。

表 3-8 用账面价值法确定权重的综合资本成本（所得税税率为 25%）

资本种类	账面价值/万元	权重	（税前）资本成本	综合资本成本
公司债券	1 000 000	10%	5.25%	0.39%
长期借款	3 000 000	30%	6.65%	1.50%
优先股	1 000 000	10%	11.75%	1.18%
普通股	5 000 000	50%	13.15%	6.58%
合计	10 000 000	100%	—	9.65%

2. 市场价值法

市场价值法以债券或股票目前的市场价格计算权重。许多公司的市场价值与账面价值不相符，许多业绩好的公司的市场价值远高于账面价值，这时采用市场价值法就更合理。

例如，表3-9所示为甲公司用市场价值法确定权重的综合资本成本。

表3-9　　用市场价值法确定权重的综合资本成本（所得税税率为25%）

资本种类	市场价值/万元	权重	（税前）资本成本	综合资本成本
公司债券	1 200 000	12%	5.25%	0.47%
长期借款	3 200 000	32%	6.65%	1.60%
优先股	900 000	9%	11.75%	1.06%
普通股	4 700 000	47%	13.15%	6.18%
合计	10 000 000	100%	—	9.31%

3. 目标价值法

目标价值法以债券、股票等预计的目标市场价值或目标资本结构确定权重。因为公司未来经营发展的不确定性，目标价值很难被正确地评估。

例如，表3-10所示为甲公司用目标价值法确定权重的综合资本成本。

表3-10　　用目标价值法确定权重的综合资本成本（所得税税率为25%）

资本种类	目标结构	（税前）资本成本	综合资本成本
公司债券	18%	5.25%	0.71%
长期借款	40%	6.65%	2.00%
优先股	5%	11.75%	0.59%
普通股	37%	13.15%	4.87%
合计	100%	—	8.17%

3.3.4 边际资本成本

边际资本成本是指新筹集资金所需负担的成本。个别资本的成本是有边际的，公司无法以一个固定的资本成本不断增加某类筹资，如负债成本随着借款期限和数额的增加而上升；综合资本的成本也是有边际的，边际资本成本随着公司筹集资金数目的增加而上升。当然，上述资本成本与筹资数额的增加关系，并不是严格的正比例，而是符合一定的成本习性关系。

以甲公司为例来说明边际资本成本的概念。

甲公司的目标资本结构为负债：优先股：普通股=4：1：5，公司现有的资本成本情况如表3-11所示。

表3-11　　甲公司资本成本（所得税税率为25%）

资本种类	市场价值/万元	目标结构	（税前）资本成本	边际资本成本
长期负债	400	40%	10%	3.00%
优先股	100	10%	12%	1.20%
普通股	500	50%	15%	7.50%
合计	1 000	100%	—	11.70%

根据甲公司的目标资本结构，公司再筹集资金时，仍然需要保持负债、优先股和普通股的4：1：5的比例。资本的增加将引起公司资本成本的变化。例如，新发行的优先股成本和普通股成本，都要比现有的成本高。而增加的资本所带来的成本就是边际资本成本。假设甲公司再筹资1 000万元，用于新项目的投资。优先股新发行的成本为14%。新筹资计划和边际资本成本如表3-12所示。

表 3-12　　甲公司筹资的边际资本成本（所得税税率为 25%）

资本种类	市场价值/万元	目标结构	（税前）资本成本	边际资本成本
长期负债	400	40%	10%	3.00%
优先股	100	10%	14%	1.40%
普通股	500	50%	15%	7.50%
合计	1 000	100%	—	11.90%

由表 3-12 可知，甲公司原有资本为 1 000 万元，资本成本为 11.70%。如果公司需要再次筹资 1 000 万元，则边际资本成本为 11.90%。随着筹资额度的变化，加权后的边际资本成本不是固定不变的。

再假设，如果甲公司还需筹资 1 000 万元用于发展。发行新的普通股的成本为 18%。新筹资计划和成本如表 3-13 所示，再筹资的边际资本成本变为 13.40%。

表 3-13　　甲公司筹资的边际资本成本（所得税税率为 25%）

资本种类	市场价值/万元	目标结构	（税前）资本成本	边际资本成本
长期负债	400	40%	10%	3.00%
优先股	100	10%	14%	1.40%
普通股	500	50%	18%	9.00%
合计	1 000	100%	—	13.40%

如果甲公司还需要 1 000 万元的资本。再筹资时，长期借款的利率上升为 12%。新的筹资和成本如表 3-14 所示。

表 3-14　　甲公司筹资的边际资本成本（所得税税率为 25%）

资本种类	市场价值/万元	目标结构	（税前）资本成本	边际资本成本
长期负债	400	40%	12%	3.60%
优先股	100	10%	14%	1.40%
普通股	500	50%	15%	9.00%
合计	1 000	100%	—	14.00%

当甲公司筹资总额达到 3 000 万元时，新的边际资本成本为 14.00%。图 3-1 展示了公司在不断增加筹资规模时，边际资本成本所发生的变化。

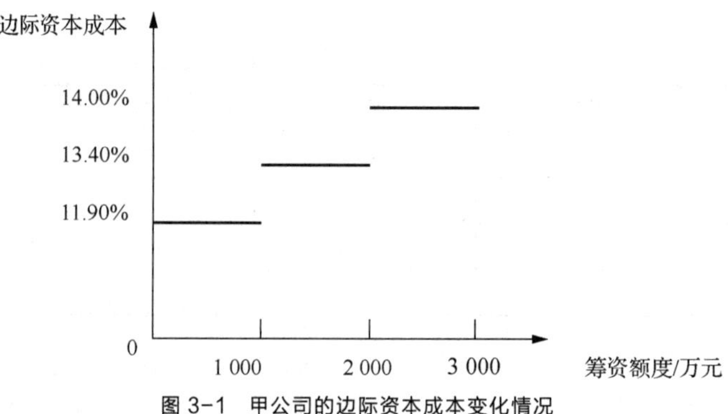

图 3-1　甲公司的边际资本成本变化情况

依据甲公司不同筹资额度的边际资本成本，可以对投资项目进行选择。

例如，甲公司目前有A、B、C、D、E五个投资项目可供选择，其中各自的投资额和内含报酬率的数据如表3-15所示。假设各个项目之间是独立的，该如何选择呢？

表 3-15　　甲公司投资的项目

项目	A	B	C	D	E
投资额/万元	500	1 200	250	500	700
内含报酬率	15%	14.7%	14%	8%	7.8%

根据投资项目的内含报酬率大于边际资本成本的项目选择原则，A、B和C三个项目被选择，因为其内含报酬率分别大于再对其进行投资时的筹资边际资本成本。D和E两个项目由于内含报酬率过低而不应该被选择。由上述分析可以看出，甲公司的最佳投资预算为1 950万元。当然，这是对项目的初选，只是单纯考虑了项目的内含报酬率。实际中，投资项目的选择还需要考虑项目风险、该项目对其他项目的影响等。

3.4　企业杠杆原理

"杠杆"表示成倍增加或减小某种效果的影响。杠杆英文词根是lever，源于法语，意思是"减轻"，即使用杠杆，重物可以变轻。那么，杠杆原理在财务中意味着什么？

3.4.1　经营杠杆和经营风险

1. 经营杠杆

微课堂

经营杠杆和经营风险

由于固定成本的存在而造成的息税前利润变动率大于销售量（额）变动率的现象称为经营杠杆（这里假设以销定产，因此，产量和销售量相同）。其可用经营杠杆系数来衡量，即企业息税前利润的变动率相当于销售量变动率的倍数，即销售量变动引起息税前利润变动的程度，并按照本量利关系推导得到式（3-32）：

$$DOL=\frac{\Delta EBIT/EBIT}{\Delta Q/Q}=\frac{\text{息税前利润变动率}}{\text{产销量的变动率}}=\frac{S-VC}{S-VC-F} \quad (3\text{-}32)$$

式中，DOL 表示经营杠杆系数；$\Delta EBIT$ 表示息税前利润变动额；$EBIT$ 表示息税前利润，未计利息和所得税税前的利润；ΔQ 表示销售量的变动量；Q 表示销售量；S 表示销售额；VC 表示变动成本总额；F 表示固定成本总额。

从式（3-32）来看，只有固定成本存在的企业，即 $F>0$，DOL 才会不等于 1，才可能存在息税前利润的变动率是产销量变动率的倍数。也就是说：在其他条件不变的情况下，产销量一定限度内的增加不会改变固定成本总额，但会降低单位固定成本，从而提高单位息税前利润，这使得息税前利润的增长率大于产销量的增长率。反之，产销量的减少会提高单位固定成本，从而使息税前利润下降率也大于产销量下降率。

2. 影响经营杠杆的因素

依据式（3-32），当其他条件不变时，企业固定成本总额越大，经营杠杆系数越大，电力、航空、钢铁等固定成本较大的企业经营杠杆较高，而服务业等固定成本较低的企业经营杠杆较小。一般来说，企业销量越大，经营杠杆系数越小。那么，是不是销量越小，经营杠杆系数越大呢？

若 P 为产品单价，V 为产品单位变动成本，则 $S=Q\cdot P$，$S-VC=Q\cdot(P-V)$，则式（3-32）可以转化为式（3-33）：

$$DOL=\frac{Q\cdot(P-V)}{Q\cdot(P-V)-F} \quad (3\text{-}33)$$

式中，DOL 表示经营杠杆系数；Q 表示产销量；F 表示固定成本总额。

当息税前利润 $EBIT$ 为 0 时，由于 $EBIT=S-(F+VC)=Q(P-V)-F$，所以盈亏临界点为（$Q=\frac{F}{P-V}$），故，当销售量小于盈亏临界点销售量（$Q=\frac{F}{P-V}$）时，经营杠杆系数为负数，当销售量大于盈亏临界点销售量时，经营杠杆系数为正数。越接近盈亏临界点，经营杠杆系数越大，意味着息税前利润对销售水平的敏感度越高。在固定成本不变的情况下，如果不能改变产品的售价和单位变动成本，则只能通过增加销售数量来降低经营杠杆系数。

3．经营风险

经营风险是指企业经营活动带来的收益不确定性。

经营杠杆意味着产销量发生较小程度的变化，息税前利润却发生较大程度的变化，即经营杠杆具有放大作用，这种作用增加了收益的不确定性，即：经营杠杆系数越高，企业经营风险越大。在盈亏临界点时，经营杠杆系数无穷大，经营风险最大。

除了企业固定成本占比大导致企业的经营风险大之外，产品销售量对经济波动的敏感性增强、原材料等投入物价格的稳定性减弱、企业销售受到的限制增多等，都会导致经营杠杆系数增大，经营风险加剧。而更大的市场占有率，能保持销售的稳定，使经营风险相对更小。

例3-10 某企业生产A产品，固定成本为100万元，变动成本率为38%，当企业的销售额分别为500万元、300万元、200万元时，求其经营杠杆系数。

解： 变动成本率即变动成本总额与销售额之间的比率或者单位变动成本在单价中的占比，将已知条件代入式（3-32）：

$$DOL_1=\frac{500-500\times 38\%}{500-500\times 38\%-100}=1.48$$

$$DOL_2=\frac{300-300\times 38\%}{300-300\times 38\%-100}=2.16$$

$$DOL_3=\frac{200-200\times 38\%}{200-200\times 38\%-100}=5.17$$

进一步按照【例3-10】的数据考虑更多的销售额数量，将其列入表3-16的第1行中，在企业的固定成本、变动成本率不变时，计算各销售额对应的经营杠杆系数，在约为161万元的销售额时，该企业的A产品达到盈亏临界点，经营杠杆系数无穷大；在大于161万元的销售额时，经营杠杆系数为正数，随着销售额越大，经营杠杆系数越小，经营风险越小；在小于161万元的销售额时，经营杠杆系数为负值。

表 3-16　　甲企业在各种销售额时的经营杠杆系数

销售额/万元	10	50	100	161	200	300	500
经营杠杆系数	-0.07	-0.45	-1.63	无穷大	5.17	2.16	1.48

3.4.2 财务杠杆与财务风险

1．财务杠杆

因企业资本结构引起的收益不确定性即为财务风险，用财务杠杆系数来衡量，财务杠杆系数是指由于固定付息的存在导致的企业普通股每股收益 EPS 的变动率对息税前利润 $EBIT$ 变动率的倍数，如式（3-34）所示：

$$DFL=\frac{EPS\text{变动率}}{EBIT\text{变动率}}=\frac{\Delta EPS/EPS}{\Delta EBIT/EBIT}=\frac{EBIT}{EBIT-I}\qquad(3\text{-}34)$$

式中，DFL 表示财务杠杆系数；$\Delta EBIT$ 表示息税前利润变动额；$EBIT$ 表示息税前利润，未计利息和所得税税前的利润；ΔEPS 表示普通股每股收益变动额；EPS 表示普通股每股收益，$EPS=\frac{(S-VC-F-I)(1-T)}{N}=\frac{(EBIT-I)(1-T)}{N}$。其中，$S$ 为销售额，VC 为变动成本，F 为固定成本，T 为所得税税率，N 为流通在外的普通股股数；I 为债务利息。

如果一个企业的资本中除普通股权益资本外，还有一部分来源于负债或需要支付固定股息的优先股，那么这些负债或优先股便使企业有了财务杠杆。只要企业存在负债，其财务杠杆系数必定大于 1。式（3-34）是不存在优先股的财务杠杆。有息负债在资本总额中占的比例越大，企业的财务杠杆系数就越大，财务杠杆的作用就越强。

例3-11 某公司负债总额为3 000万元，负债利息率为8%，该企业发行普通股100万股，息税前利润为950万元，所得税税率为25%。计算：（1）该企业的财务杠杆系数和每股收益；（2）如果息税前利润增长14%，则每股收益增加多少？

解：（1）DFL=950/(950−3000×8%)=1.338

EPS=(950−3000×8%)×(1−25%)/100=5.325（元/股）

（2）每股利润增加额=5.325×14%×1.338=0.997（元）

由此可见，当企业息税前利润变动1%时，每股收益将同方向变动1.338%。这表明企业息税前利润的变动能够导致每股收益的变动，并且每股收益的变动幅度大于息税前利润的变动幅度。

希金斯说，“财务杠杆提高了，破产概率也就增大了，这不足为奇。破产类似于高赌注的扑克牌游戏，其中唯一的赢家是律师们！”

2. 财务风险

财务风险又称筹资风险，是指举债经营给企业未来收益带来的不确定性。如果一家企业的筹资成本包含固定付息的债务成本（银行借款、融资租赁、发行公司债券等），则息税前利润的变化能引起普通股每股收益的更大变化，企业在获得一定的财务杠杆利益的同时也承担了一定的财务风险，使企业股东收益除因经营状况而变化外，有了新的不确定性。当债务资本比率较高时，投资者将负担较多的债务成本，并经受较多的负债作用所引起的收益变动的冲击，从而增加财务风险；反之，当债务资本比率较低时，财务风险就小。有息负债在资本总额中占的比重越大，企业的财务杠杆作用就越强，财务风险也随之增加。

例3-12 A、B、C为三家经营业务相同的企业，均无优先股，它们的有关情况如表3-17所示。试计算三家企业的财务杠杆系数，并分析三家企业每股收益的情况。

表 3-17　　A、B、C 三家企业财务数据比较　　单位：元

项目	A	B	C
股本	2 000 000	1 500 000	1 000 000
发行股数	2 000 000	1 500 000	1 000 000
债务（利率 8%）	0	500 000	1 000 000
资本总额	2 000 000	2 000 000	2 000 000
息税前利润	200 000	200 000	200 000
债务利息	0	40 000	80 000
税前利润	200 000	160 000	120 000
所得税（税率 25%）	50 000	40 000	30 000
税后利润	150 000	120 000	90 000

续表

项目	A	B	C
财务杠杆系数	1	1.25	1.67
每股收益	0.075	0.08	0.09
若：			
息前税前利润增加	200 000	200 000	200 000
债务利息	0	40 000	80 000
税前利润	400 000	360 000	320 000
所得税（税率 25%）	100 000	90 000	80 000
税后利润	300 000	270 000	240 000
每股收益	0.15	0.18	0.24

根据式（3-34），三家企业的财务杠杆系数的计算如下。

$$DFL_A=\frac{200\,000}{200\,000-0}=1$$

$$DFL_B=\frac{200\,000}{200\,000-500\,000\times8\%}=1.25$$

$$DFL_C=\frac{200\,000}{200\,000-1\,000\,000\times8\%}=1.67$$

三家企业在资本总额、息税前利润相同的情况下，负债比率越高，财务杠杆系数越高，预期每股收益也越高，但财务风险也越大。B企业与A企业相比，负债比率高（B企业资产负债率为25%，A企业资产负债率为0），每股收益也高（B企业为0.08元，A企业为0.075元），但财务杠杆系数也高（B企业为1.25，A企业为1），B企业的息税前利润增长（或下降）1倍时，其每股收益增长（或缩小）1.25倍（0.18÷0.08−1），而A企业的息税前利润增长（或下降）1倍时，其每股收益也增长（或下降）1倍（0.15÷0.075−1），B企业财务风险更大。C企业是三者中负债比率最高的（C企业资产负债率为50%），每股收益也最高（0.09元），财务杠杆系数也最高（1.67），财务风险最大。

3.4.3 联合杠杆与复合风险

企业只要存在固定成本，就存在经营杠杆，使得息税前利润的变动率大于销售量（额）的变动率；企业只要存在债务（或固定付息的优先股），就存在财务杠杆，使得企业每股收益变动率大于息税前利润的变动率。两种杠杆的共同作用使得每股收益变动率远大于销售额的变动率，通常称为联合杠杆，或综合杠杆、复合杠杆。相关计算公式如下：

$$DCL=\frac{\text{每股收益变动率}}{\text{销售额变动率}}=\frac{\Delta EPS/EPS}{\Delta Q/Q} \tag{3-35}$$

复合风险是指企业运用经营杠杆和财务杠杆所带来的风险。联合杠杆系数反映了企业每股收益变动率相对于销售额变动率的倍数。这种放大作用是经营杠杆和财务杠杆共同作用的结果，它体现了复合风险的大小。

例如，某公司的经营杠杆系数为2，财务杠杆系数为1.5，则联合杠杆系数为3（2×1.5）。而联合杠杆系数为3时，经营杠杆和财务杠杆可以有很多不同的组合。因此，为了控制企业风险，经营杠杆系数较高的企业可以在较低程度上使用财务杠杆；经营杠杆系数较低的企业可以在较高程度上使用财务杠杆。

联合杠杆表达的复合风险往往是由企业特有事件引起的风险，如法律诉讼、罢工、重要员工的流失、产品安全、管理质量、成功或失败的营销计划、成功或失败的筹资计划、重要合约的得失、竞争条件等。这些事件往往可以通过多样化加以消除，也就是一家企业的不利事件可以被其有利事件抵消。这与影响绝大多数企业的市场风险不同，其来源于如战争、通货膨胀、经济衰退和高利率、汇率变化、政治风险等系统因素，而不能被消除。

3.5 资本结构

3.5.1 资本结构的内涵

资本结构，又称为融资结构，广义上是企业各种资金的构成及其比例关系，狭义上指长期资金的构成及比例关系。由于长期资金主要由长期债务资金和权益资金构成，因而资本结构又指长期债务资金和权益资金的比例关系。

绿康生化（SZ 002868）2023年6月8日发布公告称，江西纬科新材料科技有限公司（以下简称“江西纬科”）为绿康生化股份有限公司之全资子公司，公司持有江西纬科100%股权。为增强江西纬科的资金实力并优化其资本结构，促进其业务发展，公司将应收江西纬科部分债权7 000万元转作对其的增资，本次增资完成后，江西纬科的注册资本将由3 000万元增加至10 000万元，绿康生化仍持有江西纬科100%股权。

此次增资，使得江西纬科的资本结构发生了改变，减少了长期债务资金的同时增加了权益资金。这样做，至少降低了江西纬科的财务杠杆，储备了融资能力，维持了财务安全，降低了财务风险；同时，由于债务资金的个别资本成本相对权益资金的个别资本成本更低，也增加了江西纬科的综合资本成本。那么，这优化了资本结构吗？

最佳资本结构仍然存在很多争议。这里，从财务目标的视角看，最佳资本结构就是使企业价值最大的资本结构。衡量最佳资本结构有三个指标：一是每股收益最大，股票市价上升，股东财富最大化；二是综合资本成本最低，企业筹资的支出最少；三是企业财务风险小，资金充足。

3.5.2 最佳资本结构的确定

1. 每股收益无差别点分析法

判断和比较资本结构是否更优，一般方法是以分析每股收益的变化来衡量。能提高每股收益的资本结构是合理的，反之则不够合理。

每股收益无差别点，就是每股收益不受融资方式影响的销售水平。根据每股收益无差别点，可以分析判断在什么样的销售水平下适于采用何种资本结构。相关计算公式如下：

$$EPS=\frac{(S-VC-F-I)(1-T)}{N}=\frac{(EBIT-I)(1-T)}{N} \tag{3-36}$$

式中，S 表示销售额；VC 表示变动成本；F 表示固定成本；I 表示债务利息；T 表示所得税税率；N 表示流通在外的普通股股数；$EBIT$ 表示息税前利润。

例3-13 某公司原有资本1 000万元，其中，债务资本400万元，每年负担利息25万元，权益资本（普通股600万股，每股面值1元）600万元。该公司所得税税率为25%。由于扩大业务，需追加筹资300万元，有两个方案可供选择：

第一，全部发行普通股，增发300万股，每股面值1元；

第二，全部筹措长期债务，债务年利率6%，利息18万元。

要求： 运用每股收益无差别点分析法进行筹资决策。

解： 设每股收益无差别点处的息税前利润为$EBIT$，则得出下式：

$$(EBIT-25)\times(1-25\%)/(600+300)=(EBIT-25-18)\times(1-25\%)/600$$

$$EBIT=179\text{（万元）}$$

该决策方法如图3-2所示。结论：当预期息税前利润为179万元时，权益筹资和负债筹资方式均可；当预期息税前利润大于179万元时，选择负债筹资方式；当预期息税前利润小于179万元时，选择权益筹资方式。

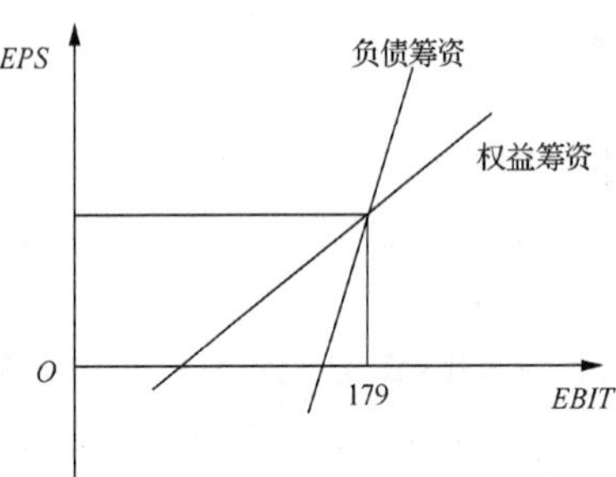

图 3-2 每股收益无差别点分析法

2. 比较综合资本成本法

从所得与所费的关系来看，综合资本成本最低，是一种在其他条件相同情况下的最佳资本结构。综合资本成本的运算，应用本章式（3-31）。

例3-14 某公司想要筹资800万元，有两种方案可供选择，两种方案的筹资组合及个别资本成本如表3-18所示。要求：确定公司初始筹资时最佳的资本结构。

表 3-18 某公司筹资方案比较

项目	A 方案		B 方案	
	筹资金额/万元	（税后）个别资本成本	筹资金额/万元	（税后）个别资本成本
长期借款	100	6%	300	10%
长期债券	200	8%	400	8%
普通股	500	10%	100	15%
合计	800		800	

解：

A方案的综合资本成本=6%×100/800+8%×200/800+10%×500/800=9.00%

B方案的综合资本成本=10%×300/800+8%×400/800+15%×100/800=9.63%

由于A方案的综合资本成本更低，所以应该选择A方案，即A方案所对应的资本结构为公司初始筹资时最佳的资本结构。

中国农业银行业务的快速发展，使其开始考虑发行优先股以缓解未来面临的资本压力。与国外银行相比，其资本结构较为单一，存在较大的改善空间。根据《国务院关于开展优先股试点的指导意见》《优先股试点管理办法》《商业银行资本管理办法（试行）》和《关于商业银行发行优先股补充一级资本的指导意见》等相关规定，为改善资本结构，建立健全资本管理长效机制，提高资本充足率水平，增强可持续发展能力，中国农业银行在境内发行优先股补充其一级资本。2014年11月28日，中国农业银行完成首单优先股挂牌转让，该次发行共计800亿元优先股，首次发行400亿元，并在24个月内完成其余部分的发行工作。

综合训练案例

海滨添香酒店筹资策略

2005年10月9日，海滨天仙酒店有限公司就筹集17 500万元资金建造添香酒店的融资计划进行了讨论，得出的三种计划却让总裁李慧樱女士无从抉择。

1. 三个筹资方案

第一个方案：通过公司的地产和房产抵押贷款来解决。此贷款额为17 500万元。年利率为12%，期限10年，每年年末还本付息。

第二个方案：将普通股以10万股为单元，每股5元的价格出售，这样每单元总价值为50万元，发行固定费用预计需500万元。股票的承销商的承销费用为发行总额的10%。出售的股份数量限在400个单元以内，以避免证券管理者对发行新股的众多要求。

第三个方案：把利率为8%的优先股，以20 000股为一单元，每股25元的价格出售。优先股可以每股26元的价值赎回，股息可以进行累积。若连续两年未分配股息，优先股股东对董事会大部分董事均有选举权。发行固定费用预计需500万元。股票的承销商的承销费用为发行总额的10%。

2. 背景信息

李慧樱拥有海滨天仙酒店有限公司90%的股份。新成立的添香酒店是与天仙酒店独立的法人实体，天仙酒店将以无形资产出资添香酒店，这些无形资产折合为持有添香酒店200万股优先股（利率为8%，每股面值为25元），以及600万股5元面值的普通股。

在入住率100%的情况下，套房和卧房每天可创收大约400 000元，出租酒店其他部分每月可收入1 000 000元。除去每年预计的500万元公司日常开支外，按照100%入住率计算的其他营业开支如表3-19所示。

表3-19　100%入住率时的年度营业支出表　单位：万元

经营项目	总可变成本	固定成本	总成本
广告费	—	100	100
客户用品费	300	—	300
水、电、空调	300	300	600
员工工资	1 400	—	1 400
维修费	200	100	300
管理人员工资	—	400	400
办公费	—	100	100
折旧费	—	500	500
公司日常开支	500	—	500
其他费用	—	300	300
合计	2 700	1 800	4 500

注：年均75%的入住率是现实可行的，而50%的入住率是最坏的可能。所有商店与办公室都按年度来出租。所得税税率估计为25%。假设各方案中，实现的利润全部对外分配。

思考讨论题：

（1）如果仅考虑李慧樱女士的分红，哪种融资方案最优？

（2）如果仅考虑控股权不流失，哪种融资方案最优？

（3）如果仅考虑现金偿债能力，哪种融资方案最优？

（4）如果仅考虑资本结构，哪种融资方案最优？

（5）综合上面的分析，帮助李慧樱女士进行融资决策。

第4章 投资管理

学习目标

【知识目标】

掌握投资管理中的决策方法和投资风险评估方法，比较多种项目投资决策方法和证券投资决策方法，以及多种项目投资决策和证券投资组合的风险评估方法，认识各种决策方法的优缺点。

【素养目标】

建立类比思维。无论是项目投资，还是证券投资，投资决策的基本准则都是在考虑货币时间价值、风险与收益的框架下，实现价值的增加。

引导案例

如果把企业比成一辆车，那么，资产负债表反映出的就是汽车发动机等硬件，利润表反映出的则是汽车行驶速度等性能，而现金流量表反映出的是燃油的充裕性和流动性。

很多优秀的投资者在挑选投资对象时，如同购车一样，最关注的往往不是最高时速，而是车况是否良好，尤其是油耗如何。特别是在或泥泞湿滑、或崎岖颠簸、或拥堵不通的路段，车辆若没有充裕的燃油与平稳且经济的油耗，再好的发动机也无法实现其优秀的性能。现金流量就好比汽车燃油，是动力的源泉，只有在此基础上，优良发动机带来的高质量的行驶体验才能发挥出来。巴菲特选择投资对象的标准，首先是有充足的现金流量，然后才是高于平均水平的盈利能力。他认为，企业倒闭多因资金链断裂。

正因为如此，企业在选择投资项目时，首先需要考虑项目的现金流量，这也正是净现值法、现值指数法、内含报酬率法、投资回收期法等投资项目决策方法的依据。

除了项目投资外，储蓄、购买国债、证券投资、外汇买卖、期货等都能成为企业投资选择。而投资成功是天时、地利、人和的产物。进行项目投资或证券投资，投资风险都如影随形。投资风险可能在不经意间打败优秀的企业，也可能成全企业走向优秀。第2章财务管理基础中，讲解的报酬和风险这一价值理念，能够帮助人们理性决策。有时候，投资是以组合形式存在的，那么又如何考虑报酬与风险？

4.1 项目投资概述

投资是指以收回现金并取得收益为目的而发生的现金流出。投资包括两大类：项目投资和证券投资。项目投资是以特定项目为对象的新建或者更新改造并取得长期收益的行为；证券投资是投资者（法人或自然人）购买债券、股票、基金等有价证券以及这些有价证券的衍生品以获取利息或红利的投资行为和过程。

项目投资决策中的净现值、现值指数、内含报酬率、投资回收期等都要考虑现金流量，因此，现金流量成为项目投资决策的基础指标。围绕现金流量指标，可以使用动态和静态投资决策方法进行投资项目的选择。在进行投资项目决策时，由于某些信息的获取成本过高，对价格、销量、成本等的未来变化不能事先确知，以及决策者对政府政策的变化、顾客需求的改变、供应商的违约等事物进程的不可控，这些因素都会导致风险的产生。因此，投资项目决策应同时关注投资项目风险。

4.1.1 项目的现金流量

1. 项目现金流量的类型

项目投资涉及的现金流量，是指从项目筹备、设计、建造、完工交付使用、正式投产，直至项目报废清理为止，在整个项目寿命期间的现金流入、流出及净流量，不仅包括各种货币资金，还包括项目涉及的非货币资源的变现价值。企业的投资项目是具有明确目标的一系列复杂并相互关联的活动，如研究开发新产品、建造或者扩张生产线、更新改造设备和厂房、建设劳动保护设施和污染控制工程等，具有目标性、长期性、不可逆等基本特征。

项目的现金流量

（1）现金流入量

一个投资项目的现金流入量，是指该项目引起的现金收入增加额，包括营业现金流量和非营业现金流量两部分。

营业现金流入量是指项目投产后，在整个寿命期内正常生产经营过程中每年增加的营业收入扣除有关付现营业费用及所得税后的余额，如式（4-1）所示。其中，付现营业费用是指需要当期支付现金的营业成本和期间费用。同时，由于折旧费计入生产成本和有关期间费用，但不涉及现金的收付，付现营业费用等于营业成本与期间费用之和减去折旧费的差额。

营业现金流入量=营业收入−付现营业费用−所得税
=营业收入−(营业成本+期间费用−折旧)−所得税
=税后经营净利润+折旧
=(营业收入−付现营业费用)×(1−所得税税率)+折旧×所得税税率
（4-1）

非营业现金流入主要包括：①项目出售或报废时的残值收入；②项目结束时收回的流动资金；③其他现金流入量。

（2）现金流出量

现金流出量，是指该项目引起的现金支出增加额，主要包括购建或更新长期资产的投资和垫支流动资金两部分。

购建或更新长期资产是投资项目正常运营及存续所需要的基础条件，包括满足生产需求的厂房、建筑物、机器设备、生产线等固定资产，还包括无形资产和开办费等其他投资支出。如果投资项目是固定资产的更新，则初始现金流量还包括原有固定资产的变价收入和清理费用。若原有固定资产清理费用高且同时变卖价格不理想，则总的现金流量可能为负值。

正是由于旧生产线的清理可能造成总的现金流量为负值，有些发达国家的企业宁愿投资建新厂、安装新设备，也不对老企业进行大规模技术改造。同时，若企业利用原来拥有的土地进行项目建设，则不发生土地相关的实际现金流量。而企业的土地本可以移为他用，并取得一定收入，只是由于被用来投资，才使企业放弃了这笔收入，所放弃的相应收入即代表了土地的机会成本。企业应以现行市价来考虑土地等不计价资产的机会成本。

垫支流动资金是指企业投资新项目以及扩张生产能力所引起的追加流动资金，指流动资产增加额和流动负债增加额的差额，即净营运资金的增加额，包括项目建成前为项目运营准备的流动资产购置支出、项目建设过程中发生的应收款项及应付款项等。例如，投产的原材料购买等款项，通常要到项目结束时才能收回。另外，还应考虑税收因素。而且，与项目建设相关的其他费用支出也可能存在，如筹建经费、职工培训费等。

（3）净现金流量

净现金流量（NCF）即为一定期间内现金流入量与现金流出量的差额。

净现金流量可能是正数，也可能是负数，还可能是零。在项目投资之前，其现金流量能否得到完整、准确的估计或预测，将直接影响投资项目的决策结果。而增加净现金流量无非要开源节流，开源即增加现金流入量，节流即减少现金流出量。

2. 项目现金流量估算的原则

在确定投资项目相关的现金流量时，需要正确判断哪些支出会引起企业总现金流量的变动，哪些支出不会引起企业总现金流量的变动。显然，只有增量现金流量才是与项目相关的现金流量。所谓增量现金流量，是指接受或拒绝某个投资方案后，企业总现金流量因此发生的变动。由于采纳某个项目而引起的现金流入增加额以及现金支出增加额，才是该项目的现金流入以及现金流出。在确定项目的增量现金流量时，需要依据以下原则。

（1）相关成本原则

相关成本是指与特定项目决策有关、在分析评价时必须加以考虑的成本，如差额成本、未来成本、重置成本、机会成本等。反之，凡与特定项目决策无关、在分析评价时不必考虑的成本是非相关成本，如沉没成本、历史成本、账面成本等。如果将非相关成本纳入投资方案的总成本，则一个有利的方案可能因此变得不利，一个较好的方案可能变为较差的方案，从而造成决策失误。因而，应注重对相关成本与非相关成本的区分。

练一练

（思考）一个项目将使用公司已经租入的仓库，预计使用仓库可用空间的25%。该仓库年租金为40万元并且禁止转租，原来只使用了50%的可用空间。那么，该项目的投资决策是否应考虑分担仓库的成本，即10万元的租金？

答案：不管这个项目是否使用仓库，公司40万元的租金都需要支付。所以，这属于非相关成本，无须考虑。

（2）机会成本原则

在投资项目的选择中，如果选择了一个投资方案，则必然会放弃其他投资机会。这些放弃的投资机会可能取得的收益是实行本方案的一种代价，被称为这项投资方案的机会成本。机会成本的存在有助于企业全面考虑可能采取的各种方案，以便为资源寻求最为有利的使用途径。

某公司的一个儿童游乐场投资项目需要占用一块土地，该公司刚好拥有一块可用于游乐场项目的土地。如果将这块土地出售，可得净收入200万元；如果将其用于该游乐场项目，公司将损失200万元出售土地的收入。这部分丧失的收入即为投资的机会成本。需要注意的是，机会成本并不是简单意义上的“成本”，它不是一种实际的支出或费用，而是失去的潜在收益。机会成本总是针对具体方案的，离开被放弃的方案就无从计量与确定。

（3）连带效应原则

当采用某个新项目时，其可能会对企业原有项目的产能、销售、营运资金等造成有利或不利影响。因而，现金流量的估算要考虑这种连带效应的影响。判断连带效应是正向影响还是负向影响，主要看新项目与原有项目是互补关系还是竞争关系。

1999年4月，海尔在南卡罗来纳州投资的电冰箱厂破土动工，总投资3 000万美元。这个工厂从总裁到普通工人都是当地人，生产的冰箱在国外市场上销售。

在这一投资项目现金流量的确定中，就需要考虑连带效应原则。海尔生产的产品因此新建项目而更难以出口到国外，对于原来的出口产品产生了不良影响。所以在计算新产品带来的现金流入时，应将其对原有产品销售的减少考虑在内，作为新产品现金流入的抵减项。同时，新项目建成投产后，会增加存货和经营性流动资产，这些不利影响也需要考虑。

海尔在“一带一路”倡议启示下继续全球化战略，深耕国际化版图。海尔在海外市场实践本土化研发、制造和营销的‘三位一体’运营模式，利用当地资源实现本土化发展，满足全球用户需求，创建着海外市场本土化的知名国际品牌。2017年3月份，海尔完成了从“世界第一白电品牌”向“世界第一家电品牌集群”的跨越，并实现营业额突破2 419亿元，品牌价值高达2 919亿元。

3．项目现金流量的具体估算

投资项目的现金流量通常按照项目生命周期呈现一定的分布规律，因此，一般从初始现金流量、寿命期内（经营期）现金流量和寿命期末（终结）现金流量三个阶段来估算现金流量。

例4-1 光华公司计划新建一条生产线，建设投资需500万元，第一年年末建成，经营期为5年，采用直线法进行折旧，预计残值为原值的10%；另外，在项目开工建设起点需要追加流动资金投入200万元，不考虑机会成本。生产线投产后，预计每年可取得销售收入630万元，第一年付现营业费用为250万元，以后每年递增20万元的维修费，所得税税率为25%。试确定各年的净现金流量。

解：依题意可知，项目计算期为6年，如图4-1所示。

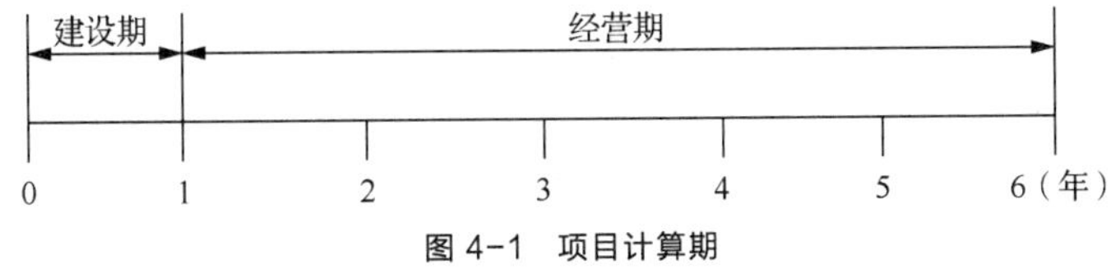

图 4-1　项目计算期

$$折旧（D）=500\times\frac{1-10\%}{5}=90（万元）$$

（1）建设期第0年～第1年初始净现金流量为：$NCF_0=-(500+200)=-700$（万元）

$NCF_1=0$

（2）经营期第2年～第6年营业净现金流量为：

$NCF_2=630\times(1-25\%)-250\times(1-25\%)+90\times25\%=307.5$（万元）

$NCF_3=630\times(1-25\%)-(250+20)\times(1-25\%)+90\times25\%=292.5$（万元）

$NCF_4=630\times(1-25\%)-(250+2\times20)\times(1-25\%)+90\times25\%=277.5$（万元）

同理，$NCF_5=262.5$（万元）；$NCF_6=247.5$（万元）

（3）经营期结束第6年年末终结净现金流量为：

$NCF_E=200+500\times10\%=250$（万元）

在表 4-1 中，用式（4-1）中的任何一个关系式计算，其营业净现金流量结果都是一致的。各期的净现金流量如表 4-2 所示。

表 4-1 营业净现金流量估算表 单位：万元

项目	2	3	4	5	6
营业收入①	630	630	630	630	630
付现营业费用②	250	270	290	310	330
折旧费③	90	90	90	90	90
税前利润④=①-②-③	290	270	250	230	210
所得税⑤	72.5	67.5	62.5	57.5	52.5
净利润⑥	217.5	202.5	187.5	172.5	157.5
营业净现金流量⑦	307.5	292.5	277.5	262.5	247.5

表 4-2 净现金流量估算表 单位：万元

年份	0	1	2	3	4	5	6
净现金流量	-700	0	307.5	292.5	277.5	262.5	497.5

4.1.2 项目风险的内涵

项目风险是指某一投资项目本身所特有的风险，不考虑与企业其他项目的组合风险效应，单纯反映特定项目未来收益的可能结果相对于预期值的离散程度。通常采用概率的方法，以项目的预期收益的标准差衡量。

摩托罗拉曾经是引领尖端技术的卓越典范和代表，先后开创了汽车电子、晶体管彩电、集群通信、半导体、移动通信、手机等多个产业，并长时间在各个领域中找不到足以匹敌的对手。2003年，其手机品牌竞争力全球排名第一，2004年排在了诺基亚之后，居于第二位。到了2005年，又被三星超过，排到了第三位。时至今日，摩托罗拉日渐沉寂。

对于摩托罗拉在手机市场地位的急转直下，很多分析专家都认为其败于“铱星”项目。为了夺得对世界移动通信市场的主动权，并实现在世界任何地方使用无线手机通信，摩托罗拉率先提出新一代卫星移动通信系统——铱星。该通信系统用66颗高技术卫星编织，整个卫星系统的维护费一年就需几亿美元。铱星手机价格每部高达3 000美元，加上高昂的通话费用，运营的前两个季度在全球只发展了1万用户，这使得前两个季度的亏损即达10亿美元。尽管铱星手机后来降低了收费，但仍未能扭转颓势，项目风险直接主宰了投资结果。项目风险的大小可能直接关乎企业的生死存亡。

在一家企业内部，某一项目可能具有高度的不确定性，但如果该项目在整个企业资产中所占的比重相对较小，而且该项目的收益与企业其他资产的收益并非密切相关，则该投资项目的风险就可以在与企业其他资产组合中被分散。企业规模越大，这种风险分散效应就越大。一般可参照投资组合风险分析法，将某一特定项目与企业其他资产视为一种投资组合，分析投资组合的收益和风险。由于市场环境对绝大多数项目有相同的影响，所以，即使在高度多元化投资组合中仍然存在无法加以消除的投资风险，这部分风险就是市场风险。市场风险可能直接对项目产生影响，也可能通过企业竞争者、供应商或者消费者间接对企业产生影响。

雷曼兄弟和其他华尔街上的银行一样，涉足了房地产的信贷业务，并成为住宅抵押债券和商业地产债券的顶级承销商和账簿管理人。在市场情况好的年份，流动性泛滥，投资者被乐观情绪蒙蔽，巨大的系统性风险带来了巨大的收益；当市场崩溃的时候，巨大的系统风险必然带来巨大的负面影响，导致无力还贷的房贷人越来越多、信贷损失越来越大。雷曼兄弟遭遇危机。从2008年9月9日开始，其股价在一周内暴跌77%，公司市值从112亿美元大幅缩水至25亿美元。即使通过资产抵押贷款、变卖资产、大规模裁员等自救方式，雷曼兄弟也未能把自己带出困境。

4.2 项目投资决策方法

净现值法（NPV）和其他方法，如静态投资回收期法（PB）、动态投资回收期（DPB）、内含报酬率（IRR）、会计报酬率（AAR）、现值指数（PI）都是投资项目决策的可选方法。

4.2.1 净现值法

净现值是指特定项目未来现金流入的现值与未来现金流出的现值之间的差额，是评价项目是否可行的指标。净现值法即将所有未来现金流入和流出都要用折现率折算现值，然后用所有现金流入的现值减去所有现金流出的现值得出净现值。计算公式如式（4-2）所示：

$$NPV=\sum_{t=0}^{n}\frac{I_t}{(1+i)^t}-\sum_{t=0}^{n}\frac{O_t}{(1+i)^t}=\sum_{t=0}^{n}\frac{NCF_t}{(1+i)^t} \quad (4\text{-}2)$$

式中，NCF_t 表示第 t 年的净现金流量；O_t 表示第 t 年的现金流出量；I_t 表示第 t 年的现金流入量；n 表示项目的生命周期；i 表示折现率。

若 i 取值为资本成本且净现值大于零，表明项目的投资报酬率大于资本成本，该项目可以增加股东财富，应予采纳，且净现值越大，方案越优，投资效益越好。当折现率 i 取期望报酬率时，NPV=0，投资项目方案可行。即：$NPV \geqslant 0$，投资项目方案可行；$NPV<0$，项目不可行。

当然，还存在一些特定的投资项目，是为了提高士气、为未来发展提供选择机会、为了社会公益等，这些项目投资具有现金流量估计中无法反映的、不能忽视的重要效益，或者这些投资因为改善了投资的整体风险而创造价值，而不采用净现值进行投资决策。

折现率指投入资本的机会成本，即投资者在资本市场上以风险等价的投资所要求的回报率。折现率的高低对人们利用净现值法判断方案的优先次序有着重要的影响，但折现率的确定是个难题。显然，具有类似报酬和风险的项目较难找到。折现率在实际应用中通常选用资本成本或者企业要求达到的最低报酬率或基准折现率。

运用净现值法进行投资项目决策，关键在于确定项目现金流量及折现率。净现值的具体计量，可以在 Excel 中选择 NPV 函数并按照已知折现率计算一系列现金流量的现值之和。

净现值法考虑了项目生命周期的全部现金流量及其时间价值，能够更真实地反映投资项目的净收益。计算净现值时，若将折现率调整为风险折现率，则还可以考虑投资项目的风险因素，能更好地体现企业价值最大化这一财务管理的基本目标。

例4-2 某投资项目的现金流量如表4-3所示，试运用净现值法对该项目进行评价（i=10%）。

表 4-3　某投资项目的现金流量　单位：万元

年份	0	1	2	3	4	5
现金流入		10	20	50	50	50
现金流出	55	40	30	5	5	5
净现金流量	-55	-30	-10	45	45	45

解： NPV=-55-30×(P/F，10%，1)-10×(P/F，10%，2)+45×(P/A，10%，3)×(P/F，10%，2)

=-55-30×0.9091-10×0.8264+45×2.4869×0.8264

=1.95（万元）

由于给定折现率下$NPV>0$，可以考虑选择该投资项目。

例4-3 某项目期初固定资产投资为100万元，投产时垫支流动资金20万元。该项目从第三年年初投产并达产运行，每年投入的付现费用为40万元，假设企业按照直线法计提折旧。若该项目每年的销售收入为70万元，项目服务年限为10年，项目结束后残值收入10万元，折现率为10%，若企业所得税税率为25%，试判断该项目是否可行？

解： 将题目中已知现金流画在图4-2中。

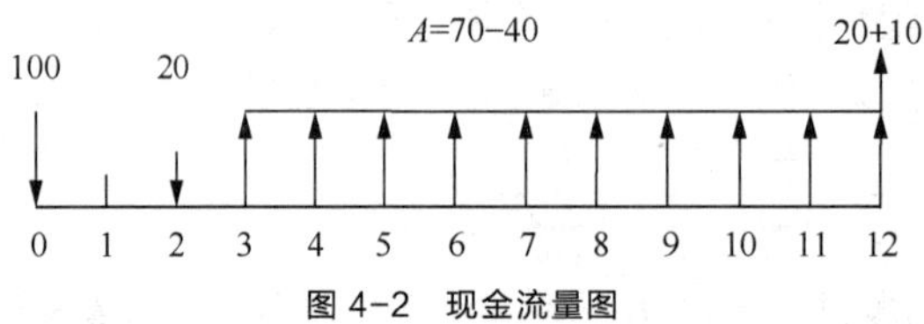

图 4-2 现金流量图

企业按照直线法计提折旧，则年折旧$D=(100-10)\div10=9$（万元）

$$\begin{aligned}NPV&=-100-20\times(P/F,10\%,2)+[(70-40)\times(1-25\%)+9\times25\%]\times(P/A,10\%,10)(P/F,10\%,2)\\&\quad+(20+10)\times(P/F,10\%,12)\\&=-100-20\times0.8264+24.75\times6.1446\times0.8264+30\times0.3186\\&=18.70\text{（万元）}\end{aligned}$$

因为给定折现率下的NPV=18.70万元>0，所以该项目可行。

4.2.2 现值指数法

现值指数，指特定项目未来现金流入的现值与现金流出的现值的比率，也称现值比率、获利指数。其定义如式（4-3）所示：

$$PI=\sum_{t=0}^{n}\frac{I_t}{(1+i)^t}\bigg/\sum_{t=0}^{n}\frac{O_t}{(1+i)^t}\tag{4-3}$$

式中，I_t、O_t表示第t年的现金流入量和流出量；n表示项目生命周期；i表示折现率。

显然，现值指数是净现值的一种变形。且①$PI\geqslant1$ 等价于 $NPV\geqslant0$；②$PI<1$ 等价于$NPV<0$。现值指数是相对数，反映投资的效率；净现值是绝对数，反映投资的效益。现值指数消除了投资额的差异，但同样没有消除期限的差异。两者的计算都需要事先确定折现率，折现率的高低可能会影响方案的优先次序。两者在评价投资项目时，得出的结论常常是一致的。

例4-4 企业A、B、C三个项目各自计算期内各年的净现金流量如表4-4所示。

表 4-4 各个项目的各年净现金流量 单位：元

	第 0 年	第 1 年	第 2 年	第 3 年
A	-20 000	11 800	13 240	0
B	-9 000	1 200	6 000	6 000
C	-12 000	4 600	4 600	4 600

若资本成本率是10%，哪个项目最优？

解： 三个项目的现值指数如表4-5所示。

表 4-5　　三个项目的现值指数计算　　金额单位：元

	折现系数	A 项目现金流量	B 项目现金流量	C 项目现金流量
原始投资	1	20 000	9 000	12 000
第 1 年	0.909	11 800	1 200	4 600
第 2 年	0.826	13 240	6 000	4 600
第 3 年	0.751		6 000	4 600
流入现值		21 662	10 553	11 436
净现值		1 662	1 553	-564
现值指数		1.08	1.17	0.95

A、B项目的现值指数均大于1，说明其收益超过成本，即投资报酬率超过资本成本率。C项目的现值指数小于1，说明其投资报酬率低于资本成本率。如果现值指数为1，说明折现后现金流入等于现金流出，投资报酬率与资本成本率相同。从现值指数比较来看，B项目最优。

若上述A、B、C各项目为互斥项目（指接受一个项目就必须放弃另外的项目），按照现值指数应优先选择B项目，而按照净现值则优先选择A项目，两者决策结论存在矛盾，这时要以净现值标准为主，选择A项目。即：有若干种投资方案，依据净现值进行方案排序与依据现值指数进行方案排序的结果不一定一致，在这种情况下建议采用净现值的结果。

4.2.3 内含报酬率法

内含报酬率（IRR），是指能够使未来现金流入现值等于未来现金流出现值的折现率，或者说是使投资方案净现值为零的折现率。根据其概念可得式（4-4）：

$$NPV_{(IRR)}=\sum_{t=0}^{n}\frac{I_t}{(1+IRR)^t}-\sum_{t=0}^{n}\frac{O_t}{(1+IRR)^t}=\sum_{t=0}^{n}\frac{NCF_t}{(1+IRR)^t}=0 \quad (4-4)$$

式中，I_t、O_t表示第 t 年的现金流入量和流出量；NCF_t表示投资项目第 t 年产生的净现金流量；n 表示项目的生命周期。

内含报酬率法是根据方案本身的报酬率来评价方案优劣次序的一种方法。内含报酬率作为投资项目取舍的临界点，必须大于资本成本率或必要收益率，且内含报酬率越高，方案越优。

将资本成本率或基准收益率设为 i_0，则：

若内含报酬率 $IRR \geqslant i_0$，则投资项目可行；若内含报酬率 $IRR < i_0$，则投资项目不可行。

 **练一练**

（单选）当折现率为10%时，某项目的净现值为500万元，则说明该项目的内含报酬率（　　）。

A. 高于 10%　　B. 低于 10%　　C. 等于 10%　　D. 无法确定

答案：A。相比于净现值法和现值指数法，三者都考虑了项目的现金流量及其时间价值，但内含报酬率法明确了项目本身的投资报酬率，另外两者没有揭示项目本身可以达到的报酬率是多少，而只说明了投资项目的报酬率高于或低于给定折现率。

内含报酬率的测算可以采用逐步测试法、插值法、IRR 函数计算法。测算的基本思想如下：首先，估计一个折现率，用它来计算方案的净现值；若 $NPV>0$，说明方案本身的报酬率超过估计的折现率，应提高折现率后进一步测试；若 $NPV<0$，说明方案本身的报酬率低于估计的折现率，应降低折现率后进一步测试。经过多次测试，找到使 NPV=0 的折现率，即为方案本

身的内含报酬率。

对于寿命期很长的项目，用逐步测试法求内含报酬率是非常繁重、耗时的工作。此时利用Excel中的函数能更容易实现计算，即选择“插入”中的“函数”，从“财务”函数中选择IRR函数，选中各期的现金流量，直接计算得到内含报酬率的值。

例4-5 以【例4-4】中表4-4所示的数据为基础，测算企业投资A、B、C三个项目的内含报酬率。

解：（1）A项目内含报酬率测试如表4-6所示。

表4-6 A项目内含报酬率的测试 金额单位：元

年份	现金净流量	折现率=18%		折现率=16%	
		折现系数	现值	折现系数	现值
0	(20 000)	1	(20 000)	1	(20 000)
1	11 800	0.847	9 995	0.862	10 172
2	13 240	0.718	9 506	0.743	9.837
净现值			(499)		9

运用插值法计算得到：$IRR_A = 16\% + \dfrac{9-0}{9+499} \times (18\% - 16\%) = 16.04\%$

（2）B项目内含报酬率的测试如表4-7所示。

表4-7 B项目内含报酬率的测试 金额单位：元

年份	净现金流量	折现率=18%		折现率=16%	
		折现系数	现值	折现系数	现值
0	(9 000)	1	(9 000)	1	(9 000)
1	1 200	0.847	1 016	0.862	1 034
2	6 000	0.718	4 308	0.743	4 458
3	6 000	0.609	3 654	0.641	3 846
净现值			(22)		338

运用插值法计算得到：$IRR_B = 16\% + \dfrac{338-0}{338+22} \times (18\% - 16\%) = 17.88\%$

（3）C项目各期现金流入量相等，符合年金形式，内含报酬率可直接利用年金现值表来确定，不需要进行逐步测试。

当现金流入的现值与原始投资相等时：

12 000=4 600×(P/A，i，3)，则(P/A，i，3)=2.609

分别取7%和8%作为折现率，(P/A，i，3)分别为2.6243和2.5771。

$$IRR_C = 7\% + \frac{2.6243-2.609}{2.6243-2.5771} \times (8\% - 7\%) = 7.32\%$$

综上，C项目内含报酬率小于资本成本率（10%），所以应放弃C项目。当A、B为两个独立项目时，都可接受。

内含报酬率法相对于净现值法和现值指数法最大的优势是不必事先估计折现率。它和现值指数法有相似之处，都是根据相对值来评价项目，而不像净现值法那样使用绝对数来评价项目。内含报酬率反映的是项目本身的盈利能力，需要与一个切合实际的折现率相比较来判断项目是否可行。如果项目的内含报酬率恰好等于贷款利率，若通过借款来投资本项目，那么，还本付息后企业将一无所获。在评价投资额不同的项目时要注意，内含报酬率高的项目净现值的绝对数不一定大。

4.2.4 投资回收期法

回收期即收回投资所需要的年限。回收期越短，项目越有利。其中，静态投资回收期不考虑现金流量的时间价值；动态投资回收期考虑了现金流量的时间价值。

有时候，项目的回收期非常重要，因为投资回收期反映了投资项目的收回期限。例如，美国每4年一次大选，新政府出台的新政策可能不利于某些期限长的项目，因此对于受政策影响大的项目做决策时，应选择回收期为4年以下的项目更为合适。

1. 静态投资回收期及决策依据

静态投资回收期是指使投资项目带来的累计净现金流量等于原始投资额所需的时间，也称回收期或非折现回收期。投资回收期越短，方案越有利。决策时，将投资方案的回收期与既定的期望回收期相比：投资方案的静态投资回收期≤期望回收期，接受投资方案；投资方案的静态投资回收期>期望回收期，拒绝该投资方案。

静态投资回收期通常运用列表法计算“累计净现金流量”的方式来确定。当原始投资为一次性投入，且每年的净现金流量相等时，投资回收期的计算可以简化为式（4-5）：

投资回收期（静态）=原始投资额÷每年的净现金流量　　（4-5）

2. 静态投资回收期的应用实例

当项目每年的净现金流量不相等时，无法直接应用式（4-5），投资回收期可用表格形式计算得到。

例4-6 某投资项目各年的净现金流量如表4-8中第2列所示，假如项目的期望回收期为三年，试计算该项目的静态投资回收期并判断项目是否可行。

表4-8　某投资项目的累计净现金流量计算表　单位：元

年末	预期净现金流量	累计净现金流量
0	-100 000	-100 000
1	60 000	-40 000
2	30 000	-10 000
3	40 000	30 000
4	20 000	50 000
5	30 000	80 000

解： 该项目的累计净现金流量的计算如表4-8第3列所示，假设每年的净现金流量是均匀流入企业的，则该项目的静态投资回收期t为：

t=2+10 000÷40 000=2.25（年）

因为2年3个月（2.25年）小于期望投资回收期（3年），所以该项目可以进行投资。

静态投资回收期计算简便，在一定程度上显示了资本的周转速度，回收期越短，收益获取越快，风险越小。短期项目给企业提供了更大的流动性和灵活性，快速收回的资金可用于其他项目。

然而，一些有战略意义的长期投资往往早期收益较低，而中后期收益较高。而静态投资回收期没有全面地考虑投资方案整个生命期内的现金流量，而只考虑回收之前的投资效果，忽略了投资回收期以后发生的所有好处，从而无法准确衡量方案在整个生命期内的经济效果，优先考虑急功近利的项目，可能导致放弃长期更优的项目。同时，这种方法没有考虑现金流的时间性，只是简单把每年的现金流累加，可能会得出不合理的结论。如果两个投资项目有相同的初始现金流出，相同的经济寿命，则回收期也一样。但在回收期内两个项目的现金流入序列不一样。投资A最大的现金流入产生在第一年年底，投资B最大的现金流入产生在第三年年底。静态投资回收期法对两个项目的评估结果是一样的，存在一定的不合理性。该方法更适用于评估那些技术上更新迅速的项目、资金相对短缺的项目或未来情况很难预测的项目。

练一练

（多选）如果现金流出仅在某项目开始的时候发生且其他因素不变，一旦折现率提高，则该项目的下列指标中数值一定会变小的有（　　）。

A. 净现值　　B. 现值指数

C. 内含报酬率　　D. 静态投资回收期

答案：AB。内含报酬率和静态投资回收期不受折现率的影响。而净现值和现值指数受到影响，随着折现率的提高，现金流入的现值变少，而现金流出现值不变，导致现金流入现值和流出现值的差值或比值都减少。

3. 动态投资回收期及决策依据

动态投资回收期法，也称为投资回收期的折现方法，是把投资项目各年的净现金流量折成现值之后，再来推算投资回收期，这是它与静态投资回收期法的根本区别。

动态投资回收期就是净现金流量累计现值抵偿全部投资需要的时间。即满足式（4-6）：

$$\sum_{t=0}^{n}\frac{I_t-O_t}{(1+i)^t}=\sum_{t=0}^{n}\frac{NCF_t}{(1+i)^t}=0 \tag{4-6}$$

式中，I_t、O_t表示第 t 年的现金流入量和流出量；n 表示项目的动态投资回收期；i 表示折现率。

动态投资回收期的评价准则：投资方案的动态回收期≤期望回收期，接受投资方案；投资方案的动态回收期>期望回收期，拒绝投资方案。

4. 动态投资回收期的应用实例

例4-7 项目初始投资为100 000元，项目生命周期内的预期净现金流量如表4-9第2列所示，假设资本成本率为10%，项目期望的动态投资回收期为3年，试计算项目动态投资回收期并判断项目是否可行。

表 4-9　　项目的累计净现金流量现值计算表　　金额单位：元

年份	预期净现金流量	10%的折现系数	净现金流量的现值	累计净现金流量现值
0	-100 000	1	-100 000	-100 000
1	60 000	0.909	54 540	-45 460
2	30 000	0.826	24 780	-20 680
3	10 000	0.751	7 510	-13 170
4	20 000	0.683	13 660	490
5	30 000	0.621	18 630	19 120

解： 该项目累计净现金流量的现值如表4-9第5列所示，因此，动态投资回收期t为：

t=3+13 170÷13 660=3.96（年）

因为期望动态投资回收期为3年，3.96>3，所以该项目不可行，不应该进行投资。

动态投资回收期克服了静态投资回收期没有考虑资金时间价值的缺陷。但是动态投资回收期同样没有考虑项目在投资回收期后的经济效果，因此，在应用时应结合其他投资决策方法进行项目的取舍。

4.2.5 会计报酬率法

会计报酬率由年平均净收益与原始投资额的百分比计量，即式（4-7）：

会计报酬率=年平均净收益÷原始投资额×100%　　（4-7）

其中，年平均净收益可按项目投产后各年净利润总和简单平均计算。

在项目决策时，若会计报酬率大于基准会计报酬率（通常由企业自行确定或根据行业标准确定），则企业应接受该项目；反之则应放弃。在存在多个方案的互斥选择中，企业应选择会计报酬率最高的项目。

会计报酬率考虑了整个项目生命期的全部利润，一般用于项目的后评价，是衡量项目盈利性的简单方法。但是，计算使用的净利润不仅事前较难估计，而且受到不同折旧方法、所设定残值等影响，可能会引起决策结果的偏差。

例4-8 设企业确定的必要报酬率为10%，有三个投资方案，相关数据如表4-10所示。试在这三个互斥方案中进行选择。

表 4-10　　三个投资方案的收益情况　　单位：元

年份	A 方案		B 方案		C 方案	
	净收益	现金净流量	净收益	净现金流量	净收益	现金净流量
0		（40 000）		（18 000）		（18 000）
1	3 600	23 600	（3 600）	2 400	900	6 900
2	6 480	26 480	6 000	12 000	900	6 900
3			6 000	12 000	900	6 900
合计	10 080	10 080	8 400	8 400	2 700	2 700

解： 分别计算各投资方案的会计报酬率：

会计报酬率(A)=[(3 600+6 480)÷2]÷40 000×100%=12.6%

会计报酬率(B)=[(−3 600+6 000+6 000)÷3]÷18 000×100%=15.56%

会计报酬率(C)=900÷18 000×100%=5%

A、B两个方案的会计报酬率高于必要报酬率（10%），都是可行的。但A、B是两个互斥方案，则应选择会计报酬率较高的方案，即选择B方案。

从【例4-8】中可见，单个年度的净收益与净现金流量是不等的，但是从项目的整个寿命期间来看，二者的总额是相等的。净现金流量代表有“真金白银”支撑的收益，可以直接用于再投资。而净收益只是账面数值，无法保证全额为现金并用于再投资。

4.3 项目风险分析方法

泛美世界航空公司创始人胡安•特里普在20世纪30年代开辟了飞往拉丁美洲的航线，又把航线目的地放在更远的中国，这在当时被认为是一个疯狂的决定。广阔的海洋、有限的飞行距离、简陋的导航系统、匮乏的跑道以及不明朗的亚洲航班市场，让很多航空公司望而却步。然而，1935年以后，乘坐国际航班的人数急剧增加。这个世界最终和特里普一同迎来了航空业广阔的发展空间。不惧风险成就了泛美世界航空公司。

作为一家顶级的投资银行，雷曼兄弟曾有着辉煌的过去。20世纪90年代后，雷曼兄弟大力拓展了传统的投资银行业务，并取得了巨大的成功，被称为华尔街上的“债券之王”。然而，2008年9月15日，雷曼兄弟却提交了破产申请，成为有史以来倒闭的最大金融公司。"债券之王"毁于债券投资。雷曼兄弟作为业内的佼佼者，败于投资风险这个强大的敌人之下。

企业投资没有理由不注重对投资风险的判断和控制。2013年年底，国资委发布《关于2013年中央企业开展全面风险管理工作有关事项的通知》，要求各中央企业健全风险评估制度、强化重大风险管控、完善风险管理机制。该通知同时要求中央企业在2014年4月30日前向国资委报送全面风险管理年度报告。国资委为何对风险管理如此重视，道理不言自明。

投资项目风险分析的方法主要包括风险调整折现率法和肯定当量法。

4.3.1 风险调整折现率法

风险调整折现率法的基本思想是对高风险项目采用较高的折现率计算净现值，然后根据净现值法的规则选择方案。根据风险的大小确定风险调整折现率是应用该方法的关键。

风险调整折现率的计算公式如式（4-8）所示：

$$K=i+b\cdot Q \tag{4-8}$$

式中，K 表示风险调整折现率；i 表示无风险折现率；b 表示风险报酬斜率，反映了风险程度变化对风险调整折现率影响的大小，一般为经验数据，也可以根据历史资料用高低点法或直线回归法求出；Q 表示综合变化系数，描述了具有一系列现金流入的项目方案的综合风险程度。

综合变化系数为综合标准差与现金流入预期现值的比值，是用相对数表示的离散程度，即风险大小。计算公式如式（4-9）所示：

$$Q=\frac{D}{EPV} \tag{4-9}$$

其中，综合标准差（D）表示各年现金流入总的离散程度，计算公式如式（4-10）所示：

$$D=\sqrt{\sum_{t=1}^{n}\left[\frac{\sigma_t}{(1+i)^t}\right]^2} \tag{4-10}$$

式中，σ_t 表示第 t 年现金流入的标准差，由 $\sigma_t^2=\sum_{k=1}^{m}(E_{tk}-E_t)^2\times P_{tk}$ 确定。其中，E_{tk} 为第 t 年第 k 种可能的现金流入，E_t 为第 t 年的期望现金流入，$E_t=\sum_{k=1}^{m}E_{tk}P_{tk}$；$P_{tk}$ 为第 t 年的第 k 种可能的现金流入的概率，同时满足 $0\leqslant P_{tk}\leqslant 1$ 且 $\sum_{k=1}^{m}P_{tk}=1$；m 为第 t 年的所有可能现金流入的数目；n 为项目经营周期。

现金流入预期现值（EPV）为各年期望现金流入的现值之和，计算公式如式（4-11）所示：

$$EPV=\sum_{t=1}^{n}\frac{E_t}{(1+i)^t} \tag{4-11}$$

例4-9 某公司的最低报酬率为6%，现有一个投资机会，根据统计资料，项目的风险报酬斜率b为0.1，其他有关资料如表4-11所示。在考虑风险的情况下，判断该投资项目是否可行。

表 4-11 现金流入的年度分布及其概率

年 t	现金流入/万元	概率
0	−5 000	1
1	3 000 2 000 1 000	0.25 0.50 0.25
2	4 000 3 000 2 000	0.20 0.60 0.20
3	2 500 2 000 1 500	0.30 0.40 0.30

解：（1）综合变化系数Q的计算

项目各年现金流入的期望值：

E_1=3 000×0.25+2 000×0.50+1 000×0.25=2 000（万元）

E_2=4 000×0.20+3 000×0.60+2 000×0.20=3 000（万元）

E_3=2 500×0.30+2 000×0.40+1 500×0.30=2 000（万元）

项目各年现金流入的标准差：

$$\sigma_1=\sqrt{(3\,000-2\,000)^2\times0.25+(2\,000-2\,000)^2\times0.50+(1\,000-2\,000)^2\times0.25}=707.11$$

$$\sigma_2=\sqrt{(4\,000-3\,000)^2\times0.20+(3\,000-3\,000)^2\times0.60+(2\,000-3\,000)^2\times0.20}=632.46$$

$$\sigma_3=\sqrt{(2\,500-2\,000)^2\times0.30+(2\,000-2\,000)^2\times0.40+(1\,500-2\,000)^2\times0.30}=387.30$$

公司的最低报酬率可理解为无风险折现率。当无风险折现率为6%时，三年现金流入的综合标准差：

$$D=\sqrt{\frac{707.11^2}{(1+6\%)^2}+\frac{632.46^2}{(1+6\%)^4}+\frac{387.30^2}{(1+6\%)^6}}=931.44$$

三年现金流入的预期现值：$EPV=\dfrac{2\,000}{1+6\%}+\dfrac{3\,000}{(1+6\%)^2}+\dfrac{2\,000}{(1+6\%)^3}=6\,236.04$（万元）

综合变化系数即风险程度：$Q=\dfrac{D}{EPV}=\dfrac{931.44}{6\,236.04}=0.15$

（2）确定项目的风险调整折现率

k=6%+0.1×0.15=7.5%

（3）按照风险调整折现率计算净现值

$$NPV=-5\,000+\frac{2\,000}{1+7.5\%}+\frac{3\,000}{(1+7.5\%)^2}+\frac{2\,000}{(1+7.5\%)^3}=1\,066.38\text{（万元）}$$

而按照无风险折现率计算的净现值

$$NPV=-5\,000+\frac{2\,000}{1+6\%}+\frac{3\,000}{(1+6\%)^2}+\frac{2\,000}{(1+6\%)^3}=1\,236.02\text{（万元）}$$

按照风险调整折现率计算的净现值1 066.38万元小于按照无风险折现率计算的净现值，但仍然大于0，所以项目可行。

风险调整折现率法对风险大的项目采用较高的折现率，对风险小的项目采用较低的折现率，比较符合逻辑，理论上可行，使用较为广泛。但是，把时间价值和风险价值混在一起，并据此对预期现金流量进行折现，意味着风险随着时间的推移而加大，有时并不符合事实。在种植、餐饮等行业，前几年的现金流量难以预测，越往后反而预测越有把握。

4.3.2 肯定当量法

肯定当量法先用一个系数把项目有风险的净现金流量调整为无风险的净现金流量，然后用无风险的折现率计算净现值，最后用净现值法的规则判断投资机会的可取与否。相关计算公式如下：

$$NPV=\sum_{t=0}^{n}\frac{\alpha_t CFAT_t}{(1+i)^t} \tag{4-12}$$

式中，α_t表示第 t 年现金流量的肯定当量系数；i 表示无风险的折现率；$CFAT_t$表示第 t 年的净现金流量。

肯定当量系数，是指未来各年“不确定的 1 元现金流量”可以换算成“确定的现金流量”的数量。初始现金投入是确定的，所以，α_0 等于 1，后续的肯定当量系数可由经验丰富的分析人员凭主观判断确定，也可以通过数据分析确定。

肯定当量法通过调整净现值公式中的分子的办法来考虑风险，风险调整折现率法通过调整净现值公式中的分母的办法来考虑风险，这是两者的重要区别。肯定当量法分年度调整获得肯定的现金流量，克服了风险调整折现率法夸大远期风险的缺点。但分年度确定合理的肯定当量系数是个复杂的问题。

4.3.3 投资敏感性分析法

投资敏感性分析法是判断不确定性因素对投资项目的最终经济效果指标的影响及其程度的方法。

投资敏感性分析法

敏感性分析有单因素敏感性分析和多因素敏感性分析两类。单因素敏感性分析，假设各个不确定性因素之间相互独立，每次只考查一个因素，并保持其他因素不变，来分析这个可变因素对经济评价指标的影响程度。多因素敏感性分析是假设两个或两个以上互相独立的不确定因素同时变化时，分析这些变化的因素对经济评价指标的影响程度。由于项目评估过程中的参数和变量同时发生变化的情况非常普遍，所以，多因素敏感性分析具有更强的实用价值。

敏感性分析中的不确定性因素一般可选择销售收入、经营成本、生产能力、初始投资、寿命期、建设期、经营期等参数。若某参数的小幅度变化能导致经济评价指标的大幅度变化，则称此参数为敏感因素，反之则称其为非敏感因素。敏感性分析提示项目管理者采取有效措施管理敏感因素，以减少和避免不利因素的影响，减少投资项目的不确定性，改善和提升项目的投资效果。

敏感性分析一般按以下步骤进行。

1. 确定分析的项目经济评价指标

该指标一般根据项目的目标和特点、不同的阶段、实际情况和指标的重要程度等来选择确定。如果在机会研究阶段，需要进行项目设想和鉴别，确定投资方向和投资机会，此时，各种经济数据不完整，可信程度低，深度要求不高，可选用静态的评价指标，常采用的指标是投资回收期。如果在可行性研究阶段，则可选用净现值、内含报酬率等动态的评价指标。

2. 选择需要分析的因素

影响项目经济评价指标的因素很多，没有必要对所有的因素都进行敏感性分析，而只需选择一些主要的影响因素。选择不确定性因素时，主要依据以下两条原则：一是预计这些因素在其可能变动的范围内对经济评价指标的影响较大；二是项目评价时该因素数据的准确性不佳。

3. 确定敏感因素

首先，设定变动幅度。对所选定的不确定因素，根据实际情况设定这些因素的变动幅度，其他因素保持不变。因素的变化可以按照一定的变化幅度（如±5%、±10%、±20%等）改变数值；也可以按照情境分析，分别按照悲观情境、基本情境、乐观情境确定不确定因素的变化；还可以采用因素的最大值或最小值，因为极限值或者临界点很可能会将项目经济评价指标从可行转变为不可行。其次，计算不确定性因素的变动对经济评价指标的影响，即：敏感系数。最后，比较各因素的敏感系数，找出敏感系数的最大值所对应的因素，即为敏感因素。

敏感系数表示项目评价指标对选定的不确定因素的敏感程度。计算公式为：

$$E=\Delta A/\Delta F \tag{4-13}$$

式中，E 表示敏感系数；ΔF 表示不确定因素 F 的变化率（%）；ΔA 表示不确定因素 F 发生 ΔF 变化率时，评价指标 A 的相应变化率（%）。

正值越大或者负值的绝对值越大，表明评价指标 A 对于不确定因素 F 越敏感；反之，则越不敏感。

例4-10 某投资方案设计年生产能力为10万台，供不应求，计划项目投产时总投资为1 200万元，其中建设投资为1 150万元，流动资金为50万元；预计产品价格为39元／台；税金及附加为销售收入的10%，建设当年即可实现正常生产能力；年付现经营费用为140万元；方案寿命期为10年；到期时预计固定资产残值为30万元，基准折现率为10%，试就建设投资、单位产品价格、经营成本等影响因素对该投资方案做敏感性分析。企业所得税税率为25%

解： 绘制现金流量图，如图4-3所示。

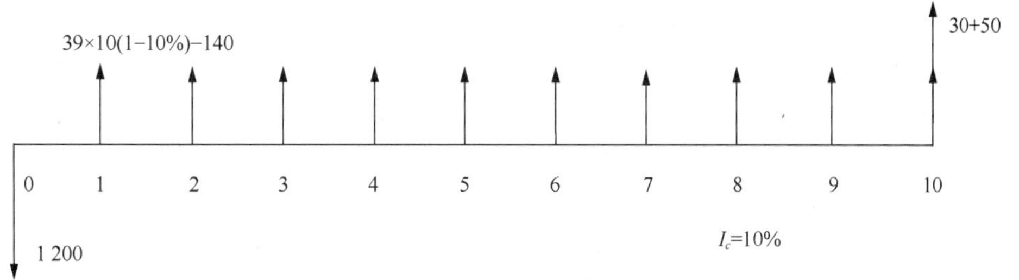

图 4-3 现金流量图

若企业采用直线折旧法，年折旧额=(1 150−30)÷10=112（万元）

则经营期间各期的净现金流量：

$$NCF_{1\text{-}10}=[39\times10\times(1-10\%)-140]\times(1-25\%)+112\times25\%=186.25\text{（万元）}$$

选择净现值为敏感性分析的经济评价指标，根据净现值的计算公式，可计算出项目在初始条件下的净现值：

$$NPV=-1\ 200+186.25\times(P/A，10\%，10)+(30+50)\times(P/F，10\%，10)=-24.73\text{（万元）}$$

由于$NPV<0$，该项目是不可行的。

下面对建设投资、单位产品价格和经营成本进行敏感性分析。令其在初始值的基础上按±10%、±20%的变化幅度逐一变动，而其他的已知条件保持不变，分别计算相对应的净现值的变化情况。因为项目在0变动下已经不可行，在建设投资增加、产品价格下降、经营成本上升时讨论没有意义，结果如表4-12所示。

表 4-12　　单因素变化对净现值的影响　　单位：万元

不确定因素	变化幅度					
	-20%	-10%	0	10%	20%	敏感系数（以 ΔF 变动 10%为例）
建设投资	169.94	72.60	-24.73	—	—	[(72.60+24.73)/24.73]/10%=39.36
产品价格	—	—	-24.73	137.02	298.78	-[(137.02+24.73)/24.73]/10%=-65.41
经营成本	104.30	39.79	-24.73	—	—	[(39.79+24.73)/24.73]/10%=26.09

从表 4-12 中可知，在建设投资、产品价格、经营成本变化率绝对值相同的情况下，按净现值对各个因素的敏感程度来排序，依次是：产品价格、建设投资、经营成本。这里，敏感系数的符号表明了与原来净现值方向的异同，如价格上升，会产生与原来净现值反方向的净现值变化，即净现值正向增加；而建设投资或者经营成本上升，会产生与原来净现值同方向的净现值变化，即净现值负向增加。因此，项目决策时应该对产品价格进行更准确的测算，如果产品的价格提升，能够使该项目从不可行变为可行。同时，如果未来产品价格发生变化的可能性较大，则意味着这一投资项目的风险也较大。

4.4　证券投资的估价方法

证券投资的对象包括债券、股票、基金及衍生品等，这里，仅介绍最基本的债券投资和股票投资。证券投资决策离不开对证券价值的估计，证券带给投资者的现金流量及其变动是正确判断价值及投资决策的基础。

我国A股市场在1990年创建之初仅有10只股票；至2022年年底，A股上市公司突破5 000家，A股总市值超过84万亿元。上交所和深交所的股票账户在2014年已经达到1.7亿个，也就是说，股民可能占到人口总数的十分之一以上。

媒体报道的股市“神话”五花八门。“杨百万”曾是A股醒目的“传奇”之一，自我评价“不是股神，不是股评家，是标准的散户”。1989年，杨怀定买进第一只股票，于半年后卖掉并净赚150多万元。“杨百万”的外号，就此不胫而走。一年后，他又将大跌的该股票买了回来。其认为“股市中不能做‘死多头’，也不能做‘死空头’，要做坚定的‘滑头’；低吸高抛、抄底逃顶，见好就收，落袋为安乃真英雄”。

孙子曰：“夫未战而庙算胜者，得算多也；未战而庙算不胜者，得算少也。多算胜少算，而况于无算乎！吾以此观之，胜负见矣。”因此，想要成为股市的英雄，学习一些证券投资估价的知识是相当必要的，这样才能离富足的梦想更近一步。很多财经信息给投资者指出的投资建议即如此：股票W的投资价值较佳，该股的估值区间在28.12～31.77元，当前价22.26元，股价目前处于低估区，可以放心持有。当然，“股市有风险，入市当谨慎”，如何发现与规避风险也是股市英雄的必修课。巴菲特对风险格外重视：“成功的秘诀有三条：第一，尽量避免风险，保住本金；第二，尽量避免风险，保住本金；第三，坚决牢记第一条、第二条。”

4.4.1　债券的估价方法

《红楼梦》中写道：“王熙凤把月钱拿出来放债生息”“每年少说也得翻出一千银子来”。后来抄家时，从她屋子里就抄出七八万金和一箱借券。这说明早在封建社会就已经存在债券投资，而王熙凤就是一名债券投资者。

我国现代意义的债券市场从1981年发行国债开始。根据国际清算银行（Bank for

International Settlements，BIS）的统计，2010年我国债券市场规模排名已跃居世界第五位、亚洲第二位，债券余额达20.4万亿元。从2005年开始，我国债券融资的比重超过股票融资的比重。根据央行网站发布的数据，2022年我国债券市场共发行债券61.9万亿元。

1．债券的基本估价模型

企业进行债券投资之前，需要衡量债券是否值得投资，也就是必须估计债券的价值。债券的价值或者更确切地说债券的内在价值，是发行者按照合同规定从现在至债券到期日所支付所有款项的现值，即债券投资者未来所有现金流入量的现值，用式（4-14）来评估。

$$资产价值V=\frac{CF_1}{1+R}+\frac{CF_2}{(1+R)^2}+\cdots+\frac{CF_n}{(1+R)^n} \tag{4-14}$$

式中，CF_n表示第n年的现金流入量；R表示折现率；n表示现金流量所在的期数。

债券投资的现金流入量是持有期各期利息，归还的本金或者出售时得到的现金，而债券的现金流出量则是其购买价格。因此，只有当债券的内在价值大于购买价格时，我们才值得投资。

这里用于债券内在价值计算的折现率体现了债券投资者要求的必要报酬率或者说最低报酬率。当折现率等于债券票面利率时，债券价值就是其面值；当折现率高于债券票面利率时，债券的价值就低于面值；当折现率低于债券票面利率时，债券的价值就高于面值。对于各种类型的债券估值，都遵循上述原理。

北京汽车集团有限公司发行的公司债券在上海证券交易所上市，其相关要素如表4-13所示。

表 4-13　　债券相关要素

债券名称	北京汽车集团有限公司 2018 年公开发行公司债券（第二期）
债券简称（代码）	18 北汽 02（143856）
信用评级主体评级	AAA/债项评级 AAA
评级机构	大公国际资信评估有限公司
是否可参与质押式回购	是
质押券代码（如可质押）	144856
发行总额（亿元）	10.00
债券期限	5 年
票面年利率（%）	4.48%
利息种类	固定利率
付息频率	按年付息
发行日	2018 年 10 月 18 日至 2018 年 10 月 19 日
起息日	2018 年 10 月 19 日
上市日	2018 年 10 月 26 日
到期日	2023 年 10 月 19 日
发行价格	100 元
债券面值	每手本期债券面值为 1 000 元

数据来源：北京汽车集团有限公司公告。

该债券平价发行，也就是定价采取的折现率是票面利率。如果投资者的必要报酬率低于票面利率，则债券值得购买；反之，则不值得购买。

结合债券的具体情况，式（4-14）的基本评估模型会有不同的扩展。在债券价值估计时，折现率要和复利计息期间匹配。

2．债券的常见估价模型

（1）债券的典型估价模型

典型的债券是固定利率，每年计算并支付利息，到期归还面值。债券每年等额的利息支付实际上是一种年金，在到期时支付面值是一次性的支付行为。在此情况下，按复利方式计算债券的价值如式（4-15）所示：

$$债券的价值V_d=\frac{I}{1+R_d}+\frac{I}{(1+R_d)^2}+\cdots+\frac{I}{(1+R_d)^n}+\frac{M}{(1+R_d)^n}$$
$$=\sum_{t=1}^{n}\frac{I}{(1+R_d)^t}+\frac{M}{(1+R_d)^n} \tag{4-15}$$

式中，I表示各年的利息（面值×票面利率）；R_d表示年折现率（必要报酬率或当前等风险投资的市场利率）；n表示债券到期前的年数；M表示债券面值。

上述估价模型，经简单变形后，还适用于利息在期间内平均支付的、支付的频率是半年一次、每季度一次或每月一次的债券。有时也把这类平均支付利息的债券称为平息债券。对于一年付息m次的债券，每次付息额为年利息除以m，折现率为年折现率除以m，付息次数增加为mn倍。其估价模型如式（4-16）所示：

$$V_d=\sum_{t=1}^{mn}\frac{I/m}{(1+R_d/m)^t}+\frac{M}{(1+R_d/m)^{mn}} \tag{4-16}$$

式中，I表示各年的利息（面值×票面利率）；R_d表示年折现率（必要报酬率或当前等风险投资的市场利率）；n表示债券到期前的年数；m表示债券年付息次数；M表示债券面值。

应用式（4-16），每半年支付一次利息的债券，则m=2。债券估价模型为式（4-17）：

$$V_d=\sum_{t=1}^{2n}\frac{I/2}{(1+R_d/2)^t}+\frac{M}{(1+R_d/2)^{2n}} \tag{4-17}$$

例4-11 甲企业预发行的债券，其面值为1 000元，票面利率为6%，期限为5年。乙企业想投资该债券，要求必须获得8%的报酬率，①若该债券每年付息一次，这个债券发行价格为多少时，乙企业才能进行投资？②若该债券每半年付息一次，这个债券发行价格为多少时，乙企业才能进行投资？

解：① 根据式（4-15）可得：

V_d=1 000×6%×(P/A，8%，5)+1 000×(P/F，8%，5)

=60×3.993+1 000×0.681

=920.58（元）

即这种债券的价格低于920.58元时，乙企业才能购买，否则将得不到8%的报酬率。

② 根据式（4-17）可得：

V_d=1 000×6%/2×(P/A，4%，10)+1 000×(P/F，4%，10)=30×8.111+1 000×0.676

=919.33（元）

即该债券价格低于919.33元时，乙企业才能购买。

（2）贴现债券估价模型

贴现债券是无票面利率，到期只按面值偿付票面值的债券。其估价模型为式（4-18）：

$$V_d=\frac{M}{(1+R_d)^n} \tag{4-18}$$

式中，R_d表示年折现率（必要报酬率或当前等风险投资的市场利率）；n表示债券到期前的年数；M表示债券面值。

例4-12 乙债券面值为1 000元，期限5年，以贴现方式发行，期内不计利息，到期按面值偿还，当前的市场利率为8%，求其价格为多少时，企业才能购买？

解：由式（4-18）可得：V_d=1 000×(*P*/*F*，8%，5)=1 000×0.681=681（元）

即该债券的价格低于681元时，企业才可购买。

（3）到期一次还本付息且不计复利的债券估价模型

这种债券的估价模型为式（4-19）：

$$V_d = \frac{M + n \cdot I}{(1 + R_d)^n} \tag{4-19}$$

式中，I 表示各年的利息（面值×票面利率）；R_d 表示年折现率（必要报酬率或当前等风险投资的市场利率）；n 表示债券到期前的年数，债券期限；M 表示债券面值。

例4-13 丙债券面值为1 000元，票面利率为6%，期限为5年，单利计息，到期一次还本付息。当前市场利率为8%，问其价格为多少时，投资者才能购买？

解：由式（4-19）可知：

V_d=(1 000+1 000×6%×5)×(*P*/*F*，8%，5)=1 300×0.681=885.3（元）

即该债券价格低于885.3元时，投资者才能购买。

（4）流通债券的价值估计

流通债券是指已发行并在市场上流通了一段时间的债券。估价的时点可以是发行日至到期日之间的任何时点。企业对于流通债券的估价可以以未来最近一次付息时间为折算时间点计算其未来现金流入的现值，然后再折现到现在时点。

例4-14 甲债券面值为1 000元，票面利率为6%，期限为5年，每年支付一次利息，2017年6月1日发行，2022年6月1日到期。假设现在是2018年9月1日，市场利率为8%，问该债券的价值是多少？

解：先计算其2019年6月1日的价值，假设当年利息未付。然后将2019年6月1日的价值进一步折现至2018年9月1日。

2019年6月1日价值=1 000×6%+1 000×6%×(*P*/*A*，8%，3)+1 000×(*P*/*F*，8%，3)
=1 008.62（元）

2018年9月1日价值=1 008.62×(*P*/*F*，6%，1)=1 008.62×0.943=951.13（元）

这里，2018年9月1日到2019年6月1日为9个月，所以其折现率为9/12×8%=6%

3．债券的到期收益率估计

到期收益率是指以特定价格购买债券并持有至到期日所能获得的报酬率，即：使未来现金流量现值等于债券购入价格的折现率。债券的到期收益率表明了债券的收益水平，体现了债券的价值。

例4-15 某公司想平价购买面值为1 000元、票面利率为8%的债券，每年付息并于5年后到期日还本。若该公司持有该债券至到期，计算到期收益率。

解：到期收益率*R*满足：1 000=1 000×8%×(*P*/*A*，*R*，5)+1 000×(*P*/*F*，*R*，5)

用Excel的函数求解，可得*R*=8%。

每年付息到期还本的债券若为平价购买，则其到期收益率等于票面利率。若该债券的购买价格高于面值，则到期收益率低于票面利率。若该债券的购买价格低于面值，则到期收益率高于票面利率。

1979年以来，中国人民银行做出了数十次利率调整，利率上调对抑制物价上涨和通货膨胀起到了一定的积极作用，利率下调一定程度上刺激了投资和消费，对国民经济适度增长起到促进作用。利率调整信息的经济效应也反映在经济发展的晴雨表——证券市场上。

4. 市场利率对债券价值的影响

债券一旦发行，其面值、票面利率和期限都确定下来，市场利率就成为债券持有期间影响债券价值的主要因素。市场利率变动是债券投资价值的主要风险来源。当市场利率提高时，以往发行又尚未到期的债券回报相对降低。此时投资者若继续持有债券，在利息上要受损失，若将债券出售，又必须在价格上做出让步，同样要受损失。可见，此时投资者无法回避利率变动对债券价格和收益的影响，而且这种影响与债券本身无关。

例4-16 两种债券面值均为1 000元，均为每年支付一次利息并到期归还面值，票面利率分别为6%和8%，且这两种债券分别存在期限为3年、5年、10年的三个细分品种，在每一债券细分品种的存续期间内市场利率分别为4%、6%和8%，那么请对这些新发行的债券进行估价，并讨论债券价值随着票面利率、期限、市场利率变化的规律。

解：根据式（4-15）可计算得到债券的价值，见表4-14，并由表格中的数据作图4-4。

表 4-14　　不同条件下的债券估值　　金额单位：元

票面利率	期限	市场利率	债券价值	票面利率	期限	市场利率	债券价值
6%	3	4%	1 055.50	8%	3	4%	1 111.00
		6%	1 000.00			6%	1 053.46
		8%	948.46			8%	1 000.00
	5	4%	1 089.04		5	4%	1 178.07
		6%	1 000.00			6%	1 084.25
		8%	920.15			8%	1 000.00
	10	4%	1 162.22		10	4%	1 324.44
		6%	1 000.00			6%	1 147.20
		8%	865.80			8%	1 000.00

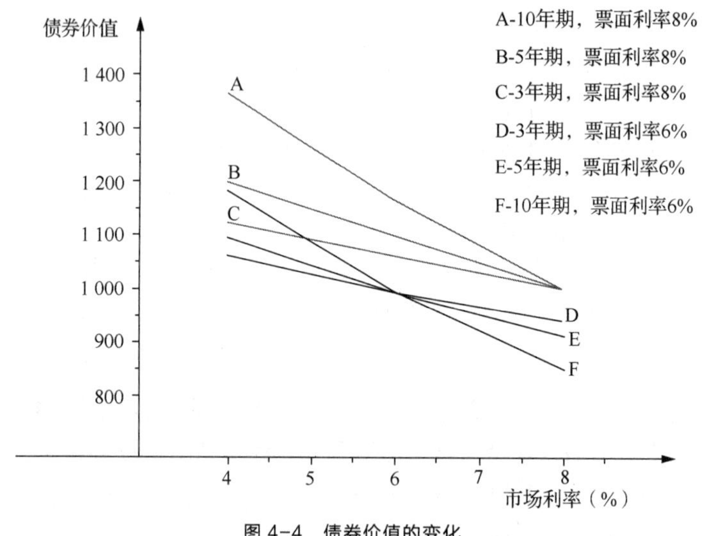

图 4-4　债券价值的变化

观察图4-4中债券估值在不同条件下的数量关系，可以发现：（1）在市场利率与期限相同的情况下，随着票面利率增加，债券价值增大。且债券期限越短，债券票面利率对债券价值的影响越小。（2）在票面利率与期限相同的情况下，随着市场利率的增加，债券价值降低，且债券期限越长，市场利率对债券价值的影响越大。（3）随着期限的增加，债券价值随着债券票面利率与市场利率之间的比较关系而变化。如果债券票面利率与市场利率之间没有差异，债券期限的变化不会引起债券价值的变动。对于溢价债券或折价债券，债券价值会因期限不同而产生差异。即：债券票面利率与市场利率的不一致，引起了债券价值随债券期限的变化而波动。且随着期限的增加，债券价值越发偏离于债券面值。

练一练

（单选）下列哪些因素不会影响债券的价值？（　　）

A. 票面值与票面利率　　B. 市场利率

C. 到期日与付息方式　　D. 购买价格

答案：D。债券的价值用投资债券带来的未来还本付息的现金流量的现值确定，与购买价格无关。当然，同一债券在不同的投资者眼中，其价值并不相等，这取决于投资者的期望报酬率，也就是用于计算未来还本付息现金流量现值的折现率。而债券到底值不值得投资，与购买价格有关，当债券的价值大于购买价格时，就值得投资。

随到期时间的缩短，债券价值逐渐向债券面值靠近，直到到期日，债券价值等于债券面值。

另外，债券价值还受到风险的影响。主要有无法按时支付债券利息和偿还本金的违约风险、购买短期债券而没有购买长期债券导致短期债券到期后利息下降的再投资风险等。

自2014年3月上海超日太阳能科技股份有限公司因无法偿还债息拉开债券违约序幕开始，我国债券“刚性兑付”已经打破。山东山水水泥集团、广西有色金属集团、云南煤化工集团等债券违约事件出现。债券违约风险不容忽视。

4.4.2 股票的估价方法

投资者希望找到有价值的股票，由此产生了对股票投资估价的需求。股票价值分析始于20世纪初，但是由于当时证券监管和信息披露的法规还很不完备，公众可以得到的信息以及运用信息进行投资分析的余地有限。真正使价值分析大行其道的是1929年起世界范围内的经济危机。在历经10年的大牛市后，1929年10月24日“黑色星期四”开始，纽约证券交易所股票价格雪崩似的跌落，人们甩卖股票，股指从最高点363点跌至40多点，最大跌幅超过90%，股票从巅峰跌入深渊。此后，全球进入了长达10年的经济大萧条时期。股市的崩溃告诉人们：再美丽的肥皂泡也都是会破灭的，人们应当根据投资价值来决定是否投资。

沃伦·巴菲特，金融界的传奇人物，作为股票价值投资的支持者和实践者，以其独特的投资策略与技巧成为20世纪，或许也是整个人类历史上最伟大的投资者之一，其个人财富居于《福布斯》全球富豪榜前列。自2000年起，其每年拍卖一次“巴菲特午餐”，即与其在纽约知名的牛排馆共进午餐，所得善款全部捐给慈善机构。2018年度“巴菲特午餐”以330.01万美元（约合人民币2 119万元）的价格成交。一直以来，巴菲特对就餐的话题不设限制，除了自己下一步的投资选择外，保证知无不言、言无不尽。共进一顿午餐竟然花费几百万美元，到底值不值？人们能否由此就获得了投资股票的技巧？

股票是股份公司发给股东的所有权凭证，是股东借以取得股利的一种有价证券。股票持有者即为该公司的股东，对该公司财产有要求权。

通常，股票带给持有者的现金流入包括两部分：股利收入和出售股票时的售价。而现金流出就是购买股票时付出的买入价格。

1. 股票估价的折现模型

股票估价的折现模型，即股票的内在价值是由一系列的股利和将来出售股票时售价的现值所构成，如式（4-20）所示：

$$股票价值V_s = \frac{D_1}{1+R_s} + \frac{D_2}{(1+R_s)^2} + \cdots + \frac{D_n}{(1+R_s)^n} + \frac{P_n}{(1+R_s)^n}$$

$$= \sum_{t=1}^{n} \frac{D_t}{(1+R_s)^t} + \frac{P_n}{(1+R_s)^n} \tag{4-20}$$

式中，R_s表示投资者投资于股票所要求的必要报酬率；n表示预计持有股票的期数；D_t表示第t期支付的股利；P_n表示第n期的股票价格。

如果股东永远持有股票，其获得的是一个永续的股利现金流入，股票价值的计算公式为式（4-21）：

$$股票价值V_s = \frac{D_1}{1+R_s} + \frac{D_2}{(1+R_s)^2} + \cdots + \frac{D_n}{(1+R_s)^n}$$

$$= \sum_{t=1}^{\infty} \frac{D_t}{(1+R_s)^t} \tag{4-21}$$

式（4-21）又被称为股利折现模型。有了上述的基本模型，结合具体情况可以变换得到股票投资估价的一些简化模型。

（1）零增长型股票的估价

零增长型股票即股利固定型股票，长期持有股利稳定不变的股票，其估价模型可简化为式（4-22）：

$$V_s = \sum_{t=1}^{\infty} \frac{D_t}{(1+R_s)^t} = \frac{D}{R_s} \tag{4-22}$$

如果一家公司每年都分配每股股利2元，若长期持有且要求的必要报酬率为10%，则：V_s=2÷10%=20（元）。这相当于20元资本在必要报酬率为10%的条件下的投资收益，每年均为2元。也就是说，该股票与这份20元资本的价值相当。当然，市场上的股票价格不一定就是20元，可能高于也可能低于20元。如果当时的市价不等于股票价值，如市价为15元，则其预期报酬率为R_s=2/15×100%=13.33%，即：市价低于股票价值时，期望报酬率高于必要报酬率。

（2）固定增长型股票的估价

固定增长型股票即股利固定增长型股票，长期持有每年（次）股利相比上年（次）增长率为固定值g的股票，若持有时最近一年（次）已发放的股利为D_0，则其估价为：

$$V_s = \frac{D_0(1+g)}{1+R_s} + \frac{D_0(1+g)^2}{(1+R_s)^2} + \cdots + \frac{D_0(1+g)^n}{(1+R_s)^n}$$

假设$R_s > g$，则可求出：

$$V_s = \frac{D_0(1+g)}{R_s - g} = \frac{D_1}{R_s - g} \tag{4-23}$$

（3）非固定增长型股票的估价

非固定增长，即股利增长率不固定。在此种情况下，要分段计算确定股票的价值。

例4-17 光华公司的必要报酬率为12%，准备投资购买A公司或B公司的股票，两只股票去年每股股利均为2元，其中：A公司的每股股利预计以后每年以6%的增长率增长。B公司的每股股利预计未来3年以20%的增长率高速增长，此后转为正常增长，增长率为6%。则A公司或B公司的股票价格分别为多少时，光华公司方可购买？

对A公司的股票，由式（4-23）可得：

$$V_s=\frac{2\times(1+6\%)}{12\%-6\%}=\frac{2.12}{6\%}=35.33\text{（元）}$$

即A公司的股票价格在35.33元以下时，光华公司才能购买。

对B公司的股票，首先，计算非固定增长期的股利现值，如表4-15所示。

表 4-15 非固定增长期股利现值

年份	股利（D_t）	复利现值系数（i=12%）	现值
1	2×1.2=2.4	0.893	2.14
2	2.4×1.2=2.88	0.797	2.30
3	2.88×1.2=3.456	0.712	2.46
合计（三年股利现值）			6.90

其次，计算第三年年底的普通股价值：

$$V_3=\frac{D_3(1+g)}{R_s-g}=\frac{3.456\times(1+6\%)}{12\%-6\%}=61.056\text{（元）}$$

计算其现值：61.056×0.712=43.47（元）

最后，计算股票目前的价值：

V_0=6.90+43.47=50.37（元）

即B公司的股票价格在50.37元以下时，光华公司才能购买。

上述3种股票估价的折现模型的应用受到现实环境和具体操作的种种限制。例如，很多上市公司不分配股利或只分配少量股利，使得运用股票估价折现模型难以真实反映股票价值。同时，对折现率的确定也存在颇多的争议。为了解决公司不分股利的估价问题，一种基于自由现金流量的证券估价模型被创造出来。

（4）自由现金流量折现模型

自由现金流量折现模型与股利折现模型的原理一致，都是对未来现金流量的折现，只是自由现金流量折现模型用自由现金流量替代了股利，其一般形式如式（4-24）所示：

$$V_s=\frac{FCF_1}{1+R_s}+\frac{FCF_2}{(1+R_s)^2}+\cdots+\frac{FCF_n}{(1+R_s)^n}=\sum_{t=1}^{\infty}\frac{FCF_t}{(1+R_s)^t} \tag{4-24}$$

式中，FCF_t表示第t期公司产生的自由现金流量。其定义如下：自由现金流量=净利润+折旧摊销-营运资本增加-资本性支出。自由现金流量是公司真正能全部用于股利支付的现金流，该现金流的支付不会给公司经营产生不良影响。

2. 市盈率模型

市盈率是指普通股每股股票价格与每股收益的比值，反映投资者愿意为每一元的当期收益支付多少钱，如式（4-25）所示。市盈率模型可操作性强，可粗略地反映股票价值，它表明市场对某只股票的评价。投资者可依据式（4-26）估算股票价值。

市盈率=每股股票价格÷每股收益　（4-25）

股票价值=行业平均市盈率×该股票每股收益　（4-26）

高市盈率一般说明企业能够获得社会信赖，具有良好的发展前景，低市盈率一般说明企业价值可能被低估，具有较低风险，但要结合资本市场当时的平均市盈率，而不能简单判断越低越好或越高越好。市盈率通常不能用于不同行业间的公司比较。在其他因素保持不变的情况下，充满发展机会的朝阳行业以及高成长前景行业的市盈率普遍较高，而成熟工业或者高风险行业的市盈率普遍较低。因此，在运用此指标评价企业的盈利能力时，应与同行业的其他企业和行业平均水平进行比较。

市盈率过高意味着股市存在投机性泡沫。"英国南海公司泡沫事件"中的南海公司股票的投资狂潮导致股价崩盘，造成千百万人破产，就连英国科学家牛顿都为此损失了一大笔钱。牛顿在南海公司泡沫破灭后发出感慨："我能计算出天体运行的轨迹，却难以预料人们的疯狂。"

例4-18 东方股份有限公司其普通股的每股收益是2元，该公司主营业务所处行业的平均市盈率为19.4，问东方股份有限公司的股价为多少时，才值得投资？

解： 股票价值=行业平均市盈率×该股票每股收益

按市盈率估价=19.4×2=38.8（元）

股票价格低于38.8元时，才可投资。

市盈率表明投资者愿意用多少价格去支付每股收益，因此，其衡量了投资者承担的投资风险高低。即对于盈利能力类似的同行业企业，市盈率低的企业投资风险也低。

市盈率模型的优点在于：一方面，计算市盈率的数据易于取得且计算简单；另一方面，市盈率把价格和收益联系起来，直观地反映投入和产出的关系。但如果收益是负值，市盈率就失去了意义，而且市盈率还受到整个经济景气程度的影响。因此，市盈率模型适合连续盈利，并且其系统风险与市场系统风险接近的企业的估价。

在罗伯特·希勒的《非理性繁荣》一书中，讨论了如何预测市盈率的变化。1997年7月前美国联邦储备委员会主席格林斯潘提交给国会的《货币政策报告》表明，自1982年以来10年期债券（代表了利率水平）和市盈率之间呈现显著的负相关关系。他提到，从20世纪60年代中期到80年代初期，利率水平逐步提高，而市盈率水平逐渐下降，从20世纪80年代初到90年代末，利率下降而股价不断攀升。股票市场与10年期利率的这种关系被称为联邦储备模型（Fed Model）。但是，这一模型并不完全可靠。例如，在大萧条时期，利率很低，根据联邦储备模型，市盈率应该呈现较高水平，但事实并非如此。2000年美国股市到达顶峰之后，利率和市盈率同时走低。也就是说，尽管利率确实对市场有影响，但是市场对于利率所作出的反应却是不可预知的，仅仅通过利率变化难以准确预测市盈率的变化。

3. 市净率模型

市净率模型，即式（4-27），表明股票市值是净资产的一定倍数，其反映了资产质量的高低，投资者为每股净资产付出的价格，为估计股票价值提供了另外一种方法。这种方法假设股权价值是净资产的函数，类似企业有相同的市净率，净资产越大则股权价值越大，目标股票价值可以用每股净资产乘以平均市净率计算得到，即式（4-28）。

市净率=股票市值÷资产净值　（4-27）

股票价值=每股净资产×平均市净率　（4-28）

例4-19 东方股份有限公司今年的普通股每股净资产是2元，该公司主营业务所处行业的平均市净率为16.7，问东方股份有限公司的股价为多少时，才值得投资？

解： 按市净率估价=16.7×2=33.4（元）

股票价格低于33.4元时，方可购买。

市净率模型的优点：首先，市盈率模型不能用于净利润为负值的企业计算其价值，而净资产极少为负值，因此市净率模型可用于大多数企业的估价。其次，净资产账面价值的数据容易取得，并且容易理解。最后，净资产账面价值比净利润稳定，也不像利润那样容易被人为操纵。

其局限性在于：有些行业企业的净资产所占比重小，净资产与企业价值的关系不大；另外，有些企业净资产是负值，市净率没有意义。因此，这种方法主要适用于拥有大量资产、净资产为正值的企业的估价。

在应用上述模型考虑股票的投资价值时，还要考虑其相比其他可选投资的相对价值。如果在证券市场上，债券票面利率上升，投资者就会将投资于股票的资金转向债券以取得更高的投资收益，这样就可能会造成股价下跌；相反，如果债券票面利率下降，投资者就会转而购买股票以获得更高的报酬率，如此股票价格就可能会上升。或者，当银行利率上升，存款利息增多时，资金就会从证券市场流向银行，此时证券投资需求减少，证券价格便倾向下跌。同时，利率上升导致企业财务成本提高，企业获利能力降低，进一步导致证券价格下跌。当然，股票投资价值受众多因素共同作用的影响。

4.5 证券投资组合的风险

投资组合是指由一种以上证券或资产构成的投资集合。由于投资组合涉及的资产主要是金融资产，投资组合通常指证券投资组合。

马科维茨在 1952 年首次提出投资组合理论，并进行了系统、深入且卓有成效的研究，并因此获得了 1990 年的诺贝尔经济学奖。投资组合理论认为，若干种证券组成的投资组合的收益是这些证券收益的加权平均数，但是其风险不是这些证券的加权平均风险，证券组合能降低风险。

2008年1月，某上市公司欲巨额融资1 600亿元投资海外市场，此举成为股价下跌的导火索，血洗资本市场。不仅如此，该公司最初投资富通集团的238.74亿元市值仅剩约6亿元。2008年第三季度其对部分浮亏计提了157亿元的减值准备，导致第三季度亏损达到78亿元，当年每股收益0.22元，下降近90%。错误的融资决策加上集中投资一家选错的企业，后果惨不忍睹。正如“不要将所有的鸡蛋放在一个篮子里”这句古老谚语所体现的原则，分散投资能够在一定程度上避免投资失败。

投资组合理论研究“理性投资者”如何优化投资选择。所谓理性投资者，是指这样的投资者：他们在给定期望风险水平下对期望收益进行最大化，或者在给定期望收益水平下对期望风险进行最小化。

银行推出的一些理财产品通常以“收益高，风险低”来吸引投资者购买。2018年，商业银行理财产品的年化预期报酬率多在5%以下，部分城商行产品的年化预期报酬率在5%以上。

4.5.1 证券投资组合的风险计量

证券投资本质上是在不确定性的收益和风险中进行选择，以实现预期报酬率。即：在一定条件下，投资者的证券组合选择可以简化为两个因素的权衡，即证券投资组合的预期报酬率和标准差。投资组合的预期报酬率，是组合中单只证券预期报酬率的加权平均，权重为相应的投资比例。投资组合的标准差，描述了投资组合的各证券预期报酬率的波动和相互关系，衡量了投资组合的风险。

1. 预期报酬率

两种或两种以上证券的组合，其预期报酬率 r_p 可以直接表示为式（4-29）：

$$r_p = \sum_{j=1}^{m} r_j A_j \tag{4-29}$$

式中，r_j 表示第 j 种证券的预期报酬率；A_j 表示第 j 种证券在全部投资额中的比重；m 表示组合中的证券种类总数。

例4-20 假设投资组合①投资100万元，证券A和证券B各占50%，各自的收益情况如表4-16所示；投资组合②投资100万元，证券C和证券D各占50%，各自的收益情况如表4-16所示。试分析两个投资组合的风险。

表 4-16 投资组合①和投资组合②的数据 单位：万元

投资组合	①		②	
方案	A	B	C	D
年度	收益	收益	收益	收益
2017	20	−5	20	20
2018	−5	20	−5	−5
2019	17.5	−2.5	17.5	17.5
2020	−2.5	17.5	−2.5	−2.5
2021	7.5	7.5	7.5	7.5

解：

首先，计算投资组合①和投资组合②的收益，分别列示于表4-17和表4-18的第6列中，计算投资组合①和投资组合②中的两只证券的报酬率及组合的报酬率，分别等于各自年度收益与投资额度的比值，分别列示于表4-17和表4-18的第3列、第5列、第7列中。

然后，计算证券A和证券B以及组合的期望收益率（各年等权重即为均值）及标准差，结果如表4-17和表4-18的第8行、第9行的对应列所示。其中，表4-17、表4-18中标准差采用样本标准差的计算公式，即：$\sigma=\sqrt{\frac{\sum_{i=1}^{n}(X_i-\bar{X})^2}{n-1}}$，$X_i$为第$i$年的报酬率，$n$=5。

表 4-17 投资组合①的报酬与风险 金额单位：万元

方案	A		B		组合	
年度	收益	报酬率（%）	收益	报酬率（%）	收益	报酬率（%）
2017	20	40	−5	−10	15	15
2018	−5	−10	20	40	15	15
2019	17.5	35	−2.5	−5	15	15
2020	−2.5	−5	17.5	35	15	15
2021	7.5	15	7.5	15	15	15
均值		15		15		15
标准差		22.64		22.64		0

表 4-18 投资组合②的报酬与风险 金额单位：万元

方案	C		D		组合	
年度	收益	报酬率（%）	收益	报酬率（%）	收益	报酬率（%）
2017	20	40	20	40	40	40
2018	−5	−10	−5	−10	−10	−10
2019	17.5	35	17.5	35	35	35
2020	−2.5	−5	−2.5	−5	−5	−5
2021	7.5	15	7.5	15	15	15
均值		15		15		15
标准差		22.64		22.64		22.64

最后，分析两个投资组合的风险。

在表4-17所示，投资组合①中，证券A和证券B的报酬率的均值与标准差均分别相同，组合的报酬率的均值与证券A和证券B各自的报酬率均值相同，组合的报酬率在所有年度都相同，不存在任何的变动，风险被全部抵消，组合标准差为0也证实了这一点。

在表4-18所示，投资组合②中，证券C和证券D的报酬率的均值与标准差均分别相同，组合的报酬率的均值及标准差与证券C或证券D各自的报酬率的均值及标准差相同，即组合的风险不减少也不扩大。

即：投资组合①和投资组合②的风险小于等于参与组合的两只证券各自风险的加权平均值。

证券A、证券B两只证券的报酬率反向变化，证券C、证券D两只证券的报酬率同向变化。实际上，证券A、证券B两只证券完全负相关，证券C、证券D两只证券完全正相关。而在现实中，股票之间不可能完全正相关，也不可能完全负相关，所以不同股票的投资组合可以降低风险，但又不能完全消除风险。

假定一个抛硬币的游戏：如果正面朝上，玩家可得200元；如果反面朝上，玩家将损失150元。因为：预期报酬=200×0.5−150×0.5=25（元），总体而言，这个游戏还不错。然而，玩家损失的概率为50%，属于高风险，因此，大多数理性的玩家会拒绝玩这个游戏。如果换种方式，玩家可以抛硬币10次，出现一次正面朝上就得到20元，出现一次反面朝上就损失15元。此时，出现的结果可能是全部正面朝上或者全部反面朝上，但最可能的结果是5次正面朝上和5次反面朝上，得到差不多25元。这样，尽管每次抛硬币都有风险，但整个游戏的风险却降低了，部分风险被分散掉了。这就是股票投资组合相对于投资单只股票的优势。各基金公司旗下的证券投资基金有很多是股票投资组合。例如，某基金的“成长混合基金”目标就是通过投资于具有良好成长性的、多行业的上市公司股票，在保持基金资产安全性和流动性的前提下，实现基金的长期资本增值。但能不能达成目标，投资组合中的证券选择就至关重要。

练一练

（单选）如某投资组合由收益呈完全负相关的两只股票构成，则（　　）。

A. 该组合的非系统风险能充分抵消

B. 该组合的风险报酬为零

C. 该组合不能抵消任何非系统风险

D. 该组合的收益总是两只股票合计收益的 50%

答案：A。上文所举的【例4-20】中之所以将组合所有风险都被分散掉，是因为完全负相关的两只证券标准差和权重乘积相等。两只呈完全负相关的股票总可以找到一个权重搭配，使得组合的非系统性风险为零。相比于不是完全负相关的组合，现有组合能够最大程度地抵消非系统性风险。即使非系统性风险都被分散掉，仍然存在风险报酬，因为，资本市场对系统性风险予以收益补偿。不管参与组合的证券是什么关系，收益都是所有证券的加权平均值，但若不是等权重，就不一定是两只股票合计收益的50%。

2. 投资组合的风险计量

投资组合的风险通过投资组合的标准差计量，即式（4-30）。

$$\sigma_p = \sqrt{\sum_{j=1}^{m}\sum_{k=1}^{m} A_j A_k \sigma_{jk}} \tag{4-30}$$

式中，m 表示组合内证券种类的总数；A_j、A_k 表示第 j 种、第 k 种证券在投资总额中的比例；当

$j=k$ 时，σ_{jk} 表示第 j 种或第 k 种证券报酬率的方差；当 $j\neq k$ 时，σ_{jk} 表示第 j 种证券与第 k 种证券报酬率的协方差。

式（4-30）表明，证券组合的标准差不仅取决于参与组合的单个证券的标准差，还取决于参与组合的证券之间的协方差。证券组合的标准差，并不是单个证券标准差的简单加权平均，而是取决于组合内证券各自的风险以及各证券之间的关系。

（1）协方差的计算

两种证券报酬率的协方差可以用来衡量它们之间共同变动的程度，其计算公式如下：

$$\sigma_{jk}=r_{jk}\sigma_j\sigma_k \tag{4-31}$$

式中：r_{jk} 表示证券 j 和证券 k 报酬率之间的相关系数；σ_j 表示第 j 种证券的标准差；σ_k 表示第 k 种证券的标准差。

相关系数取值区间为[−1，1]。当相关系数为 1 时，表示一种证券的报酬率与另一种证券的报酬率完全正相关；当相关系数为−1 时，表示一种证券的报酬率与另一种证券的报酬率完全负相关；当相关系数为 0 时，表示缺乏相关性，即一种证券的报酬率相对于另一种证券的报酬率独立变动。相关系数的计量如式（4-32）所示：

$$\text{相关系数}(r)=\frac{\sum_{i=1}^{n}\left[\left(x_i-\bar{x}\right)\times\left(y_i-\bar{y}\right)\right]}{\sqrt{\sum_{i=1}^{n}\left(x_i-\bar{x}\right)^2}\times\sqrt{\sum_{i=1}^{n}\left(y_i-\bar{y}\right)^2}} \tag{4-32}$$

式中，$x_i(i=1,2,\cdots,n)$和 $y_i(i=1,2,\cdots,n)$表示第 j 种、第 k 种证券 1 到 n 各期的收益率；$\bar{x}$ 和 $\bar{y}$ 表示第 j 种、第 k 种证券各期收益率的均值。

一般而言，多数证券的报酬率趋于同向变动，可谓大“市”所趋，因此两种证券之间的相关系数多为小于1的正值。

（2）协方差矩阵

式（4-30）中的 σ_{jk} 实际上可以用协方差矩阵来表达。

例如，当 m 为 3 时，所有可能的协方差如下列矩阵中所示。

$$\begin{pmatrix}\sigma_{1,1} & \sigma_{1,2} & \sigma_{1,3}\\ \sigma_{2,1} & \sigma_{2,2} & \sigma_{2,3}\\ \sigma_{3,1} & \sigma_{3,2} & \sigma_{3,3}\end{pmatrix}$$

矩阵对角线上 $j=k$，$\sigma_{1,1}$、$\sigma_{2,2}$、$\sigma_{3,3}$ 为方差；矩阵非对角线上，$\sigma_{1,2}$ 代表证券 1 和证券 2 的报酬率之间的协方差，$\sigma_{2,1}$ 代表证券 2 和证券 1 的报酬率的协方差，根据式（4-31）可知，$\sigma_{1,2}$ 与 $\sigma_{2,1}$ 的数值显然是相同的，这就是说需要计算两次证券 1 和证券 2 之间的协方差。其他非对角线上的配对组合的协方差，同样被计算了两次。因此，结合 m 为 3 时的协方差矩阵以及式（4-30），三种证券的投资组合的标准差计量共有 9 项，由 3 个方差项和 6 个协方差项（3 个计算了两次的协方差项）组成。

而且，随着证券组合中的证券数目的增加，协方差项比方差项对于投资风险的估计更重要。例如，在四种证券投资组合的标准差计量中有 4 项方差项（沿着对角线）和 12 项协方差项（非对角线）。当组合中的证券数量较多时，总方差主要取决于各证券间的协方差。例如，在含有 20 种证券的组合中，组合标准差计量中共有 20 个方差项和 380 个协方差项。参与组合的证券数量越多，方差和协方差项之间的项数差异越大，此时，对于投资风险，证券之间的协方差更加重要，方差将变得微不足道。

例4-21 A证券的预期报酬率为10%，标准差是12%。B证券预期报酬率是18%，标准差是20%。假设等比例投资于两种证券，即各占50%。在两种证券的相关系数等于1和0.2两种情况下，求投资组合的预期报酬率和标准差。

解： 该组合的预期报酬率为：r_p=50%×10%+50%×18%=14%

如果两种证券的相关系数等于1，则没有任何抵消风险的作用。在等比例投资的情况下，该组合的标准差等于两种证券各自标准差的简单算术平均数，即16%。

如果两种证券之间的预期相关系数是0.2，组合的标准差会小于加权平均的标准差，其标准差为：

$$\sigma_p=[(50\%\times12\%)^2+2\times50\%\times50\%\times0.2\times12\%\times20\%+(50\%\times20\%)^2]^{1/2}=0.1265$$

从以上计算过程中可见：两种证券之间的相关系数小于1，其证券组合报酬率的标准差就小于各证券报酬率标准差的加权平均数（以投资比例为权重）。

3. 投资组合的有效集合

当参与组合的证券的收益率分布情况已知时，若知道各种证券所占权重，就可以求出其组合的收益率和标准差。随着投资组合中的证券所占权重的变化和证券之间相关系数的变化，就可以找到投资组合中风险小而收益大的有效集合。

例4-22 假设公司可投资于两个独立的资产，期望收益为μ_1和μ_2，标准差分别为σ_1和σ_2。若两者的期望收益率和标准差相等，即$\mu_1=\mu_2$，$\sigma_1=\sigma_2$。问：这两个资产如何投资组合更明智？

解：

若只投资于其中的一个资产，就相当于其把所有鸡蛋都放在了同一个篮子里，其收益率$\mu=\mu_1=\mu_2$；标准差$\sigma=\sigma_1=\sigma_2$。

若分别按照a，$1-a$的比例投资于两个资产，则：组合的收益率$\mu=a\mu_1+(1-a)\mu_2=\mu_1=\mu_2$。

因为独立随机变量间无关，其协方差为0，组合的方差$\sigma^2=a^2\sigma_1^2+(1-a)^2\sigma_2^2=(1-2a+2a^2)\sigma_1^2$。

对a求导数可以得到组合的方差的最小值：即$a=1/2$时，$\sigma^2=\sigma_1^2/2=\sigma_2^2/2$

因此，上述两种资产的最优投资组合是平均分配投资。

【例4-22】中组合的期望收益率与两种资产的期望收益率相同，但方差减至原来的一半，因为没有付出收益降低的代价，相当于获得了风险降低的“免费午餐”。正相关资产的相关性越小，投资组合降低组合方差分散风险的效果越好。在实际的投资中，各种资产的收益和方差不可能完全相等，因此，为了降低风险，往往会付出收益降低的代价。

若以不同的比例投资于两种资产，组合的预期报酬率与标准差都会发生变化。若$\mu_A<\mu_B$, $\sigma_A<\sigma_B$，完全投资于B证券，组合的收益率和标准差最大。

组合的收益率$\mu=a\mu_A+(1-a)\mu_B$

组合的方差$\sigma^2=a^2\sigma_A^2+(1-a)^2\sigma_B^2+2ra(1-a)\sigma_A\sigma_B$

经过如下的试算：①在μ_A，μ_B，σ_A，σ_B和r确定的情形下，令a，$1-a$逐步变化，由此得到组合的期望收益率与组合的方差的关系曲线，存在一个最佳的投资比例使得组合的方差最小；②进一步改变r值，重复①的步骤，令r逐步变化，可以得到一系列期望收益率与组合方差的关系曲线的集合。在这些曲线中，恰当的投资组合机会集无非是提高期望收益率而降低或不增加风险的组合、降低风险而提高或不降低期望报酬率的组合。

练一练

（单选）两只股票完全正相关时，则这两只股票组成的投资组合可以（　　）。

A. 分散掉全部非系统风险　　B. 不能分散风险

C. 分散掉部分风险　　D. 分散掉全部风险

答案：B。两只股票完全正相关时，其组合的收益率为两者收益率的加权平均，其风险也为两者风险的加权平均，从这个意义上说，收益率变小，风险变小，没有达成分散风险的目的。

4.5.2 风险定价模型

证券投资组合可以分散风险，但又不能完全消除风险，无法消除的是系统风险或称不可分散风险，可分散的是非系统风险或称可分散风险。如图 4-5 所示，充分的投资组合几乎没有非系统风险，只剩下不可分散的系统风险。

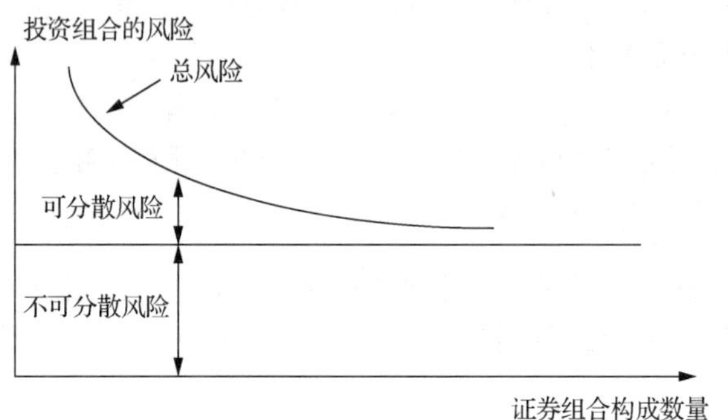

图 4-5 投资组合的风险

假设投资者是理性的，都会选择充分投资组合，则非系统风险将与资本市场无关，市场不会对非系统风险给予任何价格补偿。就像商品市场只承认社会必要劳动时间而不承认个别劳动时间一样，市场不会给"浪费"以价格补偿，不会给那些不必要的风险以回报。承担风险会从市场上得到回报，回报大小又取决于系统风险。这就是说，一项资产的定价高低取决于该资产的系统风险大小。

练一练

（单选）如果投资组合中包括了全部股票，则投资人（　　）。

A. 只承担系统风险　　B. 只承担特有风险

C. 只承担非系统风险　　D. 没有风险

答案：A。随着证券投资组合中证券数量的增加，非系统风险也就是特有风险被分散掉，最终只剩下系统风险，如政策、经济周期性波动、利率、购买力、汇率等带来的市场风险。

资本资产定价模型（CAPM）是由夏普等人根据马科维茨最优资产组合思想发展起来的。后来马科维茨和夏普两人由于在此方面所作出的贡献而在 1990 年获得了诺贝尔经济学奖。资本资产定价模型是财务学形成和发展中最重要的里程碑之一，使人们可以量化市场的风险程度，并且能够对风险进行定价。

1. 资本资产定价模型的假设

资本资产定价模型建立在以下基本假设之上：①所有投资者均追求单期财富的期望效用最大化，并以各备选组合的期望收益和标准差为基础进行组合选择。②所有投资者均可以无风险利率无限制地借入或贷出资金。③所有投资者拥有同样的预期，即对所有资产收益的均值、方差和协方差等，投资者均有完全相同的主观估计。④所有的资产均可被完全细分，拥有充分的流动性且没有交易成本和税金。

在以上假设的基础上提出的资本资产定价模型具有奠基意义。随后，每一个假设逐步被放开，并在新的基础上进行研究，形成了对资本资产定价模型具有突破与发展的成果。

2．系统风险的度量

度量一项资产系统风险的指标是贝塔系数，用希腊字母 β 表示，经济含义为某项资产相对于市场组合而言系统风险的大小。其计算公式如式（4-33）所示：

$$\beta_J=\frac{COV(K_J,K_M)}{\sigma_M{}^2}=\frac{r_{JM}\sigma_J\sigma_M}{\sigma_M{}^2}=r_{JM}\left(\frac{\sigma_J}{\sigma_M}\right) \tag{4-33}$$

式中，分子 $COV(K_J, K_M)$表示资产 J 的收益与市场组合 M 的收益之间的协方差。根据式（4-31），它等于该证券的标准差、市场组合的标准差及两者相关系数的乘积。

根据式（4-33）可知，一种股票 β 值的大小取决于该股票与整个股票市场的相关性、其自身的标准差以及整个市场的标准差。

β 的计算方法有两种：一种是使用回归直线法，通过同一时期内资产的收益率和市场组合收益率的历史数据，使用线性回归方程预测该方程的回归系数，就是 β 系数；另一种是按照式（4-33），根据证券与股票指数收益率的相关系数、股票指数的标准差和该股票收益率的标准差直接计算。

例4-23 J股票历史已获得收益率（Y_i）以及市场历史已获得收益率（X_i）的有关资料，如表4-19第2列、第3列的第2行至第7行所示。试计算J股票的 β 值。

表 4-19 计算 β 值的数据

年度	Y_i	X_i	X_i^2	X_iY_i	$(X_i-\bar{X})$	$(Y_i-\bar{Y})$	$(X_i-\bar{X})\times(Y_i-\bar{Y})$	$(X_i-\bar{X})^2$	$(Y_i-\bar{Y})^2$
1	1.8	1.5	2.25	2.7	0.25	−0.08	−0.02	0.0625	0.006
2	−0.5	1	1	−0.5	−0.25	−2.38	0.595	0.0625	5.664
3	2	0	0	0	−1.25	0.12	−0.15	1.5625	0.014
4	−2	−2	4	4	−3.25	−3.88	12.61	10.5625	15.054
5	5	4	16	20	2.75	3.12	8.58	7.5625	9.734
6	5	3	9	15	1.75	3.12	5.46	3.0625	9.734
总计	11.3	7.5	32.25	41.2			27.075	22.875	40.206
均值	1.88	1.25							
标准差	2.8358	2.1389							

解：① 第一种计算方法，求解方程$y=\alpha+\beta\cdot x$的回归系数：

$$\beta=\frac{n\sum_{i=1}^{n}X_iY_i-\sum_{i=1}^{n}X_i\times\sum_{i=1}^{n}Y_i}{n\sum_{i=1}^{n}X_i{}^2-(\sum_{i=1}^{n}X_i)^2} \tag{4-34}$$

将有关数据计算后，列入表4-19的第4列、第5列以及第8行，并代入式（4-34）：

$$\beta=\frac{6\times41.2-7.5\times11.3}{6\times32.25-7.5\times7.5}=\frac{162.45}{137.25}=1.18$$

② 第二种计算方法，按照式（4-32）计算相关系数：$r=\dfrac{\sum_{i=1}^{n}\left[(X_i-\bar{X})\times(Y_i-\bar{Y})\right]}{\sqrt{\sum_{i=1}^{n}(X_i-\bar{X})^2}\times\sqrt{\sum_{i=1}^{n}(Y_i-\bar{Y})^2}}$

相关数据如表4-19第6列至第10列及第8行至第10行所示，并代入式（4-33）：

$$r_{JM}=\frac{27.075}{\sqrt{22.875}\times\sqrt{40.206}}=0.8928$$

标准差的计算：

$$\sigma=\sqrt{\frac{\sum_{i=1}^{n}(X_i-\bar{X})^2}{n-1}}$$

$$\sigma_M=\sqrt{\frac{22.875}{6-1}}=2.1389$$

$$\sigma_J=\sqrt{\frac{40.206}{6-1}}=2.8358$$

β系数的计算：$\beta_J=r_{JM}\left(\frac{\sigma_J}{\sigma_M}\right)=0.8928\times\frac{2.8358}{2.1389}=1.18$

3．投资组合的 β 系数

β 系数相当于将某种资产的风险相对市场风险进行的标准化处理与度量，可以衡量该股票对整个组合风险的贡献。所以，投资组合的 β 系数等于组合中各证券 β 系数的加权平均数。

如果一个高 β 系数股票（$\beta>1$）被加入到一个平均风险组合中，则组合风险将会提高；反之，如果一个较低 β 系数股票（$\beta<1$）加入到一个平均风险组合中，则组合风险将会降低。即：将投资组合中的高 β 系数的股票，取而代之为低 β 系数的股票，如此股票组合的整体风险将大幅下降。

4．证券市场线

证券的风险与收益之间的关系可由证券市场线来描述，即以 β 值表示的单一证券的系统风险与要求的收益率之间的线性函数，如式（4-35）所示，该式就是资本资产定价模型。

$$K_i=R_f+\beta(K_m-R_f) \tag{4-35}$$

式中，K_i 表示单一证券 i 股票要求的收益率；R_f 表示无风险报酬率（通常以国库券的收益率代替），因为无风险证券的 β=0，故 R_f 成为证券市场线在纵轴的截距；K_m 表示要求的平均收益率（指市场所有股票的组合要求的收益率）。

在式（4-35）中，K_m-R_f 是投资者因承担风险而要求的额外收益补偿，即风险价格，也就是证券市场线的斜率，表示经济系统中风险的厌恶程度。风险厌恶越强，证券市场线的斜率越大，投资者对风险资产所要求的风险补偿越大，对风险资产要求的收益率越高，如图 4-6 所示。同时，β 值越大，投资者要求的收益率越高。图 4-6 中显示，若 R_f =8%，在 β 值分别为 0.5、1 和 1.5 的情况下，投资者要求的收益率由最低 K_l=10%到市场平均的 K_m=12%，再到最高的 K_h=14%。市场组合相对其自身的 β 值为 1。

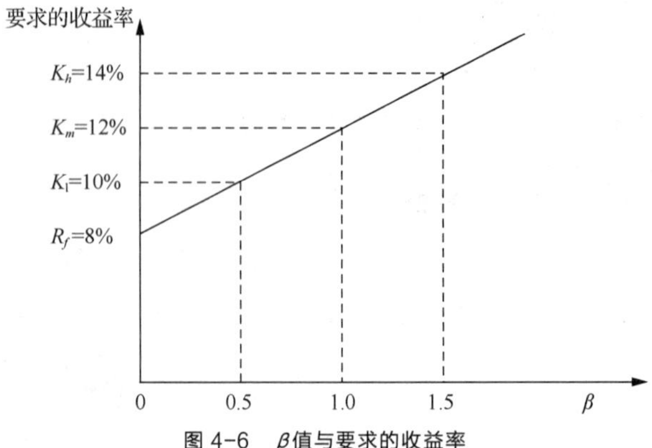

图 4-6　β值与要求的收益率

从图4-6中的证券市场线可以看出，投资者要求的收益率取决于投资资产的系统风险、无风险收益率（证券市场线的截距）和市场风险补偿程度（证券市场线的斜率）。由于这些因素始终处于变动之中，所以证券市场线也不会一成不变。预计通货膨胀提高时，无风险收益率会随之提高，进而导致证券市场线向上平移；投资者风险厌恶的增强，会提高证券市场线的斜率。

练一练

（单选）当股票投资期望收益率等于无风险收益率时，β值应（　　）。

A. 大于1　　B. 等于1　　C. 小于1　　D. 等于0

答案：D。K_i等于R_f，带入式（4-35），可得β等于0。显然，β值为0的股票，其期望收益率并不等于0。尽管一般来说，高风险带来高收益，但并不意味着零风险就伴随着零收益，还有无风险报酬。

综合训练案例

微波炉项目是否可行

托马斯公司生产的微波炉质量优良，价格合理，近几年供不应求。为了提高生产能力，托马斯公司准备新建一条生产线。李强是财务总监吴月华手下的投资分析员，一直在收集建设新生产线的相关资料，以完成投资项目的财务评价报告，供公司领导决策参考。

经过半个月的调研，李强整理得出有关资料，交给了财务总监吴月华。

数据如下：项目拟两年建成并正式投产。总投资57.5万元，分两年投入。第一年年初投入约70%，也就是40万元，第二年年初投入余下的17.5万元。建成投产以后，本项目生产规模为年产1 000台微波炉，每台售价800元，每年可获销售收入80万元。这个生产线预计可以使用5年，5年后基本无残值，在生产线的经营期内公司大概需要垫支流动资金15万元，这笔资金在项目结束时可以如数收回。项目的具体现金流量等情况如表4-20和表4-21所示。另外，通过对各种资金来源分析得出，该公司的加权平均资金成本为8%。该公司所得税税率为25%。

表4-20　项目第2年至第6年每年的营业现金净流量情况　单位：元

销售收入	付现成本	其中：原材料	工资	管理费用	折旧费	税前利润	所得税	税后利润	营业现金净流量
800 000	579 000	400 000	80 000	99 000	105 000	116 000	29 000	87 000	192 000

表4-21　投资项目的现金净流量计算表　金额单位：元

项目	第0年	第1年	第2年	第3年	第4年	第5年	第6年
初始投资	-400 000	-175 000					
流动资金垫支		-150 000					
营业现金净流量			192 000	192 000	192 000	192 000	192 000
流动资金回收							150 000
现金净流量合计	-400 000	-325 000	192 000	192 000	192 000	192 000	342 000
10%的现值系数	1.000	0.909	0.826	0.751	0.683	0.621	0.565
现金净流量现值	-400 000	-295 425	158 592	144 192	131 136	119 232	193 230

李强最后得出的结论是：这个项目不包括建设期的投资回收期是2.84年，而生产线在建成后正常运行5年，也就是说，生产线运行之后在约两年半的时间内就能够收回成本。根据现阶段通货膨胀状况，假设折现率是10%，计算出的净现值是50 915元，也就是说，项目预期会带来这些净收益。现值指数是1.0732，说明项目的获利能力还比较理想。内含报酬率为12.17%，作为工业企业来讲，还算理想。

吴月华打量着手中的资料，思考了良久……

思考讨论题：

（1）上述分析中得到的各种数据正确吗？

（2）你还能提供什么项目评价的指标给该公司参考？

（3）你觉得是否该上这个微波炉项目？

第5章
分配管理

学习目标

【知识目标】

了解股利分配管理的知识，包括利润分配的原则，股利分配的项目、支付方式、分配流程，股利分配政策和不同股利分配政策的优缺点等内容。

【素养目标】

建立长远思维。利润分配表明了长短期利益兼顾的重要性，正因为风险的存在和多方利益的冲突，建立长远思维难之又难，但如果不从长远打算，百年基业长青将是一句空谈。

引导案例

股份有限公司盈利后，通过股利分配向股东分派盈利。股利分与不分都似有理。对于到底分不分、怎么分以及分多少，不同企业各有高招。

上市公司派现是主要的红利支付方式。一些不分红且业绩并不差的企业不在少数，如苹果、eBay、微软等。微软从1986年上市直到2003年都未分红。但如果1986年时把一万美元投入微软，到2003年该投资则变成了223万美元。2003年以后，微软开始向股东派息和回购股票，但其股价却开始原地踏步。有分析认为，2003年之前不分红使微软有充足的资金以保证每年30%以上的高增长，一旦企业不能证明其有能力通过投资为股东们创造超常价值，将累积的现金分红发给股东自己寻找投资机会反而是负责任的做法。

国内市场曾出现过高派现的例子。例如，2001年5月18日上市的北京用友软件股份有限公司（以下简称“用友软件”），于2002年4月28日股东大会审议通过2001年年度分配方案为10股派6元（含税），共计派发现金股利6 000万元。由于刚刚上市一年即大比例分红，一时间市场上众说纷纭。一些学者认为，用友软件的高派现股利政策源于当前制度背景下控股股东经济利益最大化的理性选择，是在法律和市场规则的范围内进行的正当行为；也有学者认为这种高派现股利政策客观上形成了对流通股股东利益的侵害，有“恶意分红”的嫌疑。还有部分上市公司的股利分配采取送股形式，甚至出现了“高送转”的情况，从历年最高每10股送转合计5股逐渐上升到2015年的每10股送转30股。其中，另类分红也在盛行。2013年4月3日，南方食品发布董事会决议公告，向股东赠送公司产品黑芝麻乳。这一行为引来了围观和热议，有人说这种做法是“实物分红”，有人说这是“促销赠送”。2020年，农夫山泉上市前的大比例分红接近100亿元，甚至超过上市融资额。无独有偶，公牛集团上市前大比例分红30多亿元，接近上市融资总额。

股利到底该不该分？如果应该分，到底应该怎样分？分多少？

5.1 股利分配概述

股利分配属于企业利润分配的一部分，是指股份有限公司向股东分派股利。企业的利润分配涉及国家、企业、股东、债权人、内部职工等多方利益主体，与企业的生存与发展紧密相关。因此，股利分配必须符合利润分配原则。

5.1.1 利润分配原则

1. 依法分配原则

国家有关法律、法规对企业利润分配的基本原则、一般次序和重大比例做了较为明确的规定，企业的利润分配必须切实执行《中华人民共和国公司法》（以下简称《公司法》）《中华人民共和国证券法》（以下简称《证券法》）等法律法规，正确处理和协调各方的利益，切实保障各利益主体的合法权益。

例如，《公司法》第三十四条规定：股东按照实缴的出资比例分取红利；公司新增资本时，股东有权优先按照实缴的出资比例认缴出资。但是，全体股东约定不按照出资比例分取红利或者不按照出资比例优先认缴出资的除外。

2. 资本保全的原则

利润分配是对经营中资本增值额的分配，而不是对资本金（包括股本和资本公积）的返还。因此，在分配中，企业不能侵蚀资本，即当企业出现亏损，尤其是连年亏损，年终会计核算中没有账面盈利或没有留存收益时，企业不得进行投资分红或分配股利。

3. 充分保护债权人利益的原则

按照风险承担的顺序及合同契约的规定，企业在利润分配之前必须偿清所有债权人的到期债务。同时，在利润分配之后，企业还应保持一定的偿债能力，以免因利润分配造成财力枯竭，产生财务危机，危及企业生存。此外，当企业存在长期债务契约时，其利润分配政策还应征得债权人的同意，在债权人同意后方能执行。

4. 多方及长短期利益兼顾的原则

利润分配必须兼顾投资者、经营者、职工等多方面的利益。企业在获得稳定增长的利润后，应增加利润分配的数额或比例。同时，由于发展及优化资本结构的需要，除必须依法留用的利润外，企业仍可以出于长远发展的考虑，合理留用利润。在积累与消费关系的处理上，企业应贯彻积累优先的原则，合理确定提取任意盈余公积金和分配给投资者利润的比例，使利润分配真正成为促进企业发展的有效手段。

5.1.2 股利分配制度

利润分配决策、投资决策、筹资决策并称企业的三大决策，三者相互关联，相互影响，密不可分。企业的利润分配决策，一方面受到企业发展规划及筹资、投资决策的影响，另一方面又反过来影响企业未来的发展及筹资和投资决策，对协调和处理企业的长远利益与近期利益、整体利益与局部利益等关系会产生重要作用。与股利分配相关的制度也体现了这一特点。

2000 年 5 月，中国证券监督管理委员会（以下简称“证监会”）发布的《上市公司股东大会规范意见》规定，利润分配方案、公积金转增股本方案经公司股东大会批准后，公司董事会应当在股东大会召开后两个月内完成股利（或股份）的派发（或转增）事项。公司董事会根据公司盈利水平和股利政策制定股利分派方案，提交股东大会审议，通过后方能生效。即我国股利分配决策权属于股东大会。董事会配合对外发布股利分配公告、具体实施方案，以确定具体的分配程序和时间安排。

2008 年 10 月，证监会发布《关于修改上市公司现金分红若干规定的决定》，将 2006 年 5 月发布的《上市公司证券发行管理办法》第八条第五项“最近三年以现金或股票方式累计分配的利润不少于最近三年实现的年均可分配利润的 20%”中的“20%”修改为“30%”。这一管理制度将上市公司再融资资格与股利分配水平相挂钩，不满足股利分配要求的上市公司将不能进行再融资。同时，这一决定特别要求上市公司以列表方式明确披露前三年现金分红的数额与净利润的比率，以提高现金分红的透明度。

2013 年 12 月，《国务院办公厅关于进一步加强资本市场中小投资者合法权益保护工作的意见》，从九个方面明确了八十多项管理要求。与股利分配相关的包括：不履行分红承诺的上市公司，将记入诚信档案，未达到整改要求的不得进行再融资；建立多元化投资回报体系，研究建立“以股代息”制度，丰富股利分配方式。

上述再融资资格与股利分配关联对不同企业将产生不同影响。优质企业将不得不在分红后通过股权再融资把资金再筹集进来，中间产生的费用无疑将会增加融资成本；对于某些企图通过配股、增发来“圈钱”的企业，分红派息可能会沦为其“将欲取之，必先予之”的手段——先付出一点现金股利以图再融资时获取更多资金，产生“钓鱼式分红”；一些现金流匮乏但有融资需求的高成长企业，未必能达到再融资的分红要求，但迫于监管的规定又不得不发放现金股利；而现金流充沛的成熟型或垄断行业的上市公司，理论上要进行较高比例分红，却由于其没有融资需求，而进入监管盲区。因而，制度优化的脚步仍需向前，差异化的监管呼之欲出。

2022 年 1 月，《上市公司监管指引第 3 号——上市公司现金分红（2022 年修订）》为规范上市公司现金分红，增强现金分红透明度，提出了明确的现金分红比例要求。上市公司董事会应当综合考虑所处行业特点、发展阶段、自身经营模式、盈利水平以及是否有重大资金支出安排等因素，区分下列情形，并按照公司章程规定的程序，提出差异化的现金分红政策：①公司发展阶段属成熟期且无重大资金支出安排的，进行利润分配时，现金分红在本次利润分配中所占比例最低应达到百分之八十；②公司发展阶段属成熟期且有重大资金支出安排的，进行利润分配时，现金分红在本次利润分配中所占比例最低应达到百分之四十；③公司发展阶段属成长期且有重大资金支出安排的，进行利润分配时，现金分红在本次利润分配中所占比例最低应达到百分之二十。公司发展阶段不易区分但有重大资金支出安排的，可以按照“现金分红在本次利润分配中所占比例最低应达到百分之二十”进行处理。其中，现金分红在本次利润分配中所占比例为现金股利除以现金股利与股票股利之和。

目前的《公司法》已经要求在公司章程中载明：公司董事会、股东大会对利润分配尤其是现金分红事项的决策程序和机制，对既定利润分配政策尤其是现金分红政策作出调整的具体条件、决策程序和机制，以及为充分听取独立董事和中小股东意见所采取的措施。

微课堂

利润分配的顺序

5.1.3 利润分配的顺序

利润分配首先要计算可供分配的利润，然后计提盈余公积金，在公司股东审议批准公司的利润分配方案和弥补亏损方案后，才向股东（投资者）支付股利（分配利润）。若公司股东会或董事会违反上述利润分配顺序，在抵补亏损和提取法定盈余公积金之前向股东分配利润的，必须将违反规定发放的利润收回。

企业当期实现的净利润加上年初未分配利润（或减去年初未弥补亏损）后的余额，为可供分配的利润。如果可供分配的利润为负数（即亏损），则不能进行后续分配；如果可供分配的利润为正数（即本年累计盈余），则在弥补以前年度亏损后，进行后续分配。具体而言，如果发生的亏损应当首先用以前年度的盈余公积弥补；不足弥补的，可在以后连续五年内由税前利润延续弥补；在五年内用税前利润仍然不足弥补的，从第六年开始以税后利润弥补。

《公司法》规定，公司连续五年不向股东分配利润，而公司该五年连续盈利，并且符合分配利润条件，则对股东会不分配决议投反对票的股东可以请求公司按照合理的价格收购其股权。

5.2 股利分配内容

股利分配的具体内容包括：股利支付比率的确定、股利支付形式的确定、重要时间节点的确定、支付现金股利所需资金的筹集方式的确定等。其中，股利支付比率为每股股利与每股收益的比率或股利与净利润的比率。

5.2.1 股利分配项目

股份公司税后利润分配项目包括盈余公积金和股利分配。

1. 盈余公积金

盈余公积金从历年净利润中提取形成，用于弥补公司亏损、扩大公司生产经营或者转增资本。计提盈余公积金，是指企业根据有关法律的规定，按照当年净利润的一定比例提取盈余公积金。按照我国《公司法》的规定，公司分配当年税后利润时，应当按照本年净利润（若年初存在累计亏损，则为抵减年初亏损后的本年净利润）的 10%的比例提取法定盈余公积金。当盈余公积金累计达到公司注册资本的 50%时，可不再继续提取。公司从税后利润中提取法定盈余公积金后，经股东大会决议，还可以从税后利润中提取任意盈余公积金。提取任意盈余公积金可以让更多利润留存于公司以便今后发展，同时也能起到限制普通股股利的分配、平衡各年股利分配的作用。任意盈余公积金的计提比例没有法定要求，可由公司董事会提出方案，经股东大会审议通过后实施。

练一练

（填空）甲公司已经连续亏损5年，年初未分配利润亏损总额为50万元，今年净利润为100万元，则应提取的法定盈余公积金为（　　）万元；乙公司年初未分配利润为盈利50万元，今年净利润为100万元，则今年应提取的法定盈余公积金为（　　）万元。

答案：5和10。公司提取法定盈余公积金，应为当年净利润而非未分配利润的10%，但如果有以前年度的亏损，则需要先弥补亏损。对于以前年度的亏损，5年内以税前利润弥补，5年后还亏损的以税后净利润弥补。

2. 股利分配

企业的利润在弥补亏损、提取法定盈余公积金和任意盈余公积金后，可以按照利润分配方案，给投资者分配利润或者依据普通股股东所持股份的比例进行股利分配。

股份有限公司原则上应从累计盈利中分派股利，无盈利不得支付股利，即所谓的“无利不分”。由于累计的以前年度盈余也可以用于股利分配，股利支付率甚至会大于 100%，所以，在比较不同公司股利分配水平时，常常采用若干年度的股利支付率的平均值。

苹果公司前CEO史蒂夫·乔布斯（Steve Jobs）曾在公司股东大会上表示，与分红和回购股票相比，他更喜欢持有现金进行投资。乔布斯说，苹果希望进行“大胆的、投入巨额资金的”冒险。乔布斯指出：“当你尝试冒险时，那种感觉就像跳跃在半空中。只有当你的双脚最终着地时，你才能够放下心来。我们之所以采取从财务角度来看比较保守的企业运作模式，是因为人们永远无法预见下一个机遇到底何时才能到来。我们非常幸运，因为我们在想要收购一样东西的时候，可以直接写一张支票，而无须东拼西凑地借钱。”2011财年第三财季，苹果公司的现金储备达到了762亿美元，股价从1997年不到5美元升至当时的400美元左右，其间股价涨幅高达近80倍，这无疑是对股票持有者最大的回报。投资者获得了苹果公司创造的股价大幅上涨的回报，完全弥补了未分红给股东造成的回报不足。

5.2.2 股利支付方式

股利支付方式有多种，其中，现金股利、股票股利及二者组合是常见的方式。我国法律虽然不禁止财产股利和负债股利，但在公司实务中比较少见，实际上它们是现金股利的替代。

北京天坛生物制品股份有限公司2017年年报显示，公司在报告期内实现归属于上市公司股东的净利润1 179 942 696.05元，同比增长359.33%。公司于2017年4月25日召开董事会六届二十次会议，审议通过《2016年度利润分配预案》，拟以2016年年末总股本515 466 868股为基数，向全体股东每10股派发现金股利3元（含税），分红总金额154 640 060.4元（含税），并向全体股东每10股送红股3股，送股完成后，公司总股本将增加至670 106 928股。

1. 现金股利

现金股利是指股份有限公司以现金支付的股利，它是股利支付的主要方式。例如，每 10 股派现 2 元。发放现金股利的多少取决于公司的股利政策和经营业绩。上市公司发放现金股利主要出于三个原因：迎合投资者偏好、减少代理成本、传递公司的未来信息。发放现金股利的优点是能够满足投资者获取现金的投资要求，并且分配后不影响公司原来的所有权结构。其不足是加大了公司支付现金的压力，公司支付现金股利除了要有累计盈余（特殊情况下可用弥补亏损后的盈余公积金支付）外，还要有足够的现金，因此，公司在支付现金股利前必须筹备充足的现金；同时，现金股利的发放短期内可能造成股票价格下跌。

公司的利润分配政策尤其是现金分红政策的具体内容，利润分配的形式，利润分配尤其是现金分红的期间间隔，现金分红的具体条件，发放股票股利的条件，各期现金分红最低金额或比例（如有）等需要在公司章程中载明。

在《上市公司监管指引第3号——上市公司现金分红（2022年修订）》中对于现金股利和股票股利进行了明确规定：上市公司应当在章程中明确现金分红相对于股票股利在利润分配方式中的优先顺序。具备现金分红条件的，应当采用现金分红进行利润分配。采用股票股利进行利润分配的，应当具有公司成长性、每股净资产的摊薄等真实合理因素。

2. 股票股利

股票股利是公司以增发的股票作为股利的支付方式。股票股利的优点在于公司既进行了股利分配，又没有动用现金，使公司留存了现金，便于进行再投资，从而有利于公司长期发展；对股东而言，其可以在需要现金时将分得的股票股利出售，获得节税的好处（很多国家税法表明出售股票的资本利得税比现金股利所得税低），或者继续持有股票在未来发放现金股利时获得更多。

世界500强企业Archer Daniels Midland公司，到2017年第四季度，实现了连续第345个季度支付股息。20年来，该公司每年都发放5%的股票红利，也就是说，股东每持有100股当前股票就将再得到5股额外的公司股票。假如公司宣布发放5%的股票股利，然后每股再支付现金股利2元，某投资者拥有100股，可得现金股利为：2×100×(1+5%)=210（元）。而若先不发放股票股利，该股东所得现金股利只有200元。

股票股利不直接增加股东的财富，不会导致公司资产的流出或负债的增加，也不会增加公司的股东权益总额，但是会引起所有者权益各项目的结构发生变化。因为多数投资者厌恶高价股而偏好低价股，资金较少的投资者可能不会考虑股价过高的股票。而股票股利将公司的留存收益转化为股本（留存收益和股本此消彼长），增加流通在外的股票数量，降低股票的每股价值以及每股市价，从而吸引更多投资者。

3. 财产股利

财产股利是以除现金外的实物或者证券资产支付的股利。其中，实物股利是指以公司实物资产或产品充当股利；证券股利则是以公司拥有的其他企业的有价证券或政府公债等作为股利。财产股利一般不改变公司的现金流，不会增加现金流出，不会产生现金支付压力；财产股利并不是一种每年都派发的经常性的股利，它具有一定的偶然性、特定性；财产股利分配实物资产，相当于在一定程度上为公司产品做了广告宣传，可以扩大销路。

继南方食品给投资者发放黑芝麻乳、量子高科向投资者赠送龟苓膏后，人福医药也向投资者赠送新产品，安全套、感冒药和艾滋病快速自检试剂三选一。接连出现的“实物馈赠”到底是不是财产股利形式的另类分红方案，还在各种观点的争论之中。

4. 负债股利

负债股利是公司以负债形式所界定的一种延期支付股利的方式，通常以公司的应付票据等作为股利支付给股东，在不得已情况下也有发行公司债券作为股利的。也就是说，股东将在一定期间后得到现金。负债股利在我国上市公司的股利分配中难得一见。

练一练

（多选）现金股利作为最常见、最易为投资者接受的股利支付方式，其分配（　　）。

A. 会使企业的现金减少　　B. 会使企业的未分配利润减少

C. 不会使企业的所有者权益减少　　D. 会使企业的资产减少

答案：ABD。现金股利的分配导致企业现金流出，即企业现金减少，现金属于企业资产，即现金的减少同时导致资产减少。现金股利作为利润分配的项目，或导致未分配利润减少，从而留存收益减少，企业所有者权益减少。

练一练

（多选）股票股利具有如下的特点（　　）。

A. 可节约企业的现金支出　　B. 实际是向投资者再融资的一种方式

C. 会减少企业的资产和所有者权益　　D. 投资者可获得纳税上的好处

E. 只涉及所有者权益的内部调整　　F. 只对企业有好处，对股东没好处

答案：ABDE。股票股利与现金股利相比，可节约企业的现金支出，常被资金短缺的企业采用。同时，其没有现金流出，不会减少企业的资产和所有者权益，但是在所有者权益内部进行了结构调整，即未分配利润减少，股本等量增加，相当于将股东的

红利留在企业继续投资，对企业而言相当于再融资。在资本利得税小于股利收益税时，投资者获得税收上的好处。如果公司股价过高，股票股利对投资者平抑成本的好处往往大于现金股利。因此，股票股利对企业和投资者均有一定好处。

5.2.3 股利分配流程

股份有限公司的股利分配方案通常由公司董事会提出，股东会行使审议批准公司的利润分配方案和弥补亏损方案的职权，股东大会通过分配方案之后，向股东发布股利发放的方案。

股利分配流程

不同国家的公司每年发放股利的次数不同。我国的股份有限公司多为1年发放1次股利，也有少数公司1年发放2次股利，如潍柴动力（000338）。有些国外公司则为一季度发放1次股利。

股份有限公司向股东支付股利，主要包括以下时间流程节点：股利宣告日、股权登记日、股票除息日和股利支付日。

1．股利宣告日

股利宣告日即公司董事会将股利支付情况予以公告的日期。股份有限公司董事会一般根据发放股利的周期举行董事会讨论并提出股利分配方案，由公司股东大会讨论通过后，正式宣布股利发放方案。公告中将宣布每股派发股利、股权登记日、股票除息日、股利支付日和派发对象等事项。

2．股权登记日

股权登记日即有权领取股利的股东其资格登记的截止日期。只有在股权登记日前在公司股东名册上有名的股东，才有权分享股利。

上市公司的股票在公司宣布发放股利至公司实际发出股利间有一定的时间间隔，在此时间间隔内交易并没有停止，公司股东也会随股票交易而不断改变。为了明确股利的归属，公司确定了股权登记日，凡在股权登记日之前（含登记日当天）列于公司股东名单上的股东，都将获得此次发放的股利，而在这一天之后才列于公司股东名单上的股东，即使在股利发放之前取得股票，也将得不到此次发放的股利，股利归原股东所有。

3．股票除息日

股票除息日即指领取股利的权利与股票相互分离的日期，也称股票除权日。一般规定除息日为股权登记日的次交易日。在股票除息日前，股利权从属于股票，持有股票者即享有领取股利的权利；自股票除息日开始，股利权与股票相分离，新购入股票的人不能分享股利。

股票除息日通常会显著影响股票的价格。因为股利的价值在股票除息日之前已包含在股票价格中，而在股票除息日之后进行的股票交易，股票价格中不再包含股利收入，所以股票除息日后的交易价格一般低于股票除息日之前的交易价格。在股票除息日当天及其后购买的股票又被称为除息股。

4．股利支付日

股利支付日即向股东发放股利的日期，也称为付息日。

中国中铁股份有限公司2017年利润分配以公司总股本22 844 301 543股为基数，每股派发现金红利0.113元（含税），共计派发现金红利2 581 406 074.35元。股利宣告日为2018年7月11日，股权登记日为2018年7月17日，除权（息）日为2018年7月18日，现金红利发放日为2018年7月18日。

即在2018年7月17日之前在公司股东名册上有名的股东，有权利分享股利。7月18日新购入的股票不参加分红。7月18日向股东发放股利。

练一练

（思考）请按照时间顺序排列股权登记日、股票除权（息）日、股利宣告日、现金红利发放日。

答案：股利宣告日、股权登记日、股票除权（息）日、现金红利发放日。

5.3 股利分配的实践

支付给股东的盈余与留在公司的保留盈余之间是此消彼长的关系。所以，股利分配政策既决定给股东分配多少红利，也决定公司有多少盈余留存。减少股利分配，会增加保留盈余，从而降低外部融资需求，因此股利决策也属于内部融资决策。

5.3.1 股利分配的政策

在股利分配的实务中，公司采用的股利分配政策包括剩余股利政策、固定股利额政策、固定股利支付率政策、低正常股利加额外股利政策等。

1．剩余股利政策

剩余股利政策是指将股利的分配与公司的资本结构有机地联系起来，即根据公司的最佳资本结构测算公司投资所需的权益资本数额，先从盈余中留用，然后将剩余的盈余作为股利向投资者分配。

股利分配决策也属于内部融资决策。对于融资决策而言，在最佳资本结构下，公司的资本成本率最低。这是剩余股利政策建构的理论基础和依据。

（1）剩余股利政策确定股利的步骤

第一，确定公司的最佳资本结构，即确定权益性资本和债务性资本的比例关系。

第二，确定最佳资本结构下所需的权益资本数额。

第三，最大限度地使用公司留存收益来满足投资方案对权益资本的需要数额。

第四，投资方案所需的权益资本得到满足后，如果公司的未分配利润还有剩余，就将其作为股利发放给股东。

例5-1 某公司某年提取了公积金后的税后净利润为700万元，第二年的投资计划所需资金为900万元。公司的最佳资本结构为权益资本占60%、债务资本占40%，那么，按照剩余股利政策能够发放的股利是多少？

解：按照最佳资本结构的要求，公司投资方案所需的权益资本数额为：

900×60%=540（万元）

公司当年提取了公积金后的税后净利润为700万元，可以满足上述投资方案所需的权益资本数额并有剩余，剩余部分作为股利发放。当年发放的股利额即为：

700−540=160（万元）

假设当年该公司流通在外的普通股为80万股，则每股股利为：

160÷80=2（元）

（2）剩余股利政策的优缺点

采用剩余股利政策，留存收益首先要保证再投资的需要，可以充分利用筹资成本最低的资金来源，保持理想的资本结构，使加权平均资本成本最低，并使资金供求相等，实现企业价值的长期最大化。

剩余股利政策的股利发放额每年会随投资机会和盈利水平的波动而波动。即使投资机会和盈利水平不同时变动，只要其一发生改变，股利也会随之改变。具体而言，在盈利水平不变时，股利将与投资机会的多寡呈反方向变动，投资机会越多，股利越少；反之，投资机会越少，股利发放越多。而在投资机会维持不变的情况下，股利发放额将因公司每年盈利的波动而呈现同方向波动，盈利越多，股利越多；反之，盈利越少，股利的发放也会越少。不稳定的股利政策，容易造成股价不稳定，影响公司树立良好的形象，同时也不利于投资者安排收入与支出。因此，剩余股利政策一般适用于公司初创阶段。

2．固定股利额政策

固定股利额政策是指公司支付给股东的现金股利不随公司税后利润的多少而调整，即公司定期支付固定的股利额。

（1）固定股利额政策的优点

分配固定股利可使公司树立良好的市场形象，有利于公司股票价格的稳定，增加投资者的投资信心。尤其当公司利润下降而现金股利保持稳定时，证明公司管理层对公司未来的盈利能力、财务状况充满信心，尽管短期内公司利润出现下滑，但公司有能力实现盈利增长，同样也有能力保持其股东应得的固定股利。同时，稳定的股利分配政策降低了投资风险，如此投资者可以预先根据公司的股利水平安排支出。尤其那些期望有固定数额收入的投资者，更喜欢其投资的股利回报能够成为其稳定的收入来源，以便安排各种经常性的消费和其他支出。

（2）固定股利额政策的缺点

固定股利额政策的缺点主要表现在股利的支付与公司盈利之间的关系中。无论公司盈利多少，均要按照固定的比例支付股利，对公司来说，固定股利成为一种必须开支的“固定费用”，增加了公司的风险。并且，公司在成长过程中难免出现经营状况不佳或短暂的困难时期，此时固定股利的支付将变成固定的负担，这会导致公司资金紧张、财务状况恶化，影响其正常的生产经营活动和后续发展。同时，固定股利额政策没有考虑投资者希望股利能够抵消通货膨胀等不利影响的期待。

鉴于此，采用固定股利额政策的公司，必须对其未来的盈利和支付能力做出良好的判断。一般而言，固定股利额不应过高，而要留有余地，以免公司陷入无力支付的被动局面。有时，为了维持投资者对公司持续经营的信心，衰退期公司也可能采用固定股利额政策。采用这种股利分配政策的公司，一般盈利水平比较稳定或正处于成熟期。

美的集团在2014—2017年的股利分配分别是10股派发现金股利10元、10股送转5股并派发现金股利12元、10股派发现金股利10元、10股派发现金股利12元（以上现金股利均含税）。考虑到通货膨胀等因素的影响，其基本属于固定的股利分配政策。

3．固定股利支付率政策

固定股利支付率政策是指公司预先确定一个股利占净利润的比率，并且按此比率支付股利的政策。

（1）固定股利支付率政策的优点

其优点是保持分配利润和留存收益之间一定的比例关系，“多盈多分、少盈少分、无盈不分”，股东与企业共担风险、共享收益，体现了投资与收益的一致性。同时，当公司盈利逐年增多时，投资者可以得到更多的股利，公司也能得到更多的留存收益。

（2）固定股利支付率政策的缺点

公司每年支付的股利会随其净利润额的不同而波动，这导致股利支付额不稳定，容易使投资者产生公司经营不稳定的感觉，对稳定股票价格不利，也不利于公司良好形象的树立。固定股利支付率政策也不像剩余股利政策那样能够保持相对较低的资本成本。因此，大多数公司不采用这一股利分配政策。

4. 低正常股利加额外股利政策

低正常股利加额外股利政策是指公司在盈利一般的情况下每年支付固定的、数额较低的股利，在盈利多的年份，根据实际情况向股东支付额外股利。但额外股利并不固定，不意味着公司永久地提高了股利支付率。

（1）低正常股利加额外股利政策的优点

这种股利分配政策既保持了一定的稳定性，又具有较大的灵活性。当公司盈余较少或投资需要较多资金时，可维持既定的较低的正常股利，这样股东不会有股利跌落感，每年至少获得虽然较低但稳定的股利收入；而当盈余较多时，公司则可通过增加额外股利，把公司高收益与股东额外股利分配结合起来，使投资风险减小，增强股东投资信心，这有利于稳定股票价格，吸引股东投资。

（2）低正常股利加额外股利政策的缺点

若公司不同年份之间的盈利波动大，额外股利就会不断变化，容易使投资者对公司收益的稳定性产生质疑；当公司在较长时期持续发放额外股利后，股东容易产生额外股利就是正常股利的错觉，而一旦取消了这部分额外股利，传递出去的信号可能会使股东认为这是公司经营状况恶化的表现，进而可能引起公司股价下跌等不良后果。

这种股利分配政策适用于各年盈余变化较大且现金流量较难把握的公司，因而被大多数公司所采用，特别是处于成长期的公司。

练一练

（单选）可最大限度满足公司对再投资的权益资金需要的股利分配政策是（　　）；要保持目标资本结构，应采用的股利分配政策是（　　）；有利于稳定股票价格、树立公司良好形象，但与公司盈利脱节的股利分配政策是（　　）。

A. 剩余股利政策　　B. 固定股利额政策

C. 固定股利支付率政策　　D. 低正常股利加额外股利政策

答案：A、A、B。剩余股利政策以最佳资本结构为基础，最大限度满足再投资权益资金需要。固定股利额政策树立了公司的良好形象，却与盈利脱节。

5.3.2 股利分配的影响因素

在现实生活中，法律、股东、公司等因素影响着公司的股利分配。

1. 法律因素

为了保护债权人和股东的利益，有关法律法规以及监管指引等对公司的股利分配经常有资本保全、资本积累、偿债能力等方面的限制性规范，这跟前文所述的利润分配原则类似。

2022 年 1 月，《上市公司监管指引第 3 号——上市公司现金分红（2022 年修订）》已经在综合考虑所处行业特点、发展阶段、自身经营模式、盈利水平以及是否有重大资金支出安排等因素下，提出了明确的现金分红比例要求。

2. 股东因素

一方面，股利分配政策要协调股东的不同需求。一些依靠股利生活的股东或用股利发放养老金的机构投资者往往要求公司支付稳定的股利，而反对公司留存较多的利润；一些高股利收入的股东出于避税考虑反对公司发放较多的股利。另一方面，股利分配政策要考虑对股东控制权的影响。公司支付较高的股利会导致留存盈余减少，这意味着将来发行新股的可能性加大，而发行新股必然稀释股东对公司的控制权。而且，发行新的普通股使流通在外的普通股股数增加，将导致普通股每股盈利和每股市价下降。这都是公司的现有股东们所不愿看到的局面，因此，由现有股东组成的董事会为维持其控制权地位，往往倾向于公司少分配现金股利，多留存利润。

我国上市公司监管指引指出，在上市公司制定现金分红具体方案时，董事会应当认真研究和论证公司现金分红的时机、条件和最低比例、调整的条件及其决策程序要求等事宜，独立董事应当发表明确意见。独立董事可以征集中小股东的意见，提出分红提案，并直接提交董事会审议。在股东大会对现金分红具体方案进行审议前，上市公司应当通过多种渠道主动与股东特别是中小股东进行沟通和交流，充分听取中小股东的意见和诉求，及时答复中小股东关心的问题。

3．公司的因素

就公司的经营需要来讲，很多因素都会影响股利分配，具体如下。

一是盈余的稳定性。公司能否获得长期稳定的盈余，是其股利决策的重要基础。盈余相对稳定的公司比盈余不稳定的公司有更大可能支付更高的股利。盈余下降容易使公司产生无法支付股利、股价下降的风险，为有效地降低风险，盈余不稳定的公司往往不采取固定股利额政策。

二是资产的流动性。现金股利的支付，会减少公司的现金持有量，使资产的流动性降低。倘若公司没有足够充裕的现金，则其发放现金股利的数额必然会受到限制。

三是举债能力。具有较强举债能力的公司因为能够及时地筹措到所需的现金，通过增加外部筹资来弥补现金短缺，有可能采取较宽松的股利分配政策。而举债能力弱的公司往往采取保守的股利分配政策。

四是投资机会。有着良好投资机会的公司，需要有强大的资金支持，因而往往少发放股利，将大部分盈余用于投资。一般来说，处于上升期的企业投资机会多，资金的需求量大，通常股利分配额较低。而处于成熟期和衰退期的企业，投资机会少，资金的需求量较小，同时其前期的利润积累相对较为丰厚，资金充裕，因此其现金股利分配额通常相对较高。

五是资本成本。与发行新股相比，保留盈余是一种较为经济的筹资渠道，无须花费筹资费用。因而，从资本成本角度考虑，若公司存在增加资金的需求，应采取剩余股利政策。

六是还债需要。公司可通过举借新债、发行新股等方式筹资偿债，亦可用经营积累直接偿还债务。若举债资本成本较高或难以在资本市场再筹资，公司则将因还债而减少股利支付。

4．其他限制

由于通货膨胀导致货币购买力下降，需动用盈余以补足折旧无法满足固定资产更新等经营需要，公司在通货膨胀时期往往实行偏紧的股利分配政策。另外，公司的债务合同，尤其是长期债务合同，往往限制现金支付程度，使公司多采用固定股利支付率政策。

除上述因素之外，拟发行证券、重组上市、重大资产重组、合并分立或者因收购导致上市公司控制权发生变更的，应当详细披露募集或发行、重组或者控制权发生变更后上市公司的现金分红政策及相应的安排、董事会对上述情况的说明等信息。这些因素对股利分配政策的影响往往更加剧烈而不可预测。

综合训练案例

贵州茅台的股利分配政策

贵州茅台酒股份有限公司（证券代码：600519）2017年、2016年及2015年的权益分派方案如下。

一、2017年度权益分派实施公告的主要内容

贵州茅台酒股份有限公司（以下简称“公司”或“本公司”）2017年度权益分派方案在2018年5月23日召开的2017年度股东大会审议通过。股东大会决议公告刊登于《上海证券报》《中国证券报》和上海证券交易所网站。

发放年度：2017年度。分派对象：截至股权登记日下午上海证券交易所收市后，在中国证券登记结算有限责任公司上海分公司（以下简称“中国结算上海分公司”）登记在册的本公司全体股东。每股分配比例：本次利润分配以方案实施前的公司总股本1 256 197 800股为基数，每股派发现金红利10.999元（含税），共计派发现金红利13 816 919 602.20元。股权登记日：2018年6月14日。股票除权（除息）日：2018年6月15日。现金红利发放日：2018年6月15日。

二、2016年度权益分派实施公告的主要内容

2016年度权益分派方案已经2017年5月22日召开的2016年度股东大会审议通过。股东大会决议公告刊登于《上海证券报》《中国证券报》和上海证券交易所网站。

发放年度：2016年度。分派对象：截至股权登记日下午上海证券交易所收市后，在中国结算上海分公司登记在册的本公司全体股东。本次利润分配以方案实施前的公司总股本1 256 197 800股为基数，每股派发现金红利6.787元（含税），共计派发现金红利8 525 814 468.60元。股权登记日：2017年7月6日。股票除息日：2017年7月7日。现金红利发放日：2017年7月7日。

三、2015年度利润分配实施公告的主要内容

2015年度利润分配方案已经2016年5月18日召开的2015年度股东大会审议通过。股东大会决议公告刊登于2016年5月19日的《上海证券报》《中国证券报》和上海证券交易所网站。

发放年度：2015年度。发放范围：截至2016年6月30日（股权登记日）下午上海证券交易所收市后，在中国结算上海分公司登记在册的本公司全体股东。本次分配以2015年年末总股本125 619.78万股为基数，对公司全体股东每10股派发现金红利61.71元（含税），共分配利润7 751 996 623.80元。股权登记日：2016年6月30日。股票除息日：2016年7月1日。现金红利发放日：2016年7月1日。

思考讨论题：

（1）请结合各年财务报表数据，计算贵州茅台的股利支付率，并比较分析其3个年度的股利分配方案的异同。

（2）在股利分配过程的各个时间点，你认为股价理论上会有怎样的变化？实际结果和理论分析是一致的吗？

（3）进一步分析贵州茅台股利分配政策的类型。

（4）如果你是贵州茅台的投资者，你对其股利分配政策满意吗？为什么？

第6章 营运资金管理

学习目标

【知识目标】

熟悉企业营运资金管理的内容、掌握现金、应收账款、存货的管理目标，日常管理方法及其最佳持有量的管理模式。

【素养目标】

进行创造性学习。本章内容理论与实践相结合，在加深对所学知识理解的基础上加以创造性应用。

引导案例

营运资金是企业生产经营活动占用在流动资产上的资金，是在企业经营中可供运用、周转的流动资金净额。狭义来讲，营运资金指流动资产减去流动负债的差额。营运资金的管理是企业财务管理中极其重要的一环，营运资金管理不善将会造成企业资源的浪费，甚至使企业在面临债务到期偿付、资金不足时破产。

因营运资金管理不善导致的破产案例屡见不鲜，其中不乏一些实力雄厚的大公司，如著名的“德隆事件”。德隆集团作为曾经的中国最大民营企业之一，被人们称作“股市第一强庄”，然而德隆集团却由于在并购扩张的过程中，未能做好营运资金规划，导致资金链断裂，因而陷入财务危机，最终轰然倒下。

据调查，企业财务经理大约将60%的精力都用于营运资金管理，而我国企业目前在营运资金管理方面的水平普遍不高。那么如何提高营运资金管理水平，保证企业的资金安全?

6.1 营运资金管理概述

6.1.1 营运资金的内涵

营运资金亦称“运用资金”，是经营企业流动资产总额减去流动负债总额后的净额，即企业在经营中可供运用、周转的流动资金净额。由于营运资金是流动资产总额减去流动负债总额后的净额，所以，流动资产和流动负债的变化，都会引起营运资金的增减变化。例如，流动负债不变，流动资产的增加就意味着营运资金的增加；流动资产的减少就意味着营运资金的减少。

6.1.2 营运资金管理目标

营运资金管理的目标有以下三个：（1）有效地运用现金、应收账款、存货等短期资产，力求其边际收益大于边际成本；（2）选择合理的筹资方式，最大限度地降低营运资本的资本成本；（3）加速流动资本周转，以尽可能少的流动资本支持同样的营业收入并保持企业支付债务的能力。

6.2 现金管理

现金是可以立即投入流动的交换媒介，具有普遍可接受性。现金有广义和狭义之分。广义的现金包括库存现金、银行活期存款、银行本票、银行汇票、信用证存款、信用卡存款等内容。我国会计惯例所称现金为狭义的现金，即库存现金，是可由企业任意支配使用的纸币、硬币，是企业流动性最强的资产。

现金管理的内容如图 6-1 所示。

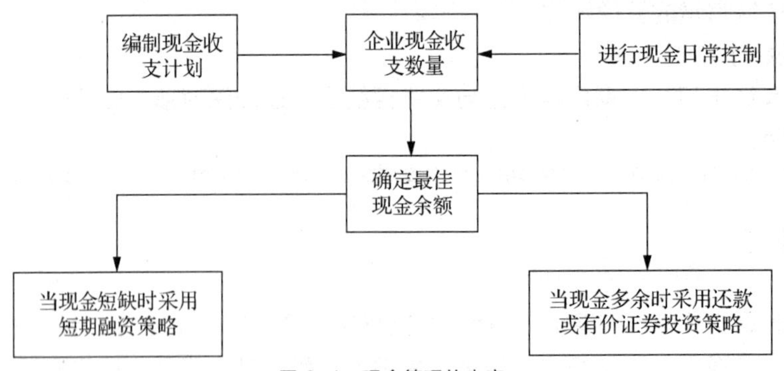

图 6-1 现金管理的内容

6.2.1 企业现金管理的目标

曾有一家生意兴隆的火锅店，业主打算增开分店，于是开始大张旗鼓操办。租房、装修、购买设备以及雇佣劳动力等，花费了大量资金，终于开设了第一家分店，生意也很好。业主大受鼓舞，又开始着手筹建两家分店。由于扩张需要的资金猛增，起先，业主采用赊账方式解决一时供应不上的房租、装修、设备等费用。然而经营需要持续投入，三个月过去了，欠款未能支付，两家店也没有正常营业，业主还拖欠员工两个月的工资。尽管火锅店的发展趋势很好，但没有多余的现金支付所需的费用，一方面供应商追着要钱，另一方面员工工资也不能拖欠，资金短缺又导致经营运作出现了问题。最后，迫于无奈，业主将饭店转让。

为了保证生产经营活动能正常进行，企业需要持有一定数额的货币资金，主要用于满足企业的交易性需要、预防性需要和投机性需要。

1. 交易性需要

交易性需要是指满足日常业务的现金支付需要。企业在经营过程中，经常发生现金流入和现金流出，两者经常不能同步同量。因此，企业只有保持一定数额的现金，才能维持其业务活动正常、顺利地进行。交易性现金量的大小受企业向客户提供的商业信用条件以及从供应商获得的信用条件等影响。

2. 预防性需要

预防性需要是指为了应对意外事故而保留的现金支付需要。企业在经营过程中有时会发生预料之外的开支，从而使现金流量具有一定的不确定性。预防性现金量的大小与企业现金流量的不确定性关系密切，同时也与企业的借款能力有关。企业现金流量的不确定性越大，则预防性现金的数额也越大；如果企业有能力随时筹措短期资金，则可以减少预防性现金的数额；若筹资能力有限，就该增加预防性现金量。

3．投机性需要

投机性需要是用于不寻常购买计划的现金支付需要，是企业为了抓住突然出现的投资机会以实现获利而持有的现金，如企业利用金融市场的投资机会，留存一部分现金购买有价证券进行套利等。一般金融和投资公司的该项现金储备较多。

通常情况下，企业持有现金总额小于交易性、预防性、投机性三种动机各自所需现金持有量的简单相加，因为现金可在各种动机中调剂使用以及现金可在不同时点上灵活使用。各种动机所持有的现金并不是专款专用的，当意外事件未发生时，为预防性动机所准备的现金可用于交易性动机和投机性动机；在没有良好的投机机会时，为投机性动机准备的现金也可用于交易性动机；各种动机所需的现金一般不会同时处于支付的最高点，如当交易性动机所需现金处于最高点时，企业可用为其他动机所准备的现金补充。

练一练

（单选）在各种持有现金的原因中，属于应付未来现金流入和流出随机波动的需求是（　　）。

A. 交易性需求　　B. 预防性需求

C. 投机性需求　　D. 长期投资需求

答案：B。企业置存现金的原因，主要是满足交易性需要、预防性需要和投机性需要。预防性需要是指置存现金以防发生意外支付的需要。企业有时会出现意想不到的开支，现金流量的不确定性越大，预防性现金的数额也应越大；反之，若企业现金流量的可预测性强，则预防性现金数额可小些。

6.2.2 现金管理主要环节

1．现金收支计划表

现金收支计划表是企业根据生产经营情况，按照“以收定支”和“收付实现制”的原则，预计企业在特定时期内的现金流入量与流出量，并根据期初余额来确定现金多余或不足的表格，如表6-1所示。

表6-1　现金收支计划表　单位：元

序号	现金收支计划表	本月计划
1	（一）现金收入	
2	（1）营业现金流入	
3	（2）其他现金流入	
4	（3）现金流入合计（3）=（1）+（2）	
5	（二）现金支出	
6	（4）营业现金流出	
7	（5）其他现金流出	
8	（6）现金流出合计（6）=（4）+（5）	
9	（三）净现金流量	

续表

序号	现金收支计划表	本月计划
10	（7）现金收入-现金支出（7）=（3）-（6）	
11	（四）现金余额	
12	（8）期初现金余额	
13	（9）净现金流量	
14	（10）期末现金余额（10）=（8）+（9）=（8）+（3）-（6）	
15	（11）最佳现金余额	
16	（12）现金多余或短缺（12）=（10）-（11）	

缓解现金短缺的方法有加速现金回流、延缓资本性支出、变卖资产（包括经常性资产和资本性资产）以及协商现金支出方案，减少或延缓现金支出等。而对于多余现金，企业可以选择归还给股东和银行，也可以进行短期投资和有计划地进行长期资本性投资等。

2．现金日常管理

某企业产品很畅销，账面收入高达千万元，却陷入了破产危机。为什么会出现这种现象呢？签订合同后，该企业把货物发出去了，却收不回账款。此外，原材料货款、员工工资及生产用水电等费用早已支付，企业的资金“青黄不接”。

在日常现金收支中，企业要提高现金使用效率，可采取如下做法。

（1）加速收款。这是指缩短应收账款的时间。发生应收款会增加企业资金的占用，但又可以扩大销售规模，增加销售收入。企业要在两者之间找到平衡点，并实施妥善的收账政策。

（2）推迟付款。企业在不影响自己信誉的前提下，尽可能推迟付款的支付期。

（3）力争现金流量同步。即尽量使现金流入与流出发生的时间趋于一致。

（4）控制支出。通过控制支出时间、选择支付模式及运用现金浮游量来控制支出。

3．最佳现金持有量

现金管理非常重要，持有一定的现金是企业开展正常生产活动的基础；同时，现金又是获利能力最弱的一项资产，过多地持有现金意味着企业进行净现值为负的投资，会降低资产的获利能力。那么，最佳现金持有量应为多少？

克莱斯勒公司为美国三大汽车公司之一。1996年该公司持有的现金、银行存款及短期债券达到了空前的87亿美元，这些资金项目的报酬率在税后仅有3%。克莱斯勒汽车公司之所以如此谨慎地对待现金项目，是因为在1991—1992年，公司产生了40亿美元的现金赤字，使公司陷入了前所未有的危机。因此，克莱斯勒公司的管理层认为高额现金持有量可以提前为下一次经济衰退做好准备。但是公司的一些股东对这种过于谨慎的管理政策提出了质疑。他们认为，公司的现金持有量保持在20亿美元就已经足够了，过多的现金存量会导致公司丧失很多更高回报的投资机会。他们认为，如果出现现金短缺问题，克莱斯勒公司可以通过借款等其他筹资方式取得资金，多余的67亿美元可以用来投资其他项目，为股东赢得更多回报。

最佳现金持有量又称为最佳现金余额，是指现金持有量可满足生产经营的需要，又指现金使用的效率和效益最高时的最低现金持有量，即能够使现金管理的机会成本与转换成本之和保持最低的现金持有量。对企业而言，最佳现金持有量意味着现金余额为零，但是，由于交易、预防、投机的需要，企业又必须保持一定数量的现金，保持足够的现金余额对于降低或避免经营风险与财务风险具有重要意义。确定最佳现金持有量的模式主要有成本分析模式、存货模式、现金周转模式等。

6.2.3 最佳现金持有量的确定

1. 成本分析模式

成本分析模式是根据现金有关成本，分析预测其总成本最低时现金持有量的一种方法。运用成本分析模式确定最佳现金持有量时，需要考虑持有现金的相关成本，包括机会成本、管理成本及短缺成本。现金持有成本与现金持有量的关系如表 6-2 所示。

表 6-2　现金持有成本与现金持有量的关系

成本种类	含义	与现金持有量的关系
机会成本	占用现金的代价，表现为因持有现金不能将其投资到生产经营领域而损失的收益	同向变化关系
管理成本	管理现金的各种开支，如管理人员工资、安全措施费等	无明显的比例关系
短缺成本	因缺乏必要的现金，不能应付业务开支所需，而使企业蒙受的损失或为此付出的代价	反向变化关系

运用成本分析模式确定最佳现金持有量的步骤是：根据不同现金持有量测算并确定有关成本数值；按照不同现金持有量及其有关成本资料编制最佳现金持有量测算表；在测算表中找出总成本最低时的现金持有量，即为最佳现金持有量。在这种模式下，最佳现金持有量，就是持有现金而产生的机会成本、管理成本与短缺成本之和最小时的现金持有量。具体如图 6-2 所示。

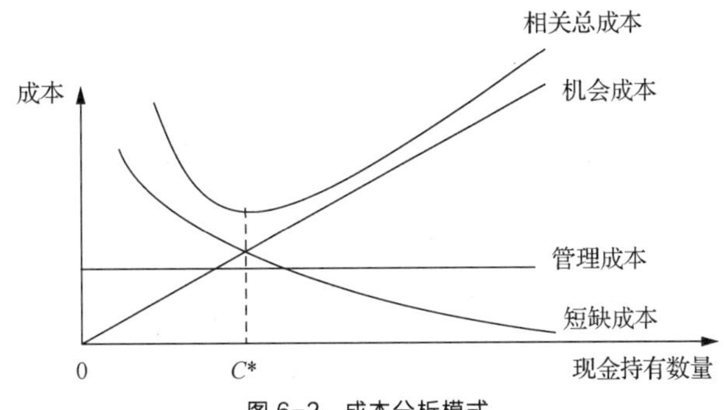

图 6-2　成本分析模式

例6-1 GH公司有四种现金持有方案，它们各自的机会成本、管理成本、短缺成本如表6-3所示。试用成本分析模式测算该公司的最佳现金持有量。

表 6-3　现金持有方案　单位：元

	甲	乙	丙	丁
平均现金持有量	75 000	150 000	225 000	300 000
机会成本	4 500	9 000	13 500	18 000
管理成本	60 000	60 000	60 000	60 000
短缺成本	36 000	20 250	7 500	0

注：机会成本率即该企业的资本收益率为 6%。

解：这四种方案的总成本计算结果如表6-4所示。

表 6-4　现金持有总成本　单位：元

	甲	乙	丙	丁
机会成本	4 500	9 000	13 500	18 000
管理成本	60 000	60 000	60 000	60 000
短缺成本	36 000	20 250	7 500	0
总成本	100 500	89 250	81 000	78 000

将以上各方案的总成本加以比较可知，丁方案的总成本最低，也就是当公司持有300 000元现金时，对公司最合算，故300 000元是该公司的最佳现金持有量。

2. 存货模式

存货模式是根据存货的经济批量模型来确定最佳现金持有量的方法。存货的经济批量模型描述了影响现金余额的各个因素，其原理可运用于各种流动资产的管理。根据这种模式，企业的现金持有量非常类似于存货，因此存货的经济批量模型可以用来确定最佳现金持有量。

利用存货模式确定最佳现金持有量，必须假定以下基本前提。

（1）企业的现金流入量稳定并可预测，也就是说企业一定时期内的现金收入是均匀发生的，并能够可靠地预测其数量；

（2）企业的现金流出量稳定并可预测，即现金支出过程比较稳定、波动较小，并能可靠预测其数量；

（3）在预测期内，企业如发生现金短缺，可以通过出售有价证券的方式来补充，且证券变现的不确定性很小；

（4）有价证券短期投资的收益率可知，企业每次出售有价证券的费用已知，并且是固定的。

在具备了上述四个假设条件的情况下，企业在每期期初应保持一个必要的现金库存 N，当现金在期末耗尽时，企业将补充现金至 N，企业的现金余额变动情况如图 6-3 所示。

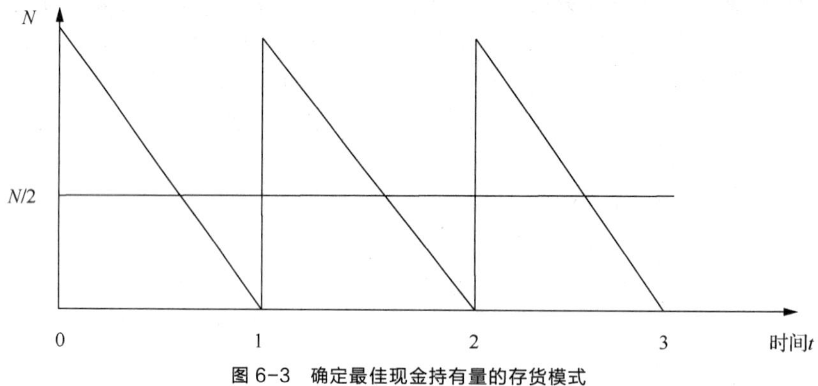

图 6-3 确定最佳现金持有量的存货模式

应用存货模式确定最佳现金持有量就是要求出持有现金成本最低的 N 值。企业持有现金发生两方面的成本（见图 6-4），一方面是持有现金的机会成本，即持有现金所放弃的报酬，也称“持有成本”。这种成本通常表现为有价证券的利息率，因此与现金余额成正比例变化。另一方面是现金的转换成本，即现金与有价证券之间进行转换的固定成本，如过户费、经纪人费用及其他管理成本等，这种成本一般只与交易次数有关，而与持有现金的数额无关。

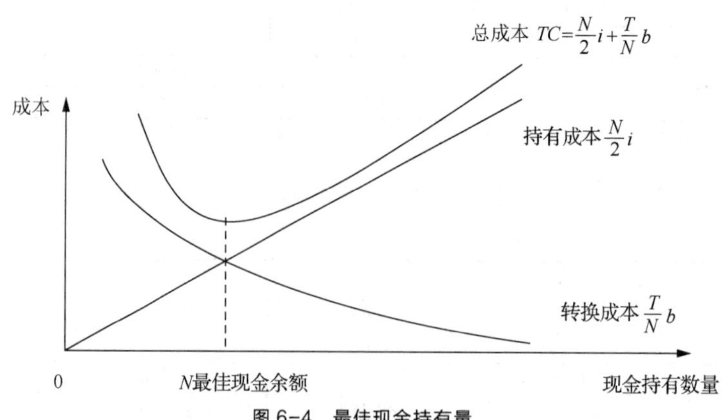

图 6-4 最佳现金持有量

N代表企业期初最佳现金余额，即每次出售有价证券或借款所得的货币资金数额，i代表有价证券的收益率。由图6-3可知，企业平均现金余额为$N/2$，则持有成本为$N \times i/2$。企业出售有价证券所花费的交易费用，则为出售有价证券的次数与每次出售有价证券的固定交易费用的乘积，即转换成本。用T代表在一定时期内的现金需求总量，TC代表持有现金的总成本；b代表现金与有价证券的转换成本；则持有现金的总成本可用式（6-1）来表示：

$$TC = \frac{N}{2} \cdot i + \frac{T}{N} \cdot b \tag{6-1}$$

可以看出，现金的持有成本与现金的持有量成正比，持有量越大，现金的持有成本就越高，而现金的转换成本则与现金与有价证券的转换次数密切相关，在全年现金需求总量一定的情况下，现金的持有量越大，现金与有价证券转换次数就越少，所以，现金的转换成本与转换次数成正比，与现金持有量成反比。这样，现金的持有成本与转换成本就呈反方向变化。在现金需求总量一定的情况下，现金持有量越高，其持有成本就越大，而转换成本则越小。因此，两种成本之和最低时的现金持有量就是企业的最佳现金持有量。

对TC求导，即：

$$TC'(N) = \frac{i}{2} - \frac{Tb}{N^2} \tag{6-2}$$

令$TC'=0$，则：

$$N = \sqrt{\frac{2Tb}{i}} \tag{6-3}$$

此即为企业的最佳现金持有量。

以存货模式确定最佳现金持有量的缺陷主要有以下几个。

（1）有价证券的收益率可以比较容易求得，但交易成本由各种直接和间接费用所构成，比较难以确定；

（2）企业现金支出均匀分布假设对多数企业来说是不现实的，因为企业总有一些现金支出具有突发性质。因此，企业一般应该保持一定的最低现金余额即预防性余额，而不是等到现金余额降为零时再出售有价证券；

（3）没有考虑企业生产经营活动的季节性变化。

总地来说，企业运用上述各种方法得到的企业的最佳现金持有量只是理论上的近似，而在实际工作中还要考虑企业经营波动性余额和预防性余额的需要，以及贷款银行要求的补偿性存款余额的需要等。企业应该根据生产经营实际情况，对通过理论计算出来的企业的最佳现金持有量进行经验校正，以实现企业的现金管理目标。

3. 现金周转模式

现金周转模式是根据企业现金周转期来确定最佳现金持有量的一种方法。现金周转期是指企业从因购买材料而支付应付账款的货币资金流出时起，至产成品销售而收回应收账款的货币资金流入这段时间。在企业的全年现金需求总量一定的情况下，企业现金周转期与企业现金持有量成反比。

现金周转期的计算公式为：

现金周转期=应收账款周转期+存货周转期-应付账款周转期　　（6-4）

最佳现金余额的计算公式为：

最佳现金余额=(年现金需求总额÷360)×现金周转期　　（6-5）

应收账款周转期是指从应收账款发生到收回所需要的时间；应付账款周转期是指从收到尚未付款的材料开始到偿还货款所需要的时间；存货周转期是指从生产投入材料开始到产成品出售所需要的时间。

因此，现金周转期就是现金周转一次所需要的天数。根据现金周转期可以计算出现金周转率，即现金在一年中周转的次数。

计算公式为：

现金周转率=360÷现金周转期 （6-6）

现金周转模式操作比较简单，但该模式要求有一定的前提条件。

（1）现金流出的时间发生在应付账款支付的时间；

（2）现金流入量等于现金流出量，即不存在资金过剩或不足的情况；

（3）企业的供—产—销过程持续稳定进行；

（4）企业的货币资金需求不存在不确定性因素。

因此，如果以上四个假设条件不存在，按此方法计算的企业最佳现金持有量将发生偏差，但以现金周转模式确定最佳现金持有量的方法简单清晰，在企业的生产经营活动稳定的情况下，用此方法计算出的最佳现金持有量还是有一定参考价值的。

例6-2 企业的原材料采购和产品销售都采用信用方式，其应收账款的平均收款天数为40天，应付账款的平均付款天数为40天，平均存货期为60天。预计该企业某年的现金需求总量为7 200万元，请采用现金周转模式确定该企业该年的最佳现金持有量。

解： 现金周转期=40+60-40=60（天）

现金周转率=360÷60=6（次）

最佳现金持有量=7 200÷6=1 200（万元）

6.3 应收账款管理

某公司是从事机电产品制造和兼营家电销售的国有中型企业，资产总额4 000万元，其中，应收账款1 020万元，占资产总额的25.5%，占流动资产的45%。近年来应收账款居高不下，营运指数连连下滑，现金枯竭，举步维艰，直接影响了生产经营活动。除了日益加剧的商业竞争外，企业自身内部会计控制制度不健全是造成这种状况的主要原因。会计师事务所将该公司的应收账款做了如下分类：坏账损失且尚未作账务处理的应收账款60万元；账龄长且原销售经办人员已调离，其工作未交接，债权催收难以落实，可收回金额无法判定的应收账款300万元；账龄较长回收有一定难度的应收账款440万元；未发现重大异常，但后期能否收回还要待时再定的应收账款220万元。

针对上述各类应收账款内控存在的重大缺陷，会计师事务所向公司管理当局出具了管理建议书，提出了改进意见：加强内部会计控制制度的建设，提高经营管理，避免或减少坏账损失以及资金被客户长期无偿占用，同时，也为企业提高会计信息质量打下基础。

6.3.1 应收账款的成本

应收账款是指企业在生产经营过程中因销售产品或提供劳务而应向购货单位或接受劳务单位收取的款项。

2002年4月13日，金杯汽车发布了业绩预亏公告；金杯汽车2001年度业绩出现巨额亏损。随后，该公司又公布了经营业绩亏损的补充公告，公告中解释，巨额亏损是由于公司变更会计政策，计提坏账准备产生的。金杯汽车在公布了预亏公告及补充公告之后，直到4月底才公布了2001年度报告。金杯汽车2001年度报告显示，主营业务收入64 846.9万元，同比减少18%；净利润-82 503.87万元，同比减少420%；调整后的每股净资产为1.252元，同比减少27%；股东权益155 085.29万元，同比减少34%；每股收益-0.7551元，净资产收益率-53.2%。造成金杯汽车巨额亏损的主要原因是，在公司的资产构成中，充斥着大量的应收账款。截至报告期末，该公司的应收账款高达19.87亿元，其中5年期以上的应收账款高达7.88亿元，占应收账款总额的39.6%。按账龄分析法，金杯汽车需要计提的坏账准备金高达9.47亿元，占应收账款总额的47.7%。正是巨额的坏账，导致金杯汽车的巨额亏损。

应收账款的成本是指企业持有应收账款所付出的代价，包括机会成本、管理成本和坏账成本。

1. 应收账款的机会成本

应收账款的机会成本是指企业的资金因占用在应收账款上而丧失的其他收入。机会成本的大小与企业应收账款占用资金的数量相关，占用的资金数量越大，机会成本就越高。

2. 应收账款的管理成本

应收账款的管理成本是指企业对应收账款进行管理所发生的各项费用支出，主要包括：对客户进行信用品质调查的费用；收集各种相关信息的费用；应收账款账簿记录的费用；催收到期账款发生的费用；其他用于应收账款的管理费用。

3. 应收账款的坏账成本

应收账款的坏账成本是指企业因无法收回应收账款而发生坏账所产生的损失，与应收账款的数量成正比。坏账成本是使企业的应收账款受到限制的核心问题，一般与企业的信用政策有关。企业实行信用政策越严格，发生坏账的概率越小，而企业实行信用政策越宽松则越容易产生坏账。

 **练一练**

（单选）在下列各项中，属于应收账款机会成本的是（　　）。

A. 收账费用　　　　B. 坏账损失

C. 应收账款占用资金的应计利息　　　　D. 对客户信用进行调查的费用

答案：C。因企业的资金被应收账款占用而丧失的其他收入，属于应收账款的机会成本。

6.3.2 应收账款信用政策

企业最佳的信用政策，也就是最佳的应收账款水平，取决于企业自身的生产经营状况和外部环境。在市场激烈竞争的今天，企业采用赊销的经营方式，不但可以降低企业的仓储及管理费用，还可以增加自己的客户占领市场，但是采用该方式必须要付出代价。因此，作为企业，制定与应收账款信用有关的条件、标准、政策等是必需的。应收账款的信用政策是通过对应收账款的规划及控制，来达到企业应收账款的成本与收益的良性发展。

1. 评价信用等级、建立客户信用档案

企业中确定信用标准的依据是坏账损失率，这里指的是预期的坏账损失率，企业将最低信用条件作为给予客户的标准。企业在制定信用标准时，要不断地调整应收账款的风险及成本之间的关系。企业要考虑同行业竞争对手、企业承担的违约风险，以及与企业来往的客户的资信程度等实际情况，对相应客户的违约风险做出判断，只有这样才可以发挥应收账款的作用。

2. 收账政策

收账政策也称收账方针，是指当客户违反信用条件，拖欠甚至拒付账款时企业所采用的收款策略。收账政策是企业信用政策的一个重要组成要素，它涉及对企业现有应收账款的监控和对逾期货款的追索措施。应收账款周转期和账龄表是企业监控应收账款的管理效率和回收情况的重要指标和方法。一般来说，如果企业信用政策没有发生变化，而应收账款周转期出现延长，就说明客户拖欠货款数额增加，从而坏账比率也将增加。账龄表则是对在不同时间发生的应收账款进行账龄分类，对企业全部应收账款回收情况进行分析的一种方法。

在一定范围内，相应的收账费用越高，坏账比率越低，平均收账期也就越短，但收账费用和坏账损失之间不是线性关系，少量的收账费用不会使坏账损失减少许多，随着收账费用的逐渐增加，它对坏账损失减少的作用也越来越大，当达到某种限度时，收账费用的追加对进一步减少坏账损失的作用逐渐减小。收账费用和坏账损失之间的关系可用图 6-5 表示。

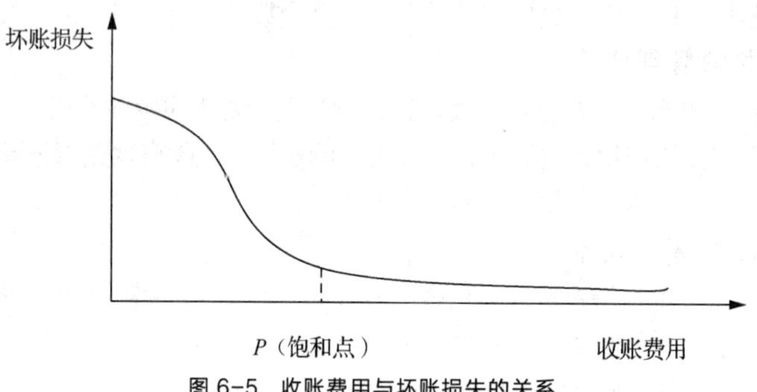

图 6-5 收账费用与坏账损失的关系

在图 6-5 中，当收账费用增加到 P 点时，坏账损失减少的数量就不明显了，这一点 P 被称为饱和点。这说明在市场经济中，发生一定数量的坏账损失是不可避免的，企业在制定收账政策时，应当考虑饱和点，大量地增加收账费用有时是得不偿失的。

3. 信用期限

信用期限是指企业允许客户从购货到付款之间的时间，或者说企业给客户的付款时间。信用期限是企业用来增加产品需求量的手段，同样需要企业在增加销售的获利水平与净增加应收账款成本之间进行权衡。信用期过短，不足以吸引客户，在竞争中会使销售额下降；信用期过长，对销售额增加固然有利，但所得的收益有时会被增长的费用抵销，造成利润减少。因此，企业必须慎重研究，确定恰当的信用期限。

例6-3 甲公司现在采用30天收款的政策，拟将信用期限放宽至60天，没有折扣。相关数据如表6-5所示。公司最低的资金利润率为18%。这一做法对甲公司是否有利?

解：放宽信用期限，带来收益增加（销售额）和成本增加，是否采用宽松的信用政策，主要看收益和成本比较后，对企业是否有利。

表 6-5 不同信用期限下的收益和成本 单位：万元

项目	30 天	60 天
销售金额（万元）	50	60
销售成本		
变动成本（80%销售额）	40	48
固定成本	5	5
毛利	5	7
可能发生的收账费用	0.3	0.4
可能发生的坏账损失	0.5	0.9

（1）收益增加=销售增加额×边际贡献=(600 000−500 000)×(1−80%)=20 000（元）

（2）成本增加

应收账款占用资金利息增加=应收账款占用资金×最低资金利润率

应收账款占用资金=应收账款平均余额×变动成本率

应收账款平均余额=日销售额×平均收款期限

30天信用期限占用资金利息=500 000×80%×30÷360×18%=6 000（元）

60天信用期限占用资金利息=600 000×80%×60÷360×18%=14 400（元）

资金占用利息增加额=14 400−6 000=8 400（元）

收账费用增加=4 000−3 000=1 000（元）

坏账增加=9 000−5 000=4 000（元）

（3）改变信用期限的净损益=20 000− (8 400+1 000+4 000)=6 600（元）

所以，应采用60天信用期限。

练一练

（多选）对信用期限的叙述，不正确的有（　　）。

A. 信用期限越长，企业坏账风险越小

B. 信用期限越长，表明客户享受的信用条件越优越

C. 延长信用期限，不利于销售收入的增加

D. 信用期限越长，应收账款的机会成本越低

答案：ACD。信用期限越长，企业坏账风险越大；延长信用期限，销售收入可能增加；信用期限越长，应收账款的机会成本越高。

6.3.3 应收账款的日常控制

1. 企业的信用调查

企业的信用调查就是企业对客户的信用品质、偿债能力、财务状况、担保情况以及经营情况等进行调查，搜集客户的信用记录。信用调查是决定是否赊销给客户产品的准备工作，也是企业做出赊销决策的关键。

（1）直接调查法

直接调查法是指企业的信用调查人员与客户直接接触，通过当面采访、询问、观察、记录等方式获取客户信用资料的方法。这种方法及时性强，但准确性往往不够，客户的缺点和不足容易被客户隐瞒。

（2）间接调查法

间接调查法是以客户或者相关单位保存的有关客户的各种原始记录和核算资料为基础，通过加工整理获取客户信用资料的方法。间接调查法下的信用资料主要包括以下几个方面。

① 客户的财务报表。这是客户最主要的信用资料，企业应当详细审查和分析，这是企业判断客户信用的一个重要依据。

② 与客户有往来的银行及供应商等提供的信用资料。银行是企业信用资料的一个重要来源，银行在向客户提供贷款时，一般都要严格审查客户的信用情况，但是银行的信用资料一般很难获得。

③ 通过其他途径获取的信息。如企业的上级主管部门、工商管理部门、税务机构、消费者协会等提供的资料。

2. 企业的信用评估

（1）5C 评估法

5C 评估法是分析影响信用的 5 个方面的一种方法，包括品质、能力、资本、抵押品和条件。

① 品质（Character），表示客户的信誉，偿债的可能性；

② 能力（Capacity），表示客户的偿债能力；

③ 资本（Capital），表示客户的财务实力；

④ 抵押品（Collateral），表示客户可以用来抵押的资产；

⑤ 条件（Conditions），表示影响客户付款的经济环境。

（2）信用评分法

信用评分法是指先对一系列财务比率和信用情况进行评分，然后进行加权平均，得出客户综合的信用评价分数，并以此进行信用评估的一种方法。下面介绍一种信用评价分数的计算公式：

$$\text{信用评价分数}=k1\times\text{收益利息倍率}+k2\times\text{速动比率}-k3\times\text{债务资产比率}+k4\times\text{企业经营年限} \quad (6\text{-}7)$$

式中，k1、k2、k3、k4 是评分的权数。

按上述公式，当信用评价分数＞50 时，则信用风险较小；当信用评价分数=40～50 时，则信用风险为平均风险；当信用评价分数＜40 时，则信用风险大。

3. 现金折扣

现金折扣是企业财务管理中的重要因素，企业为了尽快收回货款，加速资金周转，减少应收账款成本，可以在信用期限内再规定一个优惠期限，也就是折扣期限。如果客户在折扣期限内支付货款，则可以享受一定比率的现金折扣。企业提供的现金折扣的比率越大，就越能促进产品销售，就越能加快应收账款的收款速度，但是付出的现金折扣成本也越高。企业在确定现金折扣时，应当比较提供现金折扣的成本与加速收款带来的收益，如果提供现金折扣的成本小于加速收款带来的收益，提供的现金折扣就是合理的。对于销售企业，现金折扣有两个方面的积极意义：缩短收款时间，减少坏账损失，但也存在消极意义：减少现金流量。

信用期限和现金折扣这两个要素构成了企业的信用条件。信用条件一般表示为，“1/10，*n*/30”，其含义就是 10 天内付款，可以享受 1%的现金折扣，如果客户放弃现金折扣，全部款项则必须在 10～30 天内付清。该信用条件的含义是：30 天为信用期限，10 天为折扣期限，1%为现金折扣。

企业通常针对不同的产品在不同的市场上制定不同的信用条件。只有在某种特定的信用条件下，即企业相对收益大于相对费用时，信用条件才可行。

6.4 存货管理

某体育用品公司自2012年起深陷亏损泥潭，截至2014年已连续三年亏损，亏损额达到31亿元，究其原因，无不与某高库存有直接关系。高库存不但产生额外储存和运输成本，还浪费了大量产能，当产能用于生产某种后来被证明是滞销的产品时，意味着少生产另一款可能畅销的产品。可以说，库存是“吃掉”利润的主要因素。某体育用品公司在存货管理方面出现的问题与其自身管理层对存货管理重视不够以及重大决策不当有直接关系。一方面，管理层对市场需求高估，对销量预测决策失当。另一方面，重塑品牌沟通不当，让市场、经销商和投资者都感到措手不及，致使订单下降、股价大跌。

存货作为一项重要的流动资产，它的存在势必会占用大量的流动资金，可视为成本的积压。存货的管理情况，直接关系到资金占用水平以及资产运作效率。因此，一个企业若要保持较高的盈利能力，应当重视存货的管理。在不同的存货水平下，企业的平均资金占用水平差别是很大的。通过实施正确的存货管理方法，来降低企业的平均资金占用水平，提高存货的流转速度和总资产周转率，才能最终提高企业的经济效益。

6.4.1 存货管理概述

1. 存货的概念

存货，指企业在正常生产经营过程中持有以备出售的产成品或商品，仍然处在生产过程中的在产品，以及将在生产过程或提供劳务过程中耗用的材料、物料等，是企业流动资产的重要组成部分。

存货管理概述

2. 存货的种类

存货可以按照不同的标准进行分类，主要有以下几种。

（1）按存货的经济内容分类

① 库存商品。库存商品是指企业已完成全部生产过程并已验收入库，合乎标准规格和技术条件，可以按照合同规定的条件送交订货单位，或可以作为商品对外销售的产品以及外购或委托加工完成验收入库用于销售的各种商品。

② 产成品。即已完工验收入库可随时对外销售的产品。

③ 自制半成品、在产品。即指已经完成了一定生产过程但还需进一步加工的中间产品或者正在加工的产品。

④ 原材料。即构成产品实体的主要原材料和不构成产品实体的燃料、辅助材料等。

⑤ 包装物和低值易耗品等。

（2）按存货的来源分类

存货按照来源不同，可以分为外购存货和自制存货两种。外购存货是指企业从外部购买的存货，如工业企业的外购原材料、外购低值易耗品等。自制存货是指由企业自己生产制造的存货，如工业企业的产成品、自制材料等。

3. 存货管理的要求

存货管理主要包括存货的信息管理、在此基础上的决策分析和最后的有效控制，以达到存货管理的最终目的——提高经济效益。存货管理是将厂商的存货政策和价值链的存货政策进行作业化的综合过程。一般来说，企业的存货管理应当保证企业生产正常进行，在满足市场销售的需要的基础上，尽可能地降低成本，同时还要保持一定的保险储备。

练一练

（多选）引起缺货问题的原因主要有（　　）。

A. 需求量的变化　　B. 交货期日需求量增大

C. 延迟交货　　D. 存货过量使用

答案：ABCD。本题的考核点是存货管理中的保险储备问题。

6.4.2 存货经济订购批量管理

存货成本主要包括订货成本、持有成本和短缺成本。订货成本是指企业从发出订单到收到货物整个过程所付出的成本，如运输费和装卸费用等；持有成本是指存货占用资金的资金成本、储存和管理成本等；短缺成本是指由于企业存货不能满足生产和销售需要而发生的费用和损失。其中，与存货采购次数和采购批量相关的成本主要包括存货储存成本、管理成本和订货成本。如果在一定时期内，企业需求的存货总量是固定的，那么存货的每次订购批量越大，储存的存货就越多，储存和管理成本就会越高，但由于订货次数的减少，订货成本降低；反之，存货的每次订购批量越小，存货的储存和管理成本随之减少，但由于订货次数的增加，订货成本就会上升。存货管理的目的就是要降低存货成本，能使订货成本与储存和管理成本之和最低的采购批量叫作经济批量，也就是经济订购批量。存货的经济订购批量可以用图 6-6 表示。

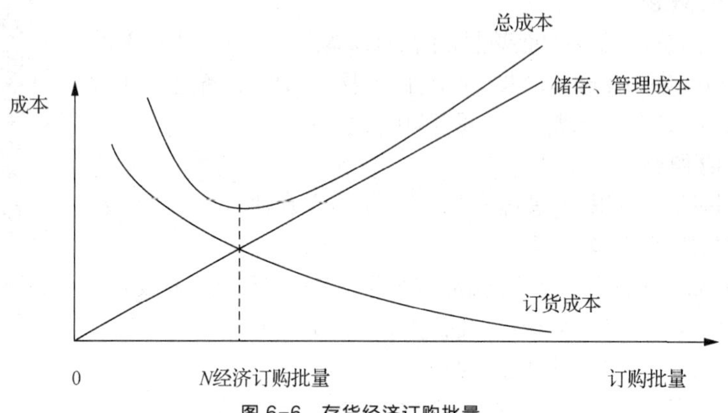

图 6-6　存货经济订购批量

1. 存货基本数学模型

数学模型的建立必须假设存在以下基本前提。

（1）在一定时期内企业存货的总需求量可以准确地预测；

（2）存货的耗用是均衡的，即按一个确定的比例逐渐耗用；

（3）没有在途存货；

（4）存货的价格稳定，不存在数量折扣；

（5）存货的订购数量和订购日期由企业决定，当存货数量降为零时，下一批存货能马上到位，且多种存货间不存在交互作用。

在这种情况下，企业的存货变动情况如图 6-7 所示。

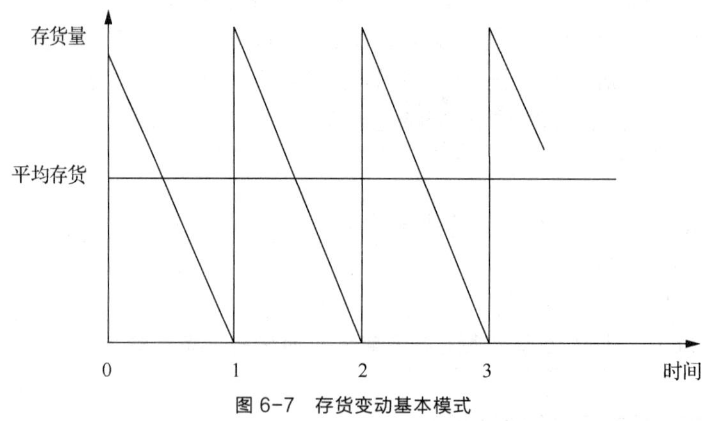

图 6-7　存货变动基本模式

设 T 为全年存货总成本，A 为全年存货总需要量；Q 为存货每批订货量，F 为每批存货订货成本；C 为每单位存货的年平均储存成本，则有：

存货订购批数$=A/Q$

存货平均库存量$=Q/2$

全年订货总成本$=F\cdot A/Q$

全年储存总成本$=C\cdot Q/2$

全年存货总成本$T=C\cdot Q/2+F\cdot A/Q$

根据上面的公式，为了确定存货经济订货批量，可求 T 对 Q 的导数，有：

$T'=C/2-A\cdot F/Q^2$

令 $T'=0$，则 $Q=\sqrt{2A\cdot F/C}$ （6-8）

进一步可以计算出：

存货经济订购批数$=A/Q=\sqrt{A\cdot C/2F}$ （6-9）

全年订货总成本$=F\cdot A/Q=\sqrt{A\cdot F\cdot C/2}$ （6-10）

全年储存总成本$=C\cdot Q/2=\sqrt{A\cdot F\cdot C/2}$ （6-11）

例6-4 某公司每年需耗用特种钢材2 880千克，该材料的每千克采购成本为20元，单位储存成本为40元，平均每次进货费用为400元。求：

（1）计算经济进货批量和最佳订货次数；

（2）在经济进货批量条件下的最小相关成本、变动进货费用、变动储存成本；

（3）存货平均占用资金。

解：

（1）经济进货批量$Q=(2A\cdot F/C)^{1/2}=(2\times 2\,880\times 400\div 40)^{1/2}=240$（千克）

最佳订货次数$=A/Q=2\,880/240=12$（次）

（2）最小相关成本$TC=(2A\cdot F\cdot C)^{1/2}=(2\times 2\,880\times 400\times 40)^{1/2}=9\,600$（元）

变动进货费用$=2\,880\div 240\times 400=4\,800$（元）

变动存储成本$=240\div 2\times 40=4\,800$（元）

（3）存货平均占用资金$=P\cdot Q/2=240\times 20/2=2\,400$（元）

2. 存货经济订购批量

A 公司想要采购甲零件，经济批量逐批测试结果如表 6-6 所示。

表 6-6 经济批量逐批测试表

项目	甲零件各种采购批量				
订购批数 A/Q/次	3	4	5	6	7
可购批量 Q/千克	666.67	500	400	333.33	285.71
年储存成本 $C\cdot Q/2$/元	666.67	500	400	333.33	285.71
年订货成本 $F\cdot A/Q$/元	240	320	400	480	560
总成本 T/元	906.67	820	800	813.33	845.71

从以上成本项目的计算可以很清楚地看出，当订货批量为 400 千克时，与批量有关的总成本最低；小于或超过这一批量，都是不合算的。

3. 存货基本数学模型的扩展

存货经济订货批量的基本模型是在前述各假设条件下建立的，但在现实生活中能够满足这些假设条件的情况几乎是不存在的。为了使模型更接近于实际情况，具有较高的可用性，需要逐步放宽假设条件，进行模型改进。

（1）订货提前期

一般情况下，企业的存货不能做到随时补充，因此不能等到存货全用完后再去订货，而需要提前订货。在提前订货的情况下，当企业再次发出订货单时，也即当订购下一批存货时，本批存货的储存量称为再订货点，用 R 来表示。它的数量等于交货时间（L）和每日平均存货需用量（d）的乘积，如图 6-8 所示，即：

$$R=L\cdot d \tag{6-12}$$

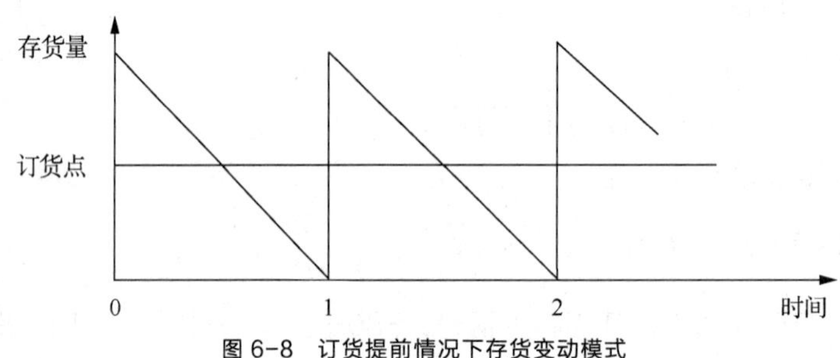

图 6-8 订货提前情况下存货变动模式

（2）保险储备

企业按照某一订货批量和再订货点发出订单后，如果需求增大或送货延迟，就会发生缺货或供货中断。为防止由此造成的损失，就需要多储备一些存货应急，这部分存货称为保险储备，记为 s。

设：m 为存货可能发生的日最大消耗量；n 为存货每日平均消耗量；t 为订货间隔期或订货提前期（从发出订单到货物验收完毕所用时间）。

那么，保险储备可用式（6-13）计算：

$$s=\left(m-n\right)\cdot t \tag{6-13}$$

订货点 R 可用式（6-14）计算：

$$R=n\cdot t+s=m\cdot t \tag{6-14}$$

有保险储备情况下的存货变动模式如图 6-9 所示。

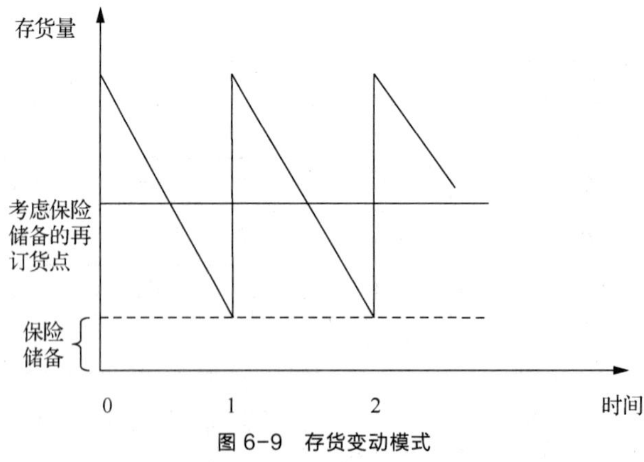

图 6-9 存货变动模式

在实际工作中，无论是存货量下降到订货点还是考虑保险储备的再订货点，企业都要立即发出订单购货。正常情况下两者往往是同时出现的。

影响存货订购数量的因素还有存货陆续供应问题、存货数量折扣问题、存货季节性供应问题及通货膨胀等，在此不一一赘述。

练一练

（多选）确定建立保险储备量时的再订货点，需要考虑的因素有（　　）。

A. 交货时间　　B. 平均日需求量

C. 保险储备量　　D. 平均库存量

答案：ABC。建立保险储备后的再订货公式为：再订货=交货时间×平均日需求量+保险储备量。

6.5 流动负债管理

苏宁电器于1990年在南京创立，2004年在深圳证券交易所上市（股票代码：002024），是中国3C（家电、计算机、通信）连锁零售企业的领先者。

公司从2004年开始进入快速扩张阶段，快速扩张战略需要大量的资金支持。公司的净营运资金在2004—2007年呈现缓慢增长的趋势，而在2008—2010年有了大幅上升，从15亿元左右上升到约99.4亿元。苏宁电器对营运资金的把握和管理能有效地支持其完成扩张和发展的战略目标。2004—2010年的财务数据显示，在苏宁电器的流动负债中，应付账款和应付票据是债务的主体，应付账款、应付票据和预收账款三者占流动负债的比例平均达到90%。零售业企业中普遍存在通过占用供应商资金（应付账款一般可延期3～4个月支付，应付票据可延期6个月支付）满足自身短期资金需求的情况。

流动负债是企业将在一年内或超过一年的一个营业周期内偿还的债务。从理论上说，流动负债与流动资产是密切相关的。通过两者的比较可以大致了解企业的短期偿债能力和清算能力。流动负债包括：短期借款、应付账款、应付票据、应付职工薪酬、应交税费、应付股利、应付利息、预收账款、预提费用、其他应付款、其他应交税款等。

6.5.1 流动负债的作用

企业利用流动负债筹资所筹资金的可使用时间较短，一般不超过 1 年。其作用主要表现在如下四个方面。

（1）筹资速度快，容易取得。长期负债的债权人为了保护自身利益，往往要对债务人进行全面的财务调查，因而筹资所需时间一般较长且不易取得。流动负债在较短时间内即可归还，故债权人顾虑较少，容易取得。

（2）筹资富有弹性。举借长期负债，债权人或有关方面经常会向债务人提出很多限定性条件或管理规定，以及大量的预付成本和（或）信贷合约的初始费用；而流动负债的限制则相对宽松些，使筹资企业的资金使用较为灵活并且富有弹性，创造了需要融资和获得融资之间的同步性。

（3）筹资成本较低。一般来讲，流动负债的利率低于长期负债，因此流动负债筹资的成本也较低。

（4）满足企业季节性信贷需求。流动负债的一个主要作用是为季节性行业的流动资产进行融资。为了满足增长的需要，一个季节性企业必须增加存货和（或）应收账款。流动负债是为流动资产中的临时性的、季节性的增长进行融资的主要工具。

6.5.2 流动负债管理

流动负债管理需要考虑风险、利率以及贷款人停贷等多方面问题。

首先，流动负债的筹资风险高。短期流动负债需在短期内偿还，因而要求筹资企业在短期内拿出足够的资金偿还债务。若企业届时资金安排不当，就会陷入财务危机。其次，短期流动负债利率的波动比较大，有时甚至高于长期负债的利率水平。

更为重要的是，流动负债管理需要持续地重新谈判或滚动安排负债。贷款人由于企业财务状况的变化，或整体经济环境的变化，可能在到期日不愿滚动贷款，或重新设定信贷额度。此外，提供信贷额度的贷款人一般要求，用于为短期营运资金缺口而筹集的贷款，必须每年支付至少1～3个月的全额款项，这1～3个月被称为结清期。贷款人之所以这么做，是为了确认企业是否在长期负债是合适的融资来源时仍然使用流动负债。许多企业的实践证明，使用短期贷款来为永久性流动资产融资是一件危险的事情。

练一练

（判断）与长期负债融资相比，流动负债融资的期限短、成本低，其偿债风险也相对较小。(　　)

答案：错误。与长期负债融资相比，流动负债融资的期限短，企业需要持续地重新谈判或滚动安排负债，所以其偿债风险相对较大。

综合训练案例

RT公司的现金管理之谜

RT公司是一家发展迅速的小型医疗器械企业。令人惊讶的是，RT公司从2009年创立至今，随着自身规模的扩大，其面对着越来越大的资金需求量，在同行业企业都“捉襟见肘”时，它却始终能够通过某些方式而使自身在无须筹资的情况下达成目标，包括对所需资产的购入、迁址的顺利进行等。RT公司究竟是如何做到这一点的？

原来，RT公司已经形成了一套自由的现金流运转体系，使RT公司能顺利地度过各个成长阶段。RT公司通过OPM（Other People's Money）策略有意地对其现金流进行管理，主要表现在两个方面：第一，公司以客户的预收款生产产品，而不像其他公司一样以自有资金进行生产；第二，公司接到订单后才采购材料，对存货管理严格，设定安全库存。

现金周转期是指从购买存货支付现金到收回现金这一期间的长度。这一指标可以用来衡量OPM策略的实施效果。通常情况下，现金周转期越小，甚至为负值，表明公司在运营过程中占用供应商资金的能力越强，存货与应收账款的管理水平逐步上升。RT公司的现金周转期从2012年至2016年都稳步下降，而同行业的这一指标却呈上升态势。从存货的管理来看，RT公司通用的原材料是预先采购的，而特定的原材料是接到订单后采购的，并且根据自身特色，规定了50%的安全库存比例。故在同行业的存货周转期渐渐增大的同时，RT公司的存货周转率在提高，且预收账款周转期为正，说明其并没有占用上游供应商的资金。

思考讨论题：

RT公司的OPM策略是否可以广泛推行？有什么不足之处？

第7章 财务分析与评价

学习目标

【知识目标】

1. 理解财务分析的目的和方法，以及不同报表的财务分析技术，掌握进行综合财务分析的技巧，能够综合运用不同方法对企业的财务状况进行全面评估；

2. 熟悉业绩评价与考核的概念，理解责任中心的划分原则，理解绩效考核的目标和形式，以及企业绩效考核不同方法的优缺点。

【素养目标】

强化分析能力、综合运用能力、决策能力与反思能力，通过对企业财务信息进行处理与综合性分析得到结果，并据此做出明智的决策，推动个人与企业的进步。

引导案例

证监会制定上市公司信息披露规则

2001年，证监会发布了《公开发行证券的公司信息披露编报规则第13号——季度报告内容与格式特别规定》。该规定要求，在2001年第一季度结束以后，实行特别处理的公司（ST公司）应当尽量编制季报；并要求从2002年第一季度起，所有上市公司都必须编制并公布季报、半年报和年报。季报的编制与披露，完善了我国上市公司的信息披露制度。

整体来看，财务报表涵盖了企业经济活动的各个方面。通过财务报表，投资者可以了解企业在某一时点上所掌握的经济资源、所负担的债务以及投资者在企业所拥有的权益等，反映企业的资源配置、偿债能力和财务前景；可以了解企业一定时期内的盈利和亏损状况，评价营业业绩，反映企业盈利能力和收益分配状况；可以了解企业现金流量状况，评价企业获取现金的能力。因此，通过对企业财务报表的分析，投资者能够客观、及时地了解企业的财务状况和经营状况，从而提高投资决策的有效性。

7.1 财务分析

7.1.1 财务报表的使用者与财务分析的目的

财务分析是基于财务报表资料，采用一系列的分析方法和指标，对企业的财务状况和经营成果所进行的分析与评价，用于揭示企业一定时期的资金运动变化情况及其规律，反映企业经营过程中的利弊得失及未来发展前景，以改进企业财务管理工作和优化管理决策，提高经济效益。

最早的财务（报表）分析，主要是为银行服务的信用分析。由于借贷资本在企业资本中的比重不断增加，银行家需要对贷款人进行信用调查和分析，从而逐步形成了偿债能力分析等有关内容。资本市场出现以后，财务（报表）分析由为贷款银行服务扩展到为各种投资人服务。随着社会筹资范围扩大，非银行债权人和股权投资人增加，公众进入资本市场。投资人要求的信息更为广泛，逐步形成了盈利能力分析、筹资结构分析和利润分配分析等新的内容，发展出比较完善的外部分析体系。企业组织发展起来以后，经理人员为获得股东的好评和债权人的信任，需要改善企业的盈利能力和偿债能力，从而逐步形成了内部分析的有关内容，并使财务（报表）分析由外部分析扩大到内部分析。内部分析不仅可以使用公开报表的数据，而且可以利用内部的数据（预算、成本数据等）。内部分析的目的是找出管理行为和报表数据的关系，通过管理来改善未来的财务报表。

1. 财务报表的使用者

对外发布的财务报表，是根据所有使用者的一般要求设计的，并不适合用于实现特定报表使用者的特定目的。报表使用者要从中选择自己需要的信息，重新组织并研究其相互关系，使之符合特定决策的要求。企业财务报表的主要使用者有以下几种。

（1）股权投资人。股权投资人为决定是否投资，需要分析企业盈利能力；为决定是否转让股份，需要分析盈利状况、股价变动和发展前景；为考察经营者业绩，需要分析资产盈利水平、破产风险和竞争能力；为决定股利分配政策，需要分析筹资状况。

（2）债权人。债权人为决定是否给企业贷款，需要分析贷款的报酬和风险；为了解债务人的短期偿债能力，要分析其流动状况；为了解债务人的长期偿债能力，需要分析其盈利状况和资本结构。

（3）经理人员。为改善财务决策，经理人员需要进行内容广泛的财务分析，几乎包括外部使用者关心的所有问题。

（4）供应商。供应商为决定是否建立长期合作关系，需要分析长期盈利能力和偿债能力；为决定信用政策，需要分析短期偿债能力。

（5）政府及其他机构。政府及其他机构包括财政、税务、统计、工商、国有资产控股公司等。政府为履行政府职能，需要了解企业纳税情况、遵守政府法规和市场秩序的情况以及职工的收入和就业状况。

（6）注册会计师。注册会计师为减少审计风险，需要评估企业的盈利能力和破产风险；为确定审计的重点，需要分析财务数据的异常变动。

（7）社会公众。社会公众是企业的潜在合作者。通过企业提供的会计信息，社会公众可以分析和掌握企业的盈利能力、经营能力、支付能力、股利分配政策等，从而有可能发展为企业的投资人、债权人、供应商等，夯实企业生存基础。

2. 财务分析的目的

不同的财务报表使用人对财务（报表）分析的目的是不同的，如评价过去的经营业绩、衡量当前的财务状况、预测未来的发展趋势。

（1）评价过去的经营业绩。为了正确地制定企业的财务决策，企业管理者必须了解企业过去的经营情况。财务分析有助于管理者正确评价过去的经营业绩，并与同行业相比，检验财务管理活动的成败得失。

（2）衡量当前的财务状况。由于企业财务报表只能概括地反映财务现状，如果不将财务报表上所列示的数据进一步加以剖析，就不能充分理解这些数据的含义，从而也就无法对企业财务状况是否良好做出有事实根据的判断。因此，通过财务分析，揭示各数据的经济含义，才能评价企业的经营业绩和获利能力，为企业管理者正确衡量企业当前的财务状况提供依据。

（3）预测未来的发展趋势。在现代企业财务决策中，企业经理人员必须针对当前的情况，预测未来的发展趋势，拟定若干可供选择的方案，从中选择合理方案。为了更好地进行财务决策，必须做好财务分析，以客观分析企业财务管理活动中可能出现的问题及其影响程度，明确重点，趋利避害，对有关因素进行合理组合，做出合理的财务决策。

7.1.2 财务分析的方法

1. 水平分析法

水平分析法是将报表资料中不同时期的同项财务指标进行比较，揭示企业各项经营业绩或财务状况的发展变动情况的财务分析方法。水平分析法是财务分析中最基本、最主要的方法。

根据财务分析的要求与目的的不同，水平分析分为以下三种基本类型。

（1）将分析期的实际指标与计划指标进行对比。以确定实际与计划的差异，检查计划的完成情况。

（2）将分析期的实际指标与前期指标（或过去的某期指标）进行对比。以确定本期实际与前期（或某期）实际的差异，提示有关指标的增减变动情况，预测企业未来的发展趋势。在实际工作中，最典型的形式是本期指标与上期指标或历史最好水平的比较。

（3）将本企业的实际指标与同行业相应指标的平均水平或先进水平做比较。以确定本企业与行业平均水平或先进水平的差异，分析存在的问题，不断提高企业的管理水平。

对指标进行比较的方式有以下几种。

一是绝对值增减变动：变动绝对数=分析期实际数-基期实际数。

二是增减变动率：增减变动率（%）=变动绝对数÷基期实际数×100%。

三是变动比率：变动比率=分析期实际数÷基期实际数×100%。

2. 垂直分析法

垂直分析通过计算报表中各项目占总体的比重或结构，反映报表中项目与总体的关系及其变动情况。垂直分析法的一般步骤如下。

第一，确定报表中各项目占总额的比例或百分比，其计算公式是：

某项目的比重=该项目金额÷各项目总金额

第二，通过各项目比重，分析其在企业经营中的重要性。一般项目比重越大，说明其重要程度越高，对总体影响越大。

第三，将分析期各项目比重与计划比重或前期同项目比重进行对比，研究各项目比重的差异或变动情况。也可将其与同类企业可比项目比重进行对比，研究本企业与同类企业的差距。

3. 趋势分析法

趋势分析法是将企业连续几年的财务报表的有关项目进行比较，用以分析企业财务状况和经营成果的变化情况及发展趋势的一种方法。趋势分析法的一般步骤如下。

第一，计算趋势比率或指数。通常指数计算有两种方法，一是定基指数，二是环比指数。定基指数是指各个时期的指数都以某一固定时期为基期进行计算。环比指数是指各个时期的指数以前一期为基期来计算。趋势分析法通常采用的是定基指数。

第二，根据指数计算结果，评价与判断企业各项指标的变动趋势及其合理性。

第三，预测未来发展趋势。根据企业以前各期变动情况，研究其变动趋势或规律，从而预测企业未来发展变动情况。

4. 比率分析法

在同一期财务报表上有一些项目或类别之间存在着一定的关系，用相对数来表示它们之间的相互关系，据以分析和评价企业的财务状况和经营成果，以表明企业某一方面的情况。这种分析就是比率分析。比率分析法是财务分析中最重要的方法。

5. 因素分析法

因素分析法依据分析指标和影响因素的关系，从数量上确定各因素对财务指标的影响程度。从数量上测定各因素的影响程度，可以帮助人们抓住主要矛盾，更有说服力地评价经营状况。因素分析法具体又分为差额分析法、指标分解法、连环替代法、定基替代法等。在实际的分析中，各种方法通常结合使用。

7.1.3 不同报表的财务分析

1. 资产负债表

微课堂

不同报表的财务分析

资产负债表是反映企业在某一特定日期财务状况的报表，是将企业在一定日期的资产、负债和所有者权益各项目适当整理和排列后编制而成。它全面反映了企业在某一时点上所拥有的资产、债务和所有者权益情况，表明企业在某一特定日期所拥有或控制的经济资源，所承担的负债义务和所有者对净资产的要求权。

资产负债表可以提供企业某一日期资产的总额及其结构，表明企业拥有或控制的资源及其分布情况；可以提供某一日期的负债总额及其结构，表明企业未来需要多少资产或劳务清偿债务以及清偿时间；可以反映所有者所拥有的权益，据以判断资产保值、增值情况以及对负债的保障程度。

从财务分析的角度，资产负债表提供的信息及其分析要点如下。

（1）反映企业短期偿债能力的信息分析

企业的短期偿债能力主要体现在企业资产的变现能力上，变现能力是指资产转变为现金所需要的时间。企业的债权人和投资人都对此极为关心。企业是否拥有足够的可及时转变为现金的资产，直接关系到企业短期债权人是否能够及时收回到期借款和应得利息。企业向投资人分配利润和向长期债权人支付利息，也受到现金充裕程度的制约。因此，利用资产负债表提供的基本资料，将流动资产和流动负债加以比较，计算出流动比率；将速动资产和流动负债加以比较，计算出速动比率等，就可以表明企业变现能力和短期偿债能力。

（2）反映企业长期偿债能力的信息分析

企业的长期偿债能力取决于其获利能力和资本结构。企业资本结构，就是企业负债和所有者权益的比例、负债中流动负债和长期负债的比例、所有者权益和留存收益的比例等比例关系。其中，负债与所有者权益的比例关系最为基础，会影响债权人和所有者的相对风险和企业长期偿债能力。一般而言，负债比重越大，债权人的风险越大，企业长期偿债能力也越差；否则反之。

（3）反映企业经营绩效的信息分析

企业经营绩效主要表现为获利能力的大小。利润表直接反映企业获利能力，而资产负债表也能提供衡量获利能力的一些指标，如资产报酬率、资本收益率等。

可见，作为“第一报表”的资产负债表的重要性就在于：它表明在一定时点上企业在资产、负债和所有者权益各方面的状况，反映企业经济活动的基础，同时反映企业的规模和发展能力，能够提供评价企业偿债能力和筹资能力的重要信息，也为预测将来的财务状况提供起点资料。因此，资产负债表在一定程度上反映了企业的总体财务状况，反映了企业与企业外的社会各界的关系，对于人们了解和把握特定时点上企业财务结构状况有很大的帮助。但是，资产负债表并不直接反映企业的财务业绩如何，也不直接反映企业在某一时期是否有足够的利润用以偿还其债务，以及是否为企业的投资人增加了资产。

资产负债表的分析内容如下。

（1）资产负债表的水平分析

资产负债表的水平分析，就是通过对企业各项资产、负债和所有者权益实际规模与目标或标准的对比分析，解释企业在筹资与投资过程中的差异，从而分析与揭示企业会计政策、会计变更及经营管理水平对投资的影响。

（2）资产负债表的垂直分析

资产负债表的垂直分析，就是通过资产负债表中各项目与总资产或总权益的对比，分析企业资产、负债和所有者权益的构成，揭示企业资产结构和所有者权益的合理程度，探索企业资产结构和资本结构的优化。

（3）资产负债表的趋势分析

资产负债表的趋势分析，就是通过分析长时期企业总资产及主要资产、总负债及主要负债、所有者权益及主要项目的变化趋势，揭示企业筹资和投资活动的状况、规律及特征，发现企业财务活动中的成绩与问题。

（4）资产负债表的项目分析

资产负债表的项目分析，就是在对其进行了上述全面分析后，针对企业资产、负债和所有者权益有影响的主要项目进行深入分析，特别要注意会计政策等变动对有关项目的影响。

2. 利润表

利润表，又称损益表，它是反映企业在一定会计期间经营成果的会计报表，是企业主要财务报表之一。利润表把一定期间的收入与费用相配比，以计算出该期间的企业损益数额。每个独立核算的企业都应按期编制利润表。利润表可以说明企业某一时期的净收益数额及其形成情况，帮助人们分析企业经济效益及盈利能力，评价企业管理绩效。

从财务分析的角度，利润表提供的信息及其分析要点如下。

（1）反映企业财务成果的信息分析

企业的财务成果即企业的实现利润，是企业经营者、投资者以及长期债权人十分关心的内容。利润表系统地提供了企业不同业务的财务成果信息，有利于人们分析评价企业各方面的经营业绩，以及与同类企业同类业务的对比状况。

（2）反映企业盈利能力的信息分析

盈利能力通常由财务成果与其相关指标的比率关系所体现，如财务成果与收入的比率关系，财务成果与费用的比率关系等。企业的盈利能力是投资者和经营者都很关心的问题。

（3）反映企业主营业务收入、成本费用状况的信息分析

企业主营业务收入和成本费用状况是企业生产经营状况的具体体现，因此，主营业务的分析往往会成为经营分析中的重点。通过对主营业务收入和成本费用的分析，找出企业生产经营中存在的不足，这对于现阶段企业业绩评价和未来的规划都有重要作用。

利润表的分析内容如下。

（1）利润表的水平分析

利润表的水平分析，就是通过对企业各项利润额与目标或标准的对比分析，分析企业在经

营过程中的利润水平，以及会计政策、会计变更及经营管理水平对业绩的影响。

（2）利润表的垂直分析

利润表的垂直分析，就是通过利润表中各项目与收入的对比，揭示各项利润及成本费用与收入的关系，反映企业各环节的利润构成、利润及成本费用水平。

（3）利润表的趋势分析

利润表的趋势分析，就是通过分析长时期企业收入、成本及各项利润的变化趋势，揭示企业经营活动规律及特征，发现企业经营过程中的成绩与问题。

（4）利润表的项目分析

利润表的项目分析，就是在对其进行了上述全面分析后，针对影响企业利润的主要项目进行深入分析，主要包括：①主营业务利润分析。主要对销售利润进行因素分析，确定销售量、品种、价格、成本费用对主营业务利润的影响。②收入分析。包括收入的确认与计量分析，影响收入的价格因素与销售量因素分析，收入的构成分析。③成本费用分析。包括销售成本分析和期间费用分析。销售成本分析主要是指销售总成本和单位销售成本分析；期间费用分析主要是销售费用和管理费用分析。

3．现金流量表

现金流量表又称现金流动表或现金流转表，是《企业会计准则》规定的主要报表之一。现金流量表是反映一定会计期间现金和现金等价物流入和流出状况，反映企业在特定期间的营业、投资和理财活动情况的基本财务报表。

资产负债表和利润表都不能直接反映一个企业的现金流动状况。目前的会计是一种权责发生制会计，它以权责发生及其影响时间确认经济业务。简单地说，收入与现金收入，费用与现金支出在数额、时间上并不等同。例如折旧，它是一种现金流入量，但是，在会计上根据权责发生制，它却是一种费用；还有赊销，在权责发生制会计中，它是一种收入，但是，它却没有导致现金流入。企业会计报表上显示较好的利润数据，但是企业可能没有足够的现金。

从财务分析的角度，现金流量表提供的信息及其分析要点如下。

（1）企业一定期间的现金流入和流出的原因

现金流量表将现金流量划分为经营活动、投资活动和筹资活动所产生的现金流量，按照流入和流出现金项目分别反映，因此，能够说明企业一定期间的现金流入和流出的原因，即现金从哪来又流到哪去。这些是资产负债表和利润表不能提供的。

（2）企业实际偿债能力和支付股利的能力

现金流量表以收付实现制为基础，消除了会计核算采用权责发生制所含估计因素对企业获利能力和支付能力的影响，能够说明企业实际偿债能力和支付股利的能力，从而增强投资者和债权人的信心，促进社会资源有效配置。

（3）分析企业未来获取或支付现金的能力

现金流量表中经营活动、投资活动和筹资活动所产生的现金流量，分别代表企业运用经济资源、其他资金以及其筹资活动创造或获得现金流量的能力，从而用于分析企业未来获取或支付现金的能力。

（4）连接资产负债表和利润表

现金流量表的表内信息反映了企业现金流入和流出的全貌，而附注则提供了不涉及现金的投资和筹资方面的信息，能够说明资产、负债和净资产的变动原因，对资产负债表和利润表起到补充说明的作用，是连接两张主要报表的桥梁。

现金流量表的分析内容如下。

（1）现金流量分析

现金流量分析直接以现金流量表作为依据，分析各主要项目变动对经营活动、投资活动和筹资活动现金流量的影响，以说明企业现金流入和流出的规模及特点。现金流量分析方法包括一般分析、水平分析和结构分析。现金流量的一般分析，就是根据现金流量表的数据，对企业现金流量变动情况进行分析与评价。现金流量的水平分析，主要是通过对比不同时期的现金流量变动情况，揭示当期企业现金流量水平及变动情况，反映企业现金管理水平及其特点。现金流量的结构分析，是通过计算企业各项现金流出量占总现金流出量的比重，用于揭示企业经营活动、投资活动和筹资活动的特点及对现金净流量的影响方向和程度。

① 经营活动产生的现金流量

经营活动产生的现金流量主要是企业通过运用所拥有的资产自身创造的现金流量，是企业净利润的主要来源。通过现金流量表反映的经营活动产生的现金流入和流出，企业可以说明经营活动对现金流入和流出净额的影响程度及其对企业净利润的贡献质量；可以判明在不动用外部筹资的情况下，企业经营活动产生的现金是否可以偿付贷款、维持经营、支付股利以及对外投资等；同时可以预测未来同类现金流量的变化趋势。

② 投资活动产生的现金流量

投资活动产生的现金流量可以用来分析企业通过投资获取现金流量的能力，以及通过投资活动产生的现金流量对现金流量净额的影响程度。

③ 筹资活动产生的现金流量

通过现金流量表中筹资活动产生的现金流量，相关人员可以分析企业筹措资金的能力，以及筹资活动产生的现金流量对现金流量净额的影响程度。

（2）现金流量和利润的相互关系分析

现金流量指标与利润指标的对比分析，一方面，可以揭示现金流量与利润的区别，另一方面，通过两者关系可以反映企业的财务状况，透视企业的盈利质量。该分析主要包括经营活动现金净流量与净利润关系分析，经营活动现金净流量与净利润的项目对应分析以及现金流量与利润的相互关系的比率分析等。

7.1.4 综合财务分析

1. 综合财务分析的含义

财务分析的最终目的在于对企业的经营理财情况进行全方位的了解，并借此对企业经济效益的优劣做出系统的、合理的评价。单独一项财务指标，不能用于全面评价企业财务状况和经营成果。综合财务分析就是将偿债能力指标、营运能力指标、盈利能力指标和成本费用指标等进行相互的关联分析，运用适当的标准进行综合性评价。

2. 综合财务分析的特点

综合财务分析的特点，体现在其指标体系要求上。一个健全有效的综合财务指标体系，必须具备以下三个基本要素：（1）指标要素齐全适当。对于所设置的财务指标，必须涵盖企业偿债能力、营运能力、盈利能力等多个方面。（2）主辅指标功能匹配。一方面，在确立以上各方面评价的主要指标和辅助指标的同时，需要进一步明确总体结构中各项指标的主辅地位；另一方面，主要考核指标要有机统一，能够全面而且真实地反映企业经营理财状况。（3）满足多方面信息需要。指标体系必须能够提供多层次、多角度的信息资料，既能满足企业内部管理部门在做出决策时对充分而具体的财务信息的需要，同时又能满足外部投资者和监管部门的需要。

3. 基本的财务比率分析

评价企业财务状况和经营成果的基本财务比率指标包括偿债能力指标、营运能力指标、盈利能力指标和成本费用指标。为便于说明各指标的计算和分析方法，将以 ABC 公司的财务报表数据为例。该公司的资产负债表、利润表和现金流量表数据分别如表 7-1、表 7-2 和表 7-3 所示。

表 7-1　　ABC 公司资产负债表

编制单位：ABC 公司　　2022 年 12 月 31 日　　单位：万元

资产	年末金额	年初金额	负债和股东权益	年末金额	年初金额
流动资产：			流动负债：		
货币资金	44	25	短期借款	60	45
交易性金融资产	0	0	交易性金融负债	0	0
应收票据	20	23	应付票据	33	14
应收账款	398	199	应付账款	100	109
预付款项	22	4	预收款项	10	4
其他应收款	12	22	应付职工薪酬	2	1
存货	119	326	应交税费	5	4
一年内到期的非流动资产	77	11	其他应付款	37	38
其他流动资产	8	0	一年内到期的非流动负债	0	0
			其他流动负债	53	5
流动资产合计	700	610	流动负债合计	300	220
非流动资产：			非流动负债：		
债权投资	0	0	长期借款	450	245
其他债权投资	0	0	应付债券	240	260
长期应收款	0	0	长期应付款	50	60
长期股权投资	30	0	预计负债	0	0
其他权益工具投资	0	0	递延所得税负债	0	0
投资性房地产	0	0	其他非流动负债	0	15
固定资产	1 238	1 012	非流动负债合计	740	580
在建工程	18	35	负债合计	1 040	800
无形资产	6	8	股东权益：		
开发支出	0	0	股本	100	100
商誉	0	0	资本公积	10	10
长期待摊费用	5	15	其他综合收益	0	0
递延所得税资产	0	0	盈余公积	60	40
其他非流动资产	3	0	未分配利润	790	730
非流动资产合计	1 300	1 070	股东权益合计	960	880
资产总计	2 000	1 680	负债和股东权益合计	2 000	1 680

表 7-2　　ABC 公司利润表

编制单位：ABC 公司　　2022 年　　单位：万元

项目	本年金额	上年金额
一、营业收入	3 000	2 850
减：营业成本	2 644	2 503
税金及附加	28	28
销售费用	22	20
管理费用	46	40
财务费用	110	96
资产减值损失	0	0
加：其他收益	0	0
投资收益	6	0
公允价值变动收益	0	0
资产处置收益	0	0
二、营业利润	156	163
加：营业外收入	45	72
减：营业外支出	1	0
三、利润总额	200	235
减：所得税费用	64	75
四、净利润	136	160
（一）持续经营净利润	120	140
（二）终止经营净利润	16	20
五、其他综合收益的税后净额	0	0
（一）不能重分类进损益的其他综合收益	0	0
（二）将重分类进损益的其他综合收益	0	0
六、综合收益总额	136	160
七、每股收益		
（一）基本每股收益（元/股）	略	略
（二）稀释每股收益（元/股）	略	略

表 7-3　　ABC 公司现金流量表

编制单位：ABC 公司　　2022 年　　单位：万元

项目	本年金额
一、经营活动产生的现金流量	
销售商品、提供劳务收到的现金	2 810
收到的税费返还	0
收到其他与经营活动有关的现金	10
经营活动现金流入小计	2 820
购买商品、接受劳务支付的现金	2 445
支付给职工以及为职工支付的现金	24
支付的各项税费	91
支付其他与经营活动有关的现金	14
经营活动现金流出小计	2 574
经营活动产生的现金流量净额	246
二、投资活动产生的现金流量	
收回投资收到的现金	0
取得投资收益收到的现金	6

续表

项目	本年金额
处置固定资产、无形资产和其他长期资产收回的现金净额	82
处置子公司及其他营业单位收到的现金净额	0
收到其他与投资活动有关的现金	0
投资活动现金流入小计	88
购建固定资产、无形资产和其他长期资产支付的现金	300
投资支付的现金	30
取得子公司及其他营业单位支付的现金净额	0
支付其他与投资活动有关的现金	0
投资活动现金流出小计	330
投资活动产生的现金流量净额	-242
三、筹资活动产生的现金流量	
吸收投资收到的现金	0
取得借款收到的现金	220
收到其他与筹资活动有关的现金	0
筹资活动现金流入小计	220
偿还债务支付的现金	20
分配股利、利润或偿付利息支付的现金	170
支付其他与筹资活动有关的现金	15
筹资活动现金流出小计	205
筹资活动产生的现金流量净额	15
四、汇率变动对现金及现金等价物的影响	0
五、现金及现金等价物净增加额	19
加：期初现金及现金等价物余额	25
六、期末现金及现金等价物余额	44

（1）偿债能力分析

偿债能力是企业偿还到期债务（包括本息）的能力。偿债能力分析包括短期偿债能力分析和长期偿债能力分析。

① 短期偿债能力分析

短期偿债能力是指企业流动资产对流动负债及时足额偿还的保证程度，是衡量企业当期财务能力，特别是流动资产变现能力的重要指标。短期偿债能力的衡量指标主要有营运资本、流动比率、速动比率和现金比率等。

a. 营运资本

营运资本是指流动资产超过流动负债的部分，其计算公式如下：

营运资本=流动资产-流动负债　　（7-1）

根据表 7-1 中的数据：

ABC公司本年营运资本=700-300=400（万元）

ABC公司上年营运资本=610-220=390（万元）

计算营运资本使用的“流动资产”和“流动负债”，通常可以直接取自资产负债表。如果流动资产与流动负债相等，并不足以保证偿债，因为债务的到期与流动资产的现金生成，可能不会同步同量。企业必须保持流动资产大于流动负债，即保有一定数额的营运资本作为缓冲，以防止流动负债“穿透”流动资产。因此，企业的营运资本越多，流动负债的偿还越有保障，短期偿债能力越强。

b. 流动比率

流动比率是流动资产与流动负债的比值。其计算公式如下：

$$流动比率=\frac{流动资产}{流动负债} \tag{7-2}$$

根据表 7-1 中的数据：

$$ABC公司本年流动比率=\frac{700}{300}\approx 2.33$$

$$ABC公司上年流动比率=\frac{610}{220}\approx 2.77$$

流动比率假设全部流动资产都可以用于偿还短期债务，表明每 1 元流动负债有多少流动资产作为偿债的保障。本年同上年相比，ABC 公司的流动比率降低了 0.44(2.77−2.33)，即为每 1 元流动负债提供的流动资产保障减少了 0.44 元。

可见，流动比率是相对数，排除了企业规模不同的影响，更适合同业比较以及本企业不同历史时期的比较。

流动负债通常是用流动资产来偿还的，因此，流动比率越大，表明企业资产的流动性越高，短期偿债能力越强。流动比率说明了企业有多少短期可变现的资产来偿还短期负债，也说明了债权人债务的安全程度，同时也反映了企业营运资本的运作能力。一般来说，这个比率越高，说明企业的偿债能力越强，债权人的债务越安全。通常认为，流动比率为 2 左右比较适宜。如果比率低于 1，则表明企业的偿债能力较弱；如果比率大于 3，则表明企业管理政策过于保守，过多地将资金用于流动性较强的资产上，从而放弃了某些可以获利的机会。

将计算出来的流动比率和同行业平均流动比率、本企业历史流动比率进行比较，才能知道这个比率是高还是低。这种比较通常并不能说明流动比率为什么这么高或低，想要找出过高或过低的原因还必须分析流动资产和流动负债所包括的内容以及经营上的因素。一般情况下，营业周期、流动资产中的应收账款数额和存货的周转速度是影响流动比率的主要因素。

c. 速动比率

构成流动资产的各个项目的流动性有很大差别。其中的货币资金、交易性金融资产和各种应收、预付款项等，可以在较短时间内变现，称为速动资产。另外的流动资产，包括存货、待摊费用、一年内到期的非流动资产及其他流动资产等，称为非速动资产。

非速动资产的变现时间和数量具有较大的不确定性：首先，存货的变现速度比应收款项要慢得多；部分存货可能已损失报废还没做处理，或者已抵押给某债权人，不能用于偿债；存货估价有多种方法，可能与变现金额相差悬殊。其次，待摊费用不能出售变现。最后，一年内到期的非流动资产和其他流动资产的数额有偶然性，不代表正常的变现能力。因此，将可偿债资产定义为速动资产，计算出来的短期债务存量比率更令人可信。

速动资产与流动负债的比值称为速动比率，其计算公式为：

$$速动比率=\frac{速动资产}{流动负债} \tag{7-3}$$

根据表 7-1 中的数据：

$$ABC公司本年速动比率=\frac{44+20+398+22+12}{300}\approx 1.65$$

$$ABC公司上年速动比率=\frac{25+23+199+4+22}{220}\approx 1.24$$

速动比率假设速动资产是可以用于偿债的资产，表明每 1 元流动负债有多少速动资产作为偿还保障。本年 ABC 公司的速动比率比上年提高了 0.41，说明为每 1 元流动负债提供的速动资产保障增加了 0.41 元。

因为在流动资产中存货的变现能力最差，该指标是假设在企业存货均不能脱手变现或即使能脱手变现但价值要降低的情况下，企业可动用流动资产清偿流动负债的能力。因此，速动比率较流动比率更能准确地衡量企业的短期偿债能力。一般认为速动比率为 1 比较适宜。但不同行业的速动比率差别很大。例如，大量现销的商店几乎没有应收款项，速动比率低于 1 亦属正常。相反，一些应收款项较多的企业，速动比率可能要大于 1。

d. 现金比率

在速动资产中，流动性最强、可直接用于偿债的资产称为现金资产。现金资产包括货币资金、交易性金融资产等。它们与其他速动资产有区别，其本身就是可以直接偿债的资产，而非速动资产需要等待不确定的时间，才能转换为不确定数额的现金。

现金资产与流动负债的比值称为现金比率，其计算公式如下：

$$\text{现金比率}=\frac{\text{现金资产}}{\text{流动负债}}=\frac{\text{货币资金}+\text{交易性金融资产}}{\text{流动负债}} \tag{7-4}$$

根据表 7-1 中的数据：

$$\text{ABC公司本年现金比率}=\frac{44}{300}\approx 0.147$$

$$\text{ABC公司上年现金比率}=\frac{25}{220}\approx 0.114$$

现金比率假设现金资产是可偿债资产，表明 1 元流动负债有多少现金资产作为偿还保障。本年 ABC 公司的现金比率比上年增加 0.033(0.147−0.114)，说明企业为每 1 元流动负债提供的现金资产保障增加了 0.033 元。

② 长期偿债能力分析

长期偿债能力是企业对长期债务的偿还能力。对于长期债权人而言，由于涉及长期本金和利息的偿还，其不仅需要关心企业是否有足够的资产实力，还要关注企业的盈利能力。分析企业长期偿债能力的主要指标有资产负债率、产权比率和权益乘数、利息保障倍数以及现金流量与债务比率。

a. 资产负债率

资产负债率是负债总额占资产总额的百分比，其计算公式如下：

$$\text{资产负债率}=\frac{\text{负债总额}}{\text{资产总额}}\times 100\% \tag{7-5}$$

根据表 7-1 中的数据：

$$\text{ABC公司本年资产负债率}=\frac{1\,040}{2\,000}\times 100\%=52\%$$

$$\text{ABC公司上年资产负债率}=\frac{800}{1\,680}\times 100\%\approx 47.62\%$$

资产负债率反映总资产中有多大比例是通过负债取得的。它可以衡量企业在清算时保护债权人利益的程度。资产负债率越低，企业偿债越有保证，贷款越安全。资产负债率还代表企业的举债能力。一个企业的资产负债率越低，举债越容易。如果资产负债率高到一定程度，没有人愿意提供贷款了，则表明企业的举债能力已经用尽。

通常，资产在破产拍卖时的售价不到账面价值的 50%，因此资产负债率高于 50%，则债权人的利益就缺乏保障。各类资产变现能力有显著区别，房地产变现的价值损失小，专用设备则难以变现。不同企业的资产负债率不同，与其持有的资产类别有关。

b. 产权比率和权益乘数

产权比率和权益乘数是资产负债率的另外两种表现形式，它们的性质和资产负债率一样，相关计算公式如下：

$$产权比率=\frac{负债总额}{股东权益} \tag{7-6}$$

$$权益乘数=\frac{总资产}{股东权益}=1+产权比率=\frac{1}{1-资产负债率} \tag{7-7}$$

根据表 7-1 中的数据：

$$ABC公司本年产权比率=\frac{1\,040}{960}\approx 1.08$$

$$ABC公司上年产权比率=\frac{800}{880}\approx 0.91$$

根据表 7-1 中的数据：

$$ABC公司本年权益乘数=\frac{2\,000}{960}\approx 2.08$$

$$ABC公司上年权益乘数=\frac{1\,680}{880}\approx 1.91$$

产权比率表明 1 元股东权益借入的债务数额。权益乘数表明 1 元股东权益拥有的总资产。它们是两种常用的财务杠杆计量指标，可以反映特定情况下资产利润率和权益利润率之间的倍数关系。财务杠杆表明债务的多少，与偿债能力有关，并且可以表明权益净利率的风险，也与盈利能力有关。

c. 利息保障倍数

利息保障倍数是指息税前利润为利息费用的倍数。其计算公式如下：

$$利息保障倍数=\frac{息税前利润}{利息费用}=\frac{净利润+利息费用+所得税费用}{利息费用} \tag{7-8}$$

根据表 7-2 中的数据：

$$ABC公司本年利息保障倍数=\frac{136+110+64}{110}\approx 2.82$$

$$ABC公司上年利息保障倍数=\frac{160+96+75}{96}\approx 3.45$$

通常，可以用财务费用的数额作为利息费用，也可以根据报表附注资料确定更准确的利息费用数额。

长期债务不需要每年还本，却需要每年付息。利息保障倍数表明 1 元债务利息有多少倍的息税前收益作保障，它可以反映债务政策的风险大小。如果企业一直保持按时付息的信誉，则长期负债可以延续，举借新债也比较容易。利息保障倍数越大，利息支付越有保障。如果利息支付尚且缺乏保障，则归还本金就很难指望。因此，利息保障倍数可以反映长期偿债能力。

如果利息保障倍数小于 1，则表明企业自身产生的经营收益不能支持现有的债务规模。利息保障倍数越大，企业拥有的偿还利息的缓冲资金越多。

d. 现金流量与债务比率

现金流量与债务比率是指经营活动所产生的现金净流量与债务总额的比率。其计算公式为：

$$经营现金流量与债务比率=\frac{经营现金流量}{债务总额}\times 100\% \tag{7-9}$$

根据表 7-1 和表 7-3 中的数据：

$$ABC公司本年现金流量与债务比率=\frac{246}{1\,040}\times 100\%\approx 23.65\%$$

一般来讲，该比率中的负债总额采用期末数而非平均数，因为实际需要偿还的是期末金额，而非平均金额。该比率表明企业用经营活动现金流量净额偿付全部债务的能力。该比率越高，表明企业偿还负债总额的能力越强。

（2）营运能力分析

营运能力分析主要是分析企业资产的运用效率，即资金周转循环的状况。一般而言，企业资金的周转速度越快，说明企业资产的运用效率越高，企业经营管理水平越高。其主要指标是资金周转率。它反映企业在一定时期内资金的周转次数或周转一次所需要的天数，主要可按应收账款、存货和总资产等来计算。

① 应收账款周转率

应收账款周转率/应收账款周转天数是营业收入与应收账款的比率。此外，它还有应收账款周转天数和应收账款与收入比两种表示形式，计算公式分别如下：

$$应收账款周转次数=\frac{营业收入}{应收账款} \tag{7-10}$$

$$应收账款周转天数=\frac{365}{应收账款周转次数} \tag{7-11}$$

$$应收账款与收入比=\frac{应收账款}{营业收入} \tag{7-12}$$

根据表 7-1 和表 7-2 中的数据：

$$\text{ABC}公司本年应收账款周转次数=\frac{3\ 000}{398+20}\approx 7.2（次/年）$$

$$\text{ABC}公司本年应收账款周转天数=\frac{365}{7.2}\approx 50.7（天/次）$$

$$\text{ABC}公司本年应收账款与收入比=\frac{398+20}{3\ 000}\approx 0.14$$

应收账款周转次数，表明 1 年中应收账款周转的次数，或者说每 1 元应收账款支持的营业收入。应收账款周转天数，也称为应收账款收现期，表明从销售开始到收回现金所需要的平均天数。应收账款与收入比，则表明每 1 元营业收入中的应收账款占比。

② 存货周转率

存货周转率/存货周转次数是营业收入或营业成本与存货的比率。此外，它还有存货周转天数和存货与收入比两种表示形式，计算公式分别如下：

$$存货周转次数=\frac{营业收入或营业成本}{存货} \tag{7-13}$$

$$存货周期天数=\frac{365}{存货周转次数} \tag{7-14}$$

$$存货与收入比=\frac{存货}{营业收入} \tag{7-15}$$

根据表 7-1 和表 7-2 中的数据：

$\text{ABC}公司本年存货周转次数=3\ 000/119\approx 25.2（次/年）$

$\text{ABC}公司本年存货周转天数=365/(3\ 000/119)\approx 14.5（天/次）$

$\text{ABC}公司本年存货与收入比=119/3\ 000\approx 0.04$

存货周转次数，表明 1 年中存货周转的次数，或者说明每 1 元存货投资支持的营业收入。存货周转天数表明存货周转一次需要的时间，也就是存货转换成现金平均需要的时间。存货与收入比，表明每 1 元营业收入需要的存货投资。

③ 总资产周转率

总资产周转率/总资产周转次数是营业收入与总资产的比率。此外，它还有总资产周转天数、总资产与收入比两种表示形式，计算公式分别如下：

$$总资产周转次数=\frac{营业收入}{总资产} \tag{7-16}$$

$$总资产周转天数=\frac{365}{总资产周转次数} \tag{7-17}$$

$$总资产与收入比=\frac{总资产}{营业收入} \tag{7-18}$$

根据表 7-1 和表 7-2 中的数据：

$$ABC公司本年总资产周转次数=\frac{3\,000}{2\,000}=1.5（次/年）$$

$$ABC公司本年总资产周转天数=\frac{365}{1.5}\approx 243.3（天/次）$$

$$ABC公司本年总资产与收入比=\frac{2\,000}{3\,000}\approx 0.67$$

总资产周转次数，表明 1 年中总资产周转的次数，或者说明每 1 元总资产投资支持的营业收入。总资产周转天数表明总资产周转一次需要的时间，也就是总资产转换成现金平均需要的时间。总资产与收入比，表明每 1 元营业收入需要的总资产投资。

（3）盈利能力分析

盈利是企业最直接的经营目标，也是企业生存和发展的重要保证，从分析主体的角度看，不论是投资人、债权人，还是企业经营者，都非常重视和关心企业的盈利能力，因此，财务分析必须要分析盈利能力指标。

企业的盈利能力分析，也称收益性分析。企业利润的多少，利润率的高低，是其有无管理效率的标志。因此，企业盈利能力的大小，是投资者首先考虑的因素。

企业盈利能力分析，主要从销售、资产和权益资本的占用等方面来进行。常用的反映企业盈利能力的指标有以下几个。

① 销售利润率

销售利润率是指利润与营业收入的比率，常用有销售毛利率和销售净利率两个指标，通常用百分数表示，其计算公式为：

$$销售毛利率=\frac{销售毛利}{营业收入}\times 100\% \tag{7-19}$$

$$销售净利率=\frac{净利润}{营业收入}\times 100\% \tag{7-20}$$

根据表 7-2 中的数据：

$$ABC公司本年销售净利率=\frac{136}{3\,000}\times 100\%\approx 4.53\%$$

销售毛利率反映了企业一定时期销售毛利与营业收入的比率，说明了每百元营业收入扣除销售成本后，有多少比例的钱可以用于各项期间费用和形成盈利。这是一个非常重要的反映企业市场竞争能力的指标。一般讲这个指标越大，说明企业营业收入的实际盈利能力越强，一般来说也是越大越好的。

销售净利率反映了企业每百元营业收入最终能获取多少元的税后利润，它包含了企业当期的投资收入和营业外收支。该比率越大，说明企业整体盈利能力越强。销售净利率不是销售直接评价指标，而是总体评价指标。

② 资产利润率

资产利润率是指净利润与总资产的比率，它反映企业从每元资产（不管资金来源）中得到的净利润。其计算公式为：

$$资产利润率=\frac{净利润}{总资产}\times100\% \tag{7-21}$$

根据表 7-1 和表 7-2 中的数据：

$$ABC公司本年资产利润率=\frac{136}{2\,000}\times100\%=6.8\%$$

$$ABC公司上年资产利润率=\frac{160}{1\,680}\times100\%\approx9.52\%$$

资产利润率是评价企业盈利能力的关键。虽然股东的报酬由资产利润率和财务杠杆共同决定，但提高财务杠杆会同时增加企业风险，往往并不增加企业价值。此外，财务杠杆的提高有诸多限制，企业经常处于财务杠杆不可能再提高的临界状态。因此，驱动权益净利率的基本动力是资产利润率。

③ 权益净利率（或者净资产净利率）

权益净利率是净利润与股东权益的比率，它反映 1 元的股东资本赚取的净利润，可以衡量企业的总体盈利能力。其计算公式为：

$$权益净利率=\frac{净利润}{股东权益}\times100\% \tag{7-22}$$

根据表 7-1 和表 7-2 中的数据：

$$ABC公司本年权益净利率=\frac{136}{960}\times100\%\approx14.17\%$$

$$ABC公司上年权益净利率=\frac{160}{880}\times100\%\approx18.18\%$$

权益净利率的分母是股东的投入，分子是股东的所得。对于股权投资人来说，具有非常好的综合性，概括了企业的全部经营业绩和财务业绩。ABC 公司本年股东的回报率减少了，总体上看不如上一年。

（4）成本费用指标

成本费用指标是财务分析的重要内容，因为现代企业财务管理离不开高水平的成本管理和费用控制，成本管理和费用控制水平的高低，是一个企业是否具有较强市场竞争能力的关键。成本费用指标包括以下内容。

① 销售成本率

销售成本率是企业一定时期营业成本（费用）与营业收入总额的比率。其计算公式如下：

$$销售成本率=\frac{营业成本（费用）}{营业收入}\times100\% \tag{7-23}$$

根据表 7-2 中的数据：

$$ABC公司本年销售成本率=\frac{2\,644}{3\,000}\times100\%\approx88.13\%$$

$$ABC公司上年销售成本率=\frac{2\,503}{2\,850}\times100\%\approx87.82\%$$

一般情况下，该指标越低越好，说明企业只需支付较少的成本费用代价，便能获取较大的收入。

② 成本利润率

成本利润率是企业一定时期净利润与其营业成本（费用）总额的比率。其计算公式如下：

$$成本利润率=\frac{净利润}{营业成本（费用）总额}\times100\% \tag{7-24}$$

根据 ABC 公司相关财务报表中的数据：

$$\text{ABC公司本年成本利润率}=\frac{136}{2\,644}\times100\%\approx5.14\%$$

$$\text{ABC公司上年成本利润率}=\frac{160}{2\,503}\times100\%\approx6.39\%$$

在正常情况下，该比率越大，说明企业盈利能力越强，只要花较少的代价，便能获得较大的利润，同时也说明企业有较高的成本费用的管理水平。

4．财务综合分析方法

杜邦财务分析体系，简称杜邦体系或杜邦分析法，由杜邦公司在20世纪20年代首创，其基本原理就是利用各财务指标间的内在关系，对企业综合经营理财及经济效益进行系统分析与评价。

（1）杜邦财务分析体系的核心比率

权益净利率是分析体系的核心比率，它有很好的可比性，可以用于不同企业之间的比较，而且有很强的综合性。为了提高股东权益净利率，管理者有三个可以使用的杠杆：

$$\text{权益净利率}=\text{销售净利率}\times\text{总资产周转率}\times\text{权益乘数} \tag{7-25}$$

其中，销售净利率=净利润/营业收入，总资产周转率=营业收入/总资产，权益乘数=总资产/股东权益=1/(1-资产负债率)。

无论提高其中的哪一个比率，权益净利率都会提升。其中，“销售净利率”是利润表的概括，“营业收入”与“净利润”两者相除的结果可以反映全部经营成果；“总资产周转率”把利润表和资产负债表联系起来，使权益净利率可以综合整个企业的经营活动和财务活动的业绩；“权益乘数”是资产负债表的概括，表明资产、负债和股东权益的比例关系，可以反映最基本的财务状况。

（2）杜邦财务分析体系的基本框架

根据 ABC 公司的财务报表数据，杜邦财务分析体系的基本框架如图 7-1 所示。

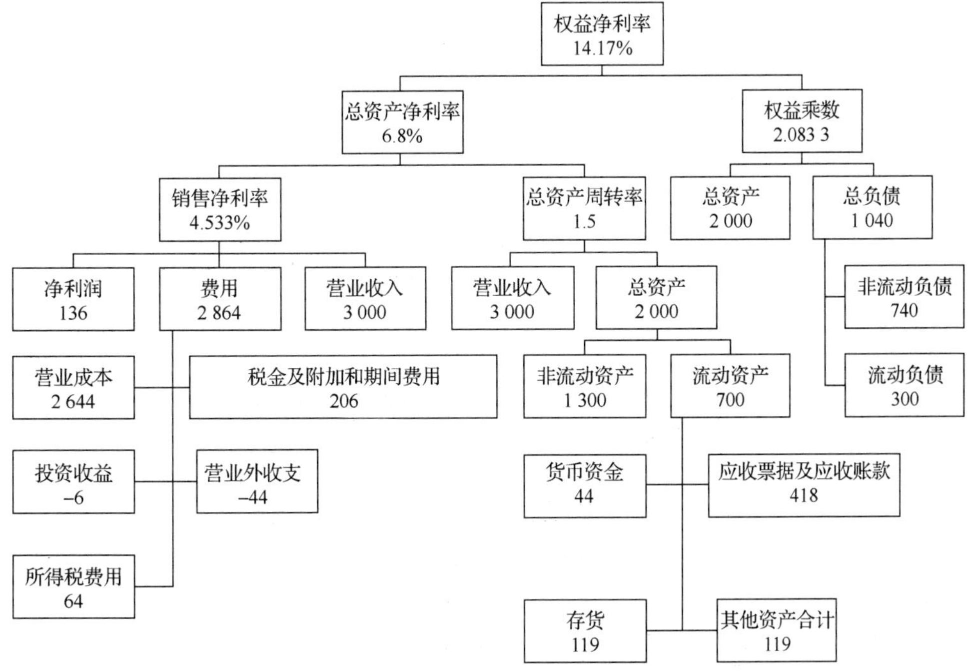

图 7-1 杜邦财务分析体系的基本框架

该体系是一个多层次的财务比率分解体系。各项财务比率，在每个层次上与本企业历史或同业的财务比率比较，比较之后向下一级分解。逐级向下分解，逐步覆盖企业经营活动的每一个环节，可以实现系统、全面评价企业经营成果和财务状况的目的。

第一层次的分解，是把权益净利率分解为销售净利率、总资产周转率和权益乘数。这三个比率在各企业之间可能存在显著差异。通过对差异的比较，可以观察本企业与其他企业的经营战略和财务政策有什么不同。

分解出来的销售净利率和总资产周转率，可以反映企业的经营战略。一些企业销售净利率较高，而资产周转率较低；另一些企业与之相反，资产周转率较高而销售净利率较低。两者经常呈反方向变化。这是因为，为了提高销售利润率，就是要增加产品的附加值，往往需要增加投资，引起周转率的下降。与此相反，为了加快周转，就要降低价格，引起销售净利率下降。因此，仅从销售净利率的高低并不能看出业绩好坏，而把它与资产周转率联系起来可以考察企业的经营战略。真正重要的，是两者共同作用而得到的总资产净利率。总资产净利率可以反映管理者运用受托资产赚取盈利的业绩，这是最重要的盈利能力。

分解出来的权益乘数可以反映企业的财务政策。在资产利润率不变的情况下，提高权益乘数可以提高权益净利率，但同时也会增加财务风险。如何配置资产负债比率是企业最重要的财务政策。一般说来，负债比例大，权益乘数就高，反之亦然。可以设想，为了提高权益乘数，企业倾向于尽可能提高负债比例。但是，这样往往会给企业带来较高风险。因此，经营风险低的企业可以得到较多的贷款，其资产负债比率较高；经营风险高的企业，只能得到较少的贷款，其资产负债比率较低。资产利润率与资产负债比率呈现负相关，共同决定了企业的权益净利率。

（3）财务比率的比较和分解

该分析体系要求，在每一个层次上进行财务比率的比较和分解。通过与上年比较可以识别变动的趋势，通过同业的比较可以识别存在的差距。分解的目的是识别引起变动（或产生差距）的原因，并计量其重要性，为后续分析指明方向。

下面以 ABC 公司权益净利率的比较和分解为例，说明其一般方法。

权益净利率的比较对象，可以是其他企业的同期数据，也可以是本企业的历史数据，这里仅以本企业的本年与上年的比较为例（资产以当期期末资产计算）。

权益净利率=销售净利率×总资产周转率×权益乘数

即本年权益净利率=4.533%×1.5×2.083 3≈14.165%

上年权益净利率=5.614%×1.696 4×1.909 1≈18.181%

权益净利率变动=-4.016%

与上年相比，权益净利率下降了，公司整体业绩不如上年。影响权益净利率变动的不利因素是销售净利率和总资产周转率下降；有利因素是权益乘数提高。

利用连环替代法可以定量分析它们对权益净利率变动的影响程度：

① 销售净利率变动的影响

按本年销售净利率计算的上年权益净利率=4.533%×1.696 4×1.909 1≈14.681%

销售净利率变动的影响=14.681%-18.181%=-3.5%

② 资产周转率变动的影响

按本年销售净利率、资产周转率计算的上年权益净利率=4.533%×1.5×1.909 1=12.981%

资产周转率变动的影响=12.981%-14.681%=-1.7%

③ 权益乘数变动的影响

权益乘数变动的影响=14.165%-12.981%=1.184%

通过分析可知，最重要的不利因素是销售净利率降低，使权益净利率减少 3.5%；其次是资产周转率降低，使权益净利率减少 1.7%。有利的因素是权益乘数提高，使权益净利率增加 1.184%。不利因素超过有利因素，所以权益净利率减少 4.016%。由此应重点关注销售净利率降低的原因。

7.2 业绩评价与考核

7.2.1 责任中心的划分

责任中心是企业业绩管理的手段之一。它是将企业经营体分割成置于市场竞争环境之下、拥有独自产品或市场的一些绩效责任单位，然后将总部的管理责任授权给这些单位，并通过绩效指标计算、实施必要的业绩衡量与奖惩等方式分而治之，以期达成企业设定的经营成果的一种管理制度，又称责任单位、责任主体。

练一练

（判断）企业内部个人不能构成责任实体，所以企业内部个人不能作为责任中心。（　　）

答案：错误。个人可以构成成本中心或利润中心等责任中心。

不同的部门和单位有不同的职能。按其责任和控制范围的大小，责任中心一般可以分为成本中心、利润中心和投资中心。

1．成本中心

成本中心是其责任者只对成本或费用负责的部门或单位，即成本中心的职责是用一定的成本去完成规定的具体任务。成本中心涵盖的范围最广，只要有成本费用发生的地方，都可以建立成本中心，并在企业内形成逐级控制、层层负责的成本中心体系。

成本对企业的重要性不言而喻。迈克尔·波特的竞争战略理论表明，成本领先能够创造竞争优势。不只是对于传统企业，即使是对于电子商务企业，成本领先也依然是竞争优势的获得来源。电子商务企业用虚拟的网络店面代替了实体店面，虽然节约了店面租金，却增加了物流成本。世界著名的电子商务企业亚马逊（Amazon）用五年的时间，将物流成本降低了近一半，并利用这种物流成本优势，以减免运费的方式，打击竞争对手，提高销售额和市场份额，以发挥规模效应，进一步降低了物流成本。

美航是美国最大也是最赚钱的航空公司。但是美航仍在想尽办法降低成本，节约一切可能节约的费用。在其飞机上，除了代表着美航标志的红、白、蓝条纹外，一概不涂其他更多油漆。这不仅降低了油漆的费用，还使飞机更轻，节省燃油费用。有一次，美航的老板柯南道尔曾将自己在美航班机上未吃完的生菜倒入一个塑料袋，交给负责机上餐食的主管，下令“缩减晚餐沙拉的分量”。之后，他又下令拿掉供给旅客的沙拉中的一粒橄榄。如此一来，既减少了浪费，又减少了开支，既不降低品质，又能把减少成本落到实处。

练一练

（单选）在责任中心中，应用最为广泛的责任中心形式是（　　）。

A．核算中心　　B．成本中心　　C．利润中心　　D．投资中心

答案：B。

（1）成本中心的特点

成本中心往往没有收入。很多生产车间都属于成本中心，其产品或半成品并不由自己出售，因而其没有销售职能，也没有货币收入，有的生产车间可能会取得少量外部加工收入，但这并非其主要职能，也不是对其考核的主要内容。

一个成本中心可以由若干更小的成本中心所组成。例如，一个分厂是成本中心，它由几个

车间所组成，而每个车间还可以划分为若干工段，这些工段是更小的成本中心。确定为成本中心的责任领域，大到一个分公司，小到可能只是一台卡车和两个司机组成的单位。

成本中心的考核指标是其责任成本。责任成本是以具体的责任单位（部门、单位或个人）为对象，以其承担的责任为范围归集的成本，即特定责任中心的全部可控成本。可控成本是指在特定时期内，特定责任中心能够直接控制其发生的成本，即该责任中心知道成本何以发生、如何计量、怎样调整。因此，可控成本总是针对特定责任中心来说的。有些成本，对于下级单位来说是不可控的，而对于上级单位来说则是可控的。例如，车间主管不能控制自己的工资（尽管它通常要记入车间成本），而其上级则可以控制。

练一练

（单选）1. 成本的可控性与不可控性，随着条件变化可能发生相互转化。下列表述中，不正确的说法是（　　）。

A. 高层责任中心的不可控成本，对于较低层次的责任中心来说一定是不可控的

B. 低层次责任中心的不可控成本对于较高层次责任中心来说，一定是可控的

C. 某一责任中心的不可控成本，对另一个责任中心来说则可能是可控的

D. 某些从短期看不可控的成本，从较长的期间看，可能又成为可控成本

答案：B。

（判断）2. 同一个成本项目，对于有的部门来说是可控的，对另一个部门来说，则可能是不可控的。也就是说，成本的可控与否是相对的，而不是绝对的。（　　）

答案：正确。

（2）成本中心的类型与考核指标

成本中心有两种类型：标准成本中心和费用中心。

标准成本中心是指生产的产品稳定而明确，且已知单位产品所需投入量的责任中心。标准成本中心无须进行投资决策、定价决策、产量或产品结构决策，只对既定产量和质量的投入量负责。因此，其考核指标是既定产品质量和数量条件下的标准成本。即：产量过高或不足以及未达到规定质量也相当于考核指标未达成。标准成本中心的典型代表是制造业的工厂、车间、工段、班组等。实际上任何一种重复性的活动都可以建立标准成本中心，只要这种活动能够计量产出的实际数量并能够说明投入与产出之间可望达到的函数关系。银行、医院等都可以建立标准成本中心。

费用中心是产出物不能用财务指标来衡量，或者投入和产出之间没有密切关系的单位。费用中心包括一般行政管理部门（会计、人事、劳资、计划等）、研究开发部门（设备改造、新产品研制等）以及某些销售部门（广告、宣传、仓储等）。费用中心可以准确计量的是实际费用，无法通过投入和产出的比较来评价其效果和效率并限制无效费用的支出，因而有人称之为“无限制的”费用中心。因此，一般通过费用预算实现对其的考核，以同行业类似职能的支出水平甚至零基预算的方法设定预算数额。在实践中，预算水平常由了解实际情况的专业人员与上层主管人员协商确定。

当然，标准成本中心与费用中心的考核要区分归属期间。本期发生的成本与费用不可与上期或下期的混淆。如果实际上 3 月的成本偏高，而 4 月的成本经努力已大幅度降低，但核算时，将 3 月的成本仍摊到 4 月，就会发生考核不准，奖惩不当的问题。

练一练

（单选）1. 下列成本中，属于成本中心必须控制和考核的指标是（　　）。

A. 产品成本　　B. 期间费用　　C. 不可控成本　　D. 责任成本

答案：D。

（单选）2. 以下可以作为典型的标准成本中心的部门是（　　）。

A. 科研开发部　　B. 事业部　　C. 生产车间　　D. 销售部

答案：C。

（单选）3. 以下各项费用中，属于生产部门的可控成本的是（　　）。

A. 加工不当造成的报废损失　　B. 劣质材料造成的报废损失

C. 大修理期间的停工损失　　D. 原材料的单价

答案：A。

例7-1 设某公司生产A、B两种产品，该公司有三个成本中心，即生产车间、修理车间、管理部门。2018年该公司发生的成本费用如表7-4所示。那么，各个成本中心的责任成本是多少？

表7-4　A、B两种产品的成本费用资料　单位：元

项目	A产品	B产品	合计
直接材料	30 000	60 000	90 000
直接人工	25 000	35 000	60 000
制造费用：间接材料	5 000	10 000	15 000
间接人工	2 000	4 000	6 000
管理人员工资	5 500	11 000	16 500
折旧费：生产车间	6 000	12 000	18 000
修理车间	1 000	2 000	3 000
管理部门	700	1 400	2 100
水电费：生产车间	3 500	7 000	10 500
修理车间	1 700	3 400	5 100
管理部门	1 400	2 800	4 200
合计	81 800	148 600	230 400

解：表7-4所示的是按产品归集的成本：A产品的生产成本为81 800元，B产品的生产成本为148 600元。若按成本中心归集，则责任成本如表7-5所示。

表7-5　按成本中心归集的责任成本　单位：元

成本项目	生产车间	修理车间	管理部门	合计
直接材料	90 000			90 000
直接人工	60 000			60 000
制造费用：间接材料		15 000		15 000
间接人工		6 000		6 000
管理人员工资			16 500	16 500
水电费	10 500	5 100	4 200	19 800
合计	160 500	26 100	20 700	207 300

即：标准成本中心——生产车间的责任成本为160 500元；成本中心——修理车间的责任成本为26 100元；费用中心——管理部门的责任成本为20 700元。这里的折旧费是历史决策的结果，在短期内无法调整，属于不可控的成本费用，因此不属于责任成本。

2. 利润中心

利润中心被赋予经营自主权，可以用灵活的营销策略及适当的成本控制方法，创造最佳利

润，以达成其利润责任。一个责任中心，如果能同时控制生产和销售，既要对成本负责，又要对收入负责，可以根据其利润的多少来评价该中心的业绩，但没有责任或没有权力决定该中心的资产投资水平，则该中心称为利润中心。

（1）利润中心的类型

利润中心包括自然利润中心和人为利润中心两种。

自然利润中心直接向企业外部出售产品，具有产品或劳务的销售权、价格制定权、材料采购权及生产决策权。例如，企业集团的子公司以及某些公司的一些事业部。人为利润中心主要在企业内部按照内部转移价格出售产品，拥有部分经营权，能自主决定其产品或劳务的品种、产量、作业方法、人员调配、资金使用等。例如，汽车公司的只有少量对外销售的底盘、发动机、零部件、整车组装等生产部门就是人为利润中心。其中，内部转移价格可以采用市场价格、以市场为基础的协商价格、变动成本加固定费用转移价格和全部成本转移价格。企业可以根据销售和购买部门的实际情况选择使用。

浙江一带的中小型企业将产品免费提供给个人销售，不提供其他条件，并规定谁能把产品卖了，谁就获得重奖，同时规定差价全部归个人，奖赏在年终时一并结算。这就是曾经被浙江地区企业广泛采用的销售承包制度。每个人都是一个利润中心，且每个人都有产品或劳务的销售权、价格制定权、采购权等，不仅仅是可以计量利润的一个单位。这种业绩制度使浙江地区的产品卖到了全国乃至全世界，并且成就了很多名扬海外的浙江商人。

（2）利润中心的考核指标

对利润中心进行考核的指标主要是利润。在共同成本难以合理分摊或无须共同分摊的情况下，其考核指标是部门可控边际贡献，该指标等于利润中心销售收入总额与可控成本总额（变动成本总额与可控固定成本之和）的差额；在共同成本易于合理分摊或者不存在共同成本分摊的情况下，利润中心不仅计算可控成本，也应计算不可控成本，其主要的考核指标包括部门边际贡献总额、部门税前经营利润等。相关计算公式如下：

部门可控边际贡献=(部门销售收入-部门变动成本)-可控固定成本　　（7-26）

部门边际贡献总额=部门可控边际贡献-部门不可控固定成本　　（7-27）

=(部门边际贡献-可控固定成本)-部门不可控固定成本

=[(部门销售收入-部门变动成本)-可控固定成本] -部门不可控固定成本

部门税前经营利润=部门边际贡献总额-企业管理费用　　（7-28）

部门可控边际贡献反映了部门经理在其权限和控制范围内有效使用资源的能力，对部门而言是比部门边际贡献总额和部门税前经营利润考核指标更好的选择。但企业作为一个整体，其成本费用总要获得补偿，所以，其他的指标也有其存在的意义。

前瞻产业研究院通过对2016年全球主要智能手机品牌盈利能力的对比发现，苹果、三星、华为、OPPO、vivo分别以79.2%、14.6%、1.6%、1.5%，1.3%分列前五。2017年第二季度，华为、OPPO、vivo、小米、苹果在中国的智能手机出货量分别为23.5万台、20.1万台、16.0万台、14.2万台、8万台。中国智能手机人气渐增，利润表现也越来越好。手机厂商可以通过比较各机型部门的可控边际贡献，进一步细分产品盈利能力。

3．投资中心

投资中心是指既对成本、收入和利润负责，又对投资效果负责的责任中心。投资中心拥有最大的决策权，也承担最大的责任，是最高层次的责任中心。投资中心必然是利润中心。但利润中心并不都是投资中心，其没有投资决策权，在考核时不考虑所占用的资产。而投资中心主要考核能集中反映利润与投资额之间关系的指标，包括投资报酬率和剩余收益等。

练一练

（单选）利润中心与投资中心的主要区别是它没有（　　）。

A. 产品销售权　　B. 价格制定权

C. 材料采购权　　D. 投资决策权

答案：D。

（1）投资报酬率

投资报酬率又称投资回报率、投资利润率，多指独立核算的投资中心（如整个企业）的净利润与平均净资产的比率。对于非独立核算的部门投资中心，其投资报酬率是指部门税前经营利润与部门平均净经营资产的比率，可用于评价和考核由投资中心掌握、使用的经营资产的盈利能力。其计算公式为：

独立核算的投资中心的投资报酬率=净利润÷平均净资产×100%　（7-29）

部门投资报酬率=部门税前经营利润÷部门平均净经营资产×100%　（7-30）

投资报酬率指标能反映投资中心的综合盈利能力，具有横向可比性，可以作为投资机会选择的依据，引导投资中心追求盈利的行为。但该指标的局限性在于其会造成投资中心与整个企业利益的不一致。

例7-2 设某公司有A、B两个独立核算的投资中心。A的净资产为200万元，今年的净利润为40万元，投资报酬率为20%。B的净资产为100万元，今年的净利润为10万元，投资报酬率为10%。A现有一个新的投资项目，投资金额为200万元，预期净利润为35万元。A是否应该投资？

解： 公司的净资产=200+100=300（万元）

公司今年的净利润=40+10=50（万元）

公司的投资报酬率=50÷300×100%≈16.67%

若A接受该项目，则：A的投资报酬率=(35+40)÷(200+200)×100%=18.75%

该投资报酬率比原来A的投资报酬率20%有所下降。接受该投资项目对A不利。但是对整个公司而言，公司的投资报酬率为：(35+40+10)÷(200+200+100)×100%=17%，17%>16.67%，从整个公司来看，A接受该投资项目对公司是有利的。但由于采用单一的投资报酬率作为评价投资中心的指标，A投资中心的利益与公司的整体利益出现了不一致。

（2）剩余收益

剩余收益是指投资中心获得的利润，扣减其投资额按规定（或预期）的最低报酬率计算的投资收益后的余额。按照是否独立核算，也可以分为两种情况计算，公式为：

独立核算投资中心的剩余收益=净利润-净资产×规定或预期的最低投资报酬率　（7-31）

部门的剩余收益=部门税前经营利润-部门平均净经营资产×要求的税前投资报酬率　（7-32）

剩余收益指标能够反映投入产出的关系，将个别投资中心的利益与整个企业的利益统一起来。其不足在于不便于不同规模的企业和部门的业绩比较。

例7-3 沿用【例7-2】的资料。设公司规定的最低报酬率为10%，在考虑剩余收益指标的情况下，重新做出A是否投资的决策。

解： A在接受投资项目之前的剩余收益=40-200×10%=20（万元）

若A接受新的投资项目，则：

剩余收益=(40+35)-(200+200)×10%=35（万元）

剩余收益总额增加，所以A应接受该投资项目，从而使A与公司利益保持一致。

**练一练**

（单选）在投资中心的主要考核指标中，能够全面反映该责任中心投入产出的关系，避免本位主义发生，并使个别投资中心的利益与整个企业的利益统一起来的指标是（　　）。

A. 可控成本　　B. 边际贡献　　C. 投资报酬率　　D. 剩余收益

答案：D。

练一练

（单选）某投资中心的投资额为30万元，最低投资报酬率为10%，剩余收益为5万元，则该中心的营业利润为（　　）万元。

A. 8　　B. 5　　C. 3　　D. 2

答案：A。计算方法为：30×10%+5=8（万元）。

**练一练**

（单选）若使投资中心的剩余收益大于零，则该中心的投资利润率必定（　　）。

A. 大于最低投资报酬率　　B. 小于最低投资报酬率

C. 大于销售利润率　　D. 小于最低销售利润率

答案：A。使投资中心的剩余收益大于零，则该中心的投资利润率必定大于最低投资报酬率。

**练一练**

（计算）A公司下设甲、乙两个投资中心。甲投资中心的投资额为200万元，投资报酬率为15%；乙投资中心的投资报酬率为17%，剩余收益为20万元。A公司要求的最低投资报酬率为12%，A公司决定追加投资100万元。若投向甲投资中心，每年可增加利润20万元；若投向乙投资中心，每年可增加利润15万元。

要求：（1）计算追加投资前甲投资中心的剩余收益。（2）计算追加投资前乙投资中心的投资额。（3）计算追加投资前A公司的投资报酬率。（4）若甲投资中心接受追加投资，计算其剩余收益。（5）若乙投资中心接受追加投资，计算其投资报酬率。

答案：

（1）追加投资前甲投资中心的剩余收益=200×15%−200×12%=6（万元）

（2）追加投资前乙投资中心的投资额=20÷(17%−12%)=400（万元）

（3）追加投资前A公司的投资报酬率=(200×15%+400×17%)÷(200+400)×100%≈163.33%

（4）剩余收益=(200×15%+20)−300×12%=14（万元）

（5）投资报酬率=(400×17%+15)÷(400+100)=16.6%

7.2.2 绩效考核的目标与形式

（1）绩效考核的目标

企业在制定了战略发展的目标之后，为了更好地完成目标，需要把目标分阶段分解到各部门的各人员身上，也就是说，每个人都有任务。所谓业绩或绩效，简单地说就是企业、部门或人员对各自任务的完成情况。客观评价业绩，即绩效考核，它是一项系统工程，涉及战略目标体系及目标的责任体系、指标评价体系、评价标准及评价方法等内容，是对企业人员完成目标的设定、跟踪、记录、考核，其核心是促进企业盈利能力的提高及综合实力的增强，其实质是做到人尽其才、物尽其用。

从组织理论及控制论的观点来讲，绩效考核能够表明管理的倾向性，具有导向、激励作用，评价什么，就能得到什么；只有评价目标，才能达到目标。那么，企业财务管理的最优目标——企业价值最大化就应该成为整个绩效考核系统设计的指南和运行的目的，而其他子目标都是为其服务的。调查表明，绩效考核的用途和作用已发生了根本性变化，支持战略决策在其众多目的中排在首位。

在东汉，进入腊月，皇帝就开始给文武百官发年终奖了，美其名曰“腊赐”。发多少有定例[①]：大将军、三公，每人发钱20万（五铢钱，下同）、牛肉100千克、大米200斛；九卿每人发钱10万；校尉每人发钱5万；尚书每人发钱3万；侍中每人发钱2万。东汉后期，一枚五铢钱的购买力相当于现在的人民币4角，一斛大米重16千克，由此估算，大将军和三公每人所能领到的年终奖，折合成人民币大概是10万元。而当时三公和大将军的月薪只有17 500枚五铢钱，折合成人民币不过7 000元，领取的年终奖，要超过他们一年的工资。到了北宋，跟东汉刚好相反，文武百官的工资很高，年终奖却很少。每年冬至，皇帝给宰相、枢密使以及曾经封王的大臣们发年终奖，每人只有5只羊、5石面、两石米、两坛子黄酒而已。而著名的清官包拯“倒坐南衙开封府”时，有工资（月料），有餐补（餐钱），有饮料补贴（茶汤钱），有取暖补贴（薪炭钱），有招待补贴（公使钱），有岗位补贴（添支钱），全部加一块儿，一年将近1万贯，按购买力折合成人民币，至少是600万元。那点儿年终奖跟他的薪水相比，简直不值一提。

可见，中国历史上公务人员的奖惩并非都以业绩为标准。

现代经济社会，组织的扁平化和管理的精细化，使绩效考核发生了很多变化。

《红楼梦》第十三回中有这样一段：这里凤姐儿来至三间一所抱厦内坐了，因想：头一件是人口混杂，遗失东西，第二件，事无专执，临期推诿，第三件，需用过费，滥支冒领，第四件，任无大小，苦乐不均，第五件，家人豪纵，有脸者不服钤束，无脸者不能上进。此五件实是宁国府中风俗，不知凤姐如何处治。

不仅是宁国府，上述情形也会发生在一些企业中。好的绩效考核能够让这些“风俗”无处遁形。

绩效考核不只是将考核结果与薪酬或者奖惩相联系那么狭隘。近年来，一些企业在业内表现优异，而其老板却拿着“一美元”年薪。《财富》杂志列举了13位只领1美元年薪的美国商界领袖和政界名人，如花旗银行老板维克拉姆·潘迪特、苹果公司已故前老板史蒂夫·乔布斯、梦工厂动画制作公司行政总裁杰弗·卡森伯格、保险业巨头国际集团总裁爱德华·李迪、雅虎创始人杨致远、谷歌两位创始人谢尔盖·布林和拉里·佩奇以及执行董事长埃里克·施密特等。

（2）绩效考核的形式

企业进行绩效考核时对责任单位按其责任和控制范围的大小来进行考核，可以采用财务指标评价、非财务指标评价以及财务指标与非财务指标相结合的形式。

财务指标评价，采用利润总额、净利润、投资报酬率、剩余收益等指标；非财务指标评价采用市场占有率、客户满意度等指标。

全球经济的一体化、高新技术出现和更替的加快、产品生命周期的缩短、消费者

① 李开周. 历史上的年终奖：大官得十万，小吏卖废品. 15版. 中国商报，2014-1-17.

导向作用的日益重要，使得质量、可靠性、灵活性等概念的重要性大大加强，高质量、低价格、低消耗、柔性生产、快速的产品发展、更可信赖的服务等新的需求概念不断出现。

客户评价指标、员工评价指标、质量评价指标、流程评价指标、研究与发展评价指标等非财务指标的建立和评价越来越重要。一系列新方法应运而生，从作业成本法到平衡计分卡，企业绩效考核中财务指标和非财务指标的融合现象更为普遍。

7.2.3 企业绩效考核方法

索尼公司是全球知名的大型综合性跨国企业集团，成立于1946年5月。索尼公司曾经是全世界最大的电影公司、世界最大的电子产品制造商之一、世界电子游戏业三大巨头之一、世界十大专利公司之一。索尼公司自1995年开始推行绩效考核，是日本最早引入美国式绩效管理的企业之一。2003年4月，索尼公司2002年度财务报表的巨额亏损消息被披露后，其股票连续2天跌停，诱发日本股市的高科技股纷纷跳水，带动日经指数大幅下跌，重创了日本股市。其CEO从过去被评选为最成功的CEO沦落成最差劲的CEO。2003年12月，该CEO谈到，网络就像陨石坠落一样，之前使恐龙惨遭灭绝。现在使索尼公司也面临同样的危机。在连续的亏损下，2006年，索尼公司亏损达63亿美元。为什么“索尼公司过去像钻石一样晶莹璀璨，而今却变得满身污垢，黯淡无光”？天外伺郎在《绩效主义毁了索尼》文中炮轰索尼公司的绩效考核，“绩效主义毁了索尼!”，认为绩效考核使员工丧失了工作的激情、追逐眼前利益、破坏团队横向合作（部门之间）和纵向合作（上司与下属）；更因实行绩效统计，员工因此花费了大量的精力和时间，而对于真正的工作却敷衍了事，本末倒置。

然而，真的是绩效主义毁了索尼公司吗？还是绩效考核的方法毁了索尼公司？

自 20 世纪 20 年代绩效考核诞生以来，相关的理论和实践研究有了很大发展，各种各样的新思想、新方法不断涌现。绩效考核目前的趋势是，企业充分利用各种资料和信息以提高效率，注重企业价值的提升并向战略性绩效评价发展和演变。绩效考核常用的方法有：全面质量管理、及时生产、约束理论、作业成本法、利益相关者理论、标杆比较、经济增加值、平衡计分卡等，有针对性地改进了传统财务指标评价的缺陷，并形成其方法体系的核心思想。

1. 全面质量管理（TQM）

全面质量管理由戴明、约瑟夫·朱兰和石川馨倡导，盛行于 20 世纪 90 年代初。其基本假设是：提升产品质量所需的成本远低于弥补糟糕工作所花费的成本。具体做法是，通过改善业务流程达到标准化，保证产品的高质量和低缺陷，维持顾客满意度。一般由上层经理开始，详细勾勒出“品质远景”，并将注重质量的观念逐层教育和落实到整个组织的各阶层。表彰模范质量管理的企业而颁发的“马尔科姆·波多里奇国家质量奖”促进了其流行，TQM 被应用在制造、公共服务、教育、政府等部门用以提高服务质量及绩效水平。

TQM 适合局部改造，能帮助运作良好的企业在既有经营基础上改进，却不能根本改变企业的运作模式。其由上到下的管理方式，使决策过程仍然集权于高层，不鼓励员工参与和创造，对市场反应较慢。

2. 及时生产（JIT）

及时生产也称准时化或适时制生产，主张消除浪费和充分调动员工能力。它是一种需求拉动的生产，使材料在需要时到达，取消等待时间并杜绝超产，以达到利用最少投入实现最大产出的目的。在 AT&T、丰田汽车、宝丽来、西门子、德州设备等公司获得成功的应用。

JIT 为了保证需求及时供应，往往需要权衡顾客需求和供应商，只能选择和保持与少数或单一供应商的紧密关系，而由于顾客的多种需求，却可能会要求与大量供应商建立联系。同时，因其过度依赖供应商，将增大经营风险且不利于获得竞争性价格。此外，如果供应商不能契合供应需要，则成本节约或许不会实现。对时间的严格要求往往造成缺少中长期的规划和战略，易形成短期化的倾向。

3. 约束理论（TOC）

约束理论的基础是任何系统都有几个制约因素——约束，否则就可能无限产出，约束决定了任何系统的绩效。TOC 运用“找出系统约束——有效使用约束（使其他决策附和）——提高约束——冲破约束——寻找新约束”持续提高绩效，得出了一套紧紧围绕约束环节组织生产经营活动的管理决策思想和具体操作办法，并最终覆盖到企业管理的所有职能方面。TOC 适用于解决企业有限资源条件下的高效率生产问题，被应用在如航天工业、制造业、半导体、钢铁、纺织、食品、学校、医院、政府等营利和非营利机构等。

4. 作业成本法（ABC）

ABC 将组织看成一个以一系列材料、能源、员工、设备、空间被获得和消耗来进行作业以支持产品和服务产出的系统。这一系列的资源成本利用成本动因分配到作业，作业成本又利用作业动因被分配给产品等成本目标。通过一个作业消耗资源数量及一个产品消耗作业数量的确定，直接追踪成本尤其是间接成本到产品，提高了产品成本计算的准确性。它以成本降低为目标，通过提高增值作业效率或消除非增值作业来提升绩效。ABC 应用在制造业、交通运输业、网络公司、金融保险业，学校和医疗机构等。

实施 ABC 最困难的是为系统收集信息以及进行人员培训。尽管成本消减可以为企业提高收益带来立竿见影的效果，但有时致力于此可能无益甚至妨碍生产率的提高。而且，成本消减总有个尽头，当逼近生产无浪费的极端情况时，企业提升绩效的进程就终止了。

5. 利益相关者理论（SHT）

利益相关者是一个较为宽泛的定义，包括任何影响或者被组织影响的团体，如股东、顾客和员工，各方都有各自的利益，共同参与构成了企业的利益制衡机制。利益相关者的满意程度取决于其对企业的绩效期望与所感知的实际绩效之间的差距。SHT 在战略管理文献中获得了一定的认可，并作为一种战略分析工具出现在一些新的教科书中。

但其原理常常被质疑，因为对非股东的责任是对追求股东利益的负面限制。而且，从某种程度上说，满足每一个利益相关者的利益是难以达成的。所有者及股东看重收益的增长或者红利的稳定性；管理者除了关心利润外，还看重企业规模和在业界的地位；顾客想拥有低价格、高质量和超值服务；员工想要高工资、高质量的工作环境、好的福利，没有失业的威胁；供应商期望以最低的风险和最高的回报进行交易；政府部门则关注企业是否合法经营；社区希望企业有高的慈善事业贡献、提供就业、增加投资；等等。很明显，这些利益相关者之间的目标是不一致的，甚至相互冲突，导致基于此的绩效考核较为困难。

6. 标杆比较（BM）

标杆比较产生于 20 世纪 70 年代末，核心是向业界或其他行业的最优企业学习。具体做法是企业把自己的产品或经营管理方式与业界最好的企业比较，找出自身不足，进而制定绩效目标和指标，提高管理水平和竞争力。标杆比较在很多情况下和其他方法结合在一起，成为其他方法实现过程的一部分。开辟标杆比较管理先河的是施乐公司。

选择比较对象和收集标杆比较的信息，往往是困难的。为了寻找与先进企业的差距，企业必须要明确对比指标和尺度问题，设置过多的目标和目标设置得过高都将使其难以实施。由于企业的不同，重要的绩效衡量标准往往不同，在标杆比较中盲目跟随别人，可能会使企业丧失自身的优势。

7. EVA 方法

经济增加值是一定时期企业税后经营净利润与全部投入资本的资本成本的差额。EVA 是表明股东价值创造多少的简单指标，不断增加的正的 EVA 将增加企业价值和股东财富，而负的 EVA 将损害企业价值，EVA 的可持续性增长也将带来企业市场价值的增值。EVA 旨在提高资产利用和减少成本，即提高回报率或者取消盈利能力不足的资产与投资，引导经理们像股东一样行事。EVA 存在如下的缺陷：第一，在以知识为基础的、专业的服务业经济中，人力资本要比金融资本更重要，而人力资本的价值和成本是较难衡量的。EVA 在这种行业中就不适用，甚至毫无意义。第二，由于 EVA 是绝对数指标，不便于比较不同规模企业的业绩。第三，EVA 计量中需要进行众多调整，应用较困难。

国有资产监督管理委员会从2010年开始，对中央企业负责人实行经济增加值考核，并要求从2013年1月1日起开始施行《中央企业负责人经营业绩考核暂行办法》。此外，财政部于2017年9月29日发布了《管理会计应用指引第602号——经济增加值法》。

8. 平衡计分卡（BSC）

平衡计分卡包含财务、客户、内部过程及学习与提高四个方面，每一方面包含着众多财务与非财务绩效指标。BSC 的进步之处在于为战略实施提出了战略地图模式，利用因果关系假设，使绩效评价体系与战略目标实现紧密结合起来，并非将众多的绩效指标简单地进行分类，使绩效改进为战略目标服务。BSC 被应用在营利性企业、非营利性机构、政府部门等。

Analog Devices（以下简称“ADI”）公司早在1987年就进行了BSC的实践尝试。

ADI公司是一家半导体公司。同很多公司一样，ADI公司每5年进行一次战略方案调整，在制订新的战略方案的同时检查原方案的执行情况。但是，如同管理者们经常遇到的战略问题一样，“制订战略方案”被当作一项“任务”完成后，形成的文件便被束之高阁，并不能在公司的日常生产经营工作中得以执行。1987年，ADI公司又开始了对公司战略方案的调整。与以前不同的是，对于这次战略方案的制订，公司决策层意识到不仅要注重制订过程，更要注意战略实施，希望通过面对面与员工的交流与沟通，使其充分理解并认同公司战略，并将战略落实到日常管理中，推动战略的执行。此次ADI公司的战略文件在形式上发生了重大变化，从以往长达几十页甚至几百页的战略文件变成精简的几页纸。在制订战略的过程中，ADI公司首先确定了公司的重要利益相关者为股东、员工、客户、供应商和社区，然后在公司使命、价值观与愿景下，根据上述利益相关者的“利益”分别设定了战略目标并明晰了3个战略重点。为确保战略目标的实现，ADI公司继续将战略目标实现的关键成功要素转化为年度经营绩效计划，由此衍生出了世界上第一张BSC的雏形——ADI公司第一张“公司计分卡”。

练一练

（判断）平衡计分卡只能包括四个方面，且这四个方面之间是相互独立、没有联系的。（　　）

答案：错误。平衡计分卡包含财务、客户、内部过程及学习与提高四个方面，每一方面包含着众多财务与非财务绩效指标。

综合训练案例

怎样考核才合理

置业房屋交易公司是西安一家以房屋买卖和租赁业务为主的中介机构，其业务模式是通过收购、租赁等形式取得房屋的所有权和经营权后，再出售或对外租赁。该公司成立后不久，随着写字楼租赁的火爆，加之价格优势，该公司进入快速发展时期，目前已经在西安市内和城郊分设了30家分店。

每个分店的设立成本平均为10万元，设店长1名、销售人员5～6名、会计核算人员1名、行政人员2名。会计核算人员和行政人员每月工资大约3 200元。销售人员的工资由每月1 600元的固定工资加营业额2%的提成组成。为了激发店长的工作热情，总经理王洋决定让每个店长出资3万元入股，约占1%的股本，店长每月工资为该店当月净利润的2%。王洋觉得这种做法的最大优点就是使考核店长的业绩指标直接与净利润联系起来。

然而最近发生的一件事情却让王洋感到困扰。今年年初王洋到各个分店巡视的时候，有个店长向他反映了这样一个问题。这位店长的分店处于城郊，每个月的营业额只有40万元左右，扣除各项税费，净利润只有20万元左右，销售人员每月能拿到3 000元左右，店长本人月薪4 000多元。令他感到不公平的是，地处市中心的同样规模的分店由于房屋成交量大，营业额高，普通销售人员的工资一般在7 000～8 000元，店长更是月薪过万元。在城郊，一个店长的月薪却没有在市中心一个销售人员的月薪高。郊区的店长纷纷要求调到市中心来工作。

另外，由于店面的选址只能由总店决定，店长无法控制房租费用，而目前作为考核指标的净利润是扣除房租费用以后的净利润。因此另一位店长向总经理王洋建议，考核指标的净利润不应扣除房租费用，房租应该由总店承担。

思考讨论题：

（1）从店长的角度看，你认为店面地理位置的差异是否是决定店长工资的关键因素？如果是，应该如何将该因素考虑进去？

（2）从责任权利来看，分店属于哪一类责任中心？选择不扣除房租费用的净利润作为考核指标是否合理？对各店长和总经理的利润分成将有何影响？

（3）除了以上因素，还有哪些因素会影响店长的业绩考核？

（4）如果你是总经理王洋，你如何解决店长业绩考核问题？

第8章 财务规划与控制

学习目标

【知识目标】

了解财务战略及其构成，掌握利润规划与全面预算的方法，熟悉采购、销售和生产过程中的财务控制。

【素养目标】

建立大流程思维，以财务战略为统领，将其转化为落地的利润规划及全面预算，在日常财务管理中从采购、销售和生产等方面进行财务控制。

引导案例

盛大网络私有化之后，在新加坡成立了国际总部，正式涉足股权投资和全方位不动产业务。盛大网络创始人陈天桥对外表示，盛大网络将转型为一家以互联网为核心，以文化产业为依托的，向周边产业拓展，并以创新为灵魂的互联网投资控股集团。

老牌互联网公司盛大网络频频抛售资产。2012年，盛大网络陆续抛售杭州边锋、上海浩方在线和成都吉胜等资产。2014年，盛大网络继续频繁抛售资产，盛大网络架构发生翻天覆地的变化。4月将其持有的41%的“酷6网”股份出售给一家名为Sky Profit的公司；11月出售其最后持有的盛大游戏18.2%的股权；12月宣布将盛大文学出售给腾讯。至此，盛大网络不再持有任何盛大游戏股份，这家曾经排名中国网络游戏行业第一位的公司，彻底抛售了主营业务，进行战略转型。

盛大网络全面转型为投资集团。2015年2月，盛大网络分别在加拿大和美国购置了超过70万英亩的林地，一举成为北美地区最大的土地拥有者之一。2016年，盛大网络分别对Lending Club、Legg Mason和Community Health Systems等三家纽交所上市企业进行股权投资，目前已成为他们的单一最大股东，陈天桥在投资领域的商业版图也初现端倪。此外，此前其已建立10亿元规模的互联网金融专项投资基金，目前已投资10余个项目，覆盖互联网信贷、网络理财、保险、证券等多个领域。

在2015年胡润研究院发布的《点金圣手富豪榜》中，陈天桥紧跟郭广昌，以170亿元人民币名列第二。2016年年初，盛大网络发布公告，称不再持有盛大游戏任何股份，盛大网络将全面转型为全球投资集团。

财务战略是资金全局的、长期的规划，是企业财务活动的主要依据和重要前提。

8.1 企业财务战略及其管理流程

8.1.1 企业财务战略的含义

1. 财务战略是企业战略的重要构成部分

2013年，辉山乳业在香港交易所主板成功挂牌上市，此后借助资本力量进行大举扩张。除了获得来自股市的资本外，辉山乳业还通过银行借款、融资租赁、地方金交所、P2P网贷等方式进行了大量的融资。2017年3月，公司总资产约262.2亿元，总债项达267亿元，其中银行及非银行贷款分别约为187.1亿元及42.5亿元，其他负债约为38亿元。企业战略上的激进扩张以及资本运作带来资金需求与财务风险。

企业战略是指企业根据环境变化，为谋求竞争优势并实现企业价值最大化目标，寻求企业长期生存和稳定发展而制订的总体性、长远性的谋划与方略。企业战略的总体性是指以企业的全局为研究对象来确定企业的总目标。企业战略是一种原则性和概括性的发展方向的规定，其重点是企业的生存和发展。企业战略的长远性是指企业战略的着眼点是企业的未来。企业战略是企业谋取长远发展需求的反映，是企业对未来较长时期内如何生存和发展的统盘筹划。企业战略谋求的是企业的长远利益，而不只是眼前的利益。企业战略一般可以划分为三个层次：公司层战略、业务层战略和职能层战略。

公司层战略又称公司总体战略，是公司总的行动纲领，是针对企业的整个经营范围，由最高管理层制订，用于指导企业一切行动的纲领。

业务层战略又称竞争战略，是在公司总体战略的制约下，为管理和指导具体业务单元的计划、行动而制订和实施的战略。业务层战略主要解决的是如何在一个具体的、可识别的市场上建立可持续竞争优势，形成各业务单位具体的经营战略，使企业生产经营活动更加有效，以保证总体战略实现的问题。依据迈克尔·波特的观点，企业可以通过成本领先、产品差异化和目标聚集三种基本的竞争战略来取得竞争优势地位。

职能层战略主要是企业各职能部门具体的战略，是为更好地服务于公司层战略或业务层战略以及提高组织效率而形成的各职能领域的战略，涉及研究开发、采购、生产作业、市场营销、财务会计和人力资源等各个职能部门。与公司层战略和业务层战略相比较，职能层战略更为详细、具体，是前两者的具体落实。

对资金流动进行全局性、长期性和创造性的谋划，以达成企业资金均衡有效地流动。

企业财务战略关注的焦点是企业的资金流动，这是财务战略与其他各种职能战略的显著区别。财务战略与一般的战略管理一样，强调环境因素的影响，着重考察环境因素对资金流动的影响。财务战略的内涵说明财务战略是战略的一个层次，它是从财务的角度对企业总体发展战略所做的描述，为整体战略而服务，包含战略的制订、实施等基本环节，对企业的各项具体财务工作、计划等起着普遍而权威的指导作用。

财务战略是非常重要的财务决策，其制订和实施对企业的长期健康发展具有重要意义。财务战略具有一定的独立性和综合性，企业对任何战略的制订或实施，都必须分析和论证其在财务上的可行性，从而决定某战略方案的取舍。企业总体战略，生产、研发和营销等职能子战略，它们的实施都离不开资金的筹集与投放。资金是企业的血液，资金的有限性以及资金在企业中的重要作用，要求企业在制订战略及其职能子战略的过程中需要对资金的可得性进行研究。而财务战略以促使资金长期均衡有效地流转和配置为决策标准，这就决定了财务战略必然会影响企业战略的方方面面，财务职能成为企业发展的中坚力量。资金只有长期均衡有效地流动、合理地配置，才能为企业带来整体价值的增加，才能行之有效地实现企业的战略，这决定了财务战略必定成为企业战略的核心战略。

无论是什么类型的企业，财务战略都是企业战略的职能战略之一，财务战略从属于企业战略。财务战略应当与企业战略相协调，其制订、实施和评价都必须反映企业战略的总体要求，服从企业总体发展的需要，并为企业战略的顺利实施和圆满完成提供资金支持，反映并服务于企业经营战略总体发展的目标。例如，一些项目本身无利可图，但对于创造企业的整体价值却有极大贡献，此时就必须从企业整体战略的角度对资金的流动进行修正分析。

总之，财务战略与企业战略密不可分，财务战略只有在充分分析企业内外环境诸多因素的同时，配合企业战略，才能制订出切实可行的战略计划，为企业长期发展奠定基础。

练一练

（判断）财务战略属于局部性、长期性和导向性的重大谋划。（　　）

答案：错误。财务战略是以整个企业的筹资、投资和收益分配的全局性工作为对象，根据企业长远发展需要而制订的。财务战略具有全局性、长期性和导向性。

2．企业战略和财务战略的目标都是创造长远的企业价值

创造价值是管理者运用企业资源，增加企业价值的管理活动。企业的生存、发展和壮大都离不开价值创造，创造价值是现代企业理财的核心目标。最大限度地创造长远的企业价值是企业的战略追求。财务战略的制订与实施必须服从并贯彻企业战略的总体要求，从而支持和完成企业总体战略。财务战略也必须将企业价值创造置于核心位置，其制订和实施的目的服务于企业的价值目标，即创造长远的企业价值。因此，企业战略和财务战略的目标具有一致性，都是为了实现长远的企业价值最大化。

财务战略为创造价值提供了保证。一方面，在市场经济条件下，企业的经营具有很大的风险，不针对可能存在的风险加以估计和防范，就会给企业的生产经营带来重大损失；制订财务战略，规划企业各种财务活动，提高企业财务系统对环境的适应性，控制财务风险，能够实现企业价值的创造。另一方面，财务战略的规划与实施，着眼于长远利益与整体绩效，通过财务活动的合理安排创造并维持企业的财务优势与竞争优势，提高创造价值的能力。因此，财务战略为企业安全可靠地创造价值，进而实现价值最大化提供了有力保证。

3．财务战略优化资金管理

一方面，筹措必要的资金是企业战略实施的前提，筹集渠道和方式选择的不同会给企业带来不同的财务影响。因此，企业通过财务战略的制订与实施，不仅可以为企业战略的实施提供可靠的资金支持，而且可以通过对筹资渠道和方式的系统筹划提高企业的筹资效益。另一方面，企业通过财务战略的制订，明确资金投向，可以使企业合理配置有限的资金，优先保障符合企业总体战略方向的投资项目，并采取恰当的收益分配政策，从而提高资金的利用效率。

2016年，红星美凯龙在企业的30周年庆典上宣布实施“1 001战略”。该战略提出，红星美凯龙将利用技术手段进行企业智能化，在实体商场拓展到1 000家的基础上，打造1个互联网平台，以家为核心进行业务的上下游跨界外延。倚靠线上线下一体化赋能的互联网+2.0模式，红星美凯龙将联合泛家居行业共同打造1个商业生命共同体。

红星美凯龙从一个传统的商业运营企业升级为一个资产运营企业，不仅通过物业的经营管理赢得了经营收益，还通过金融化和证券化获取了快速变现的能力，使公司兼顾高的股本收益率和资产流动性。

1．自建商场，滚动开发——第一阶段融资模式

红星美凯龙依托前期在行业中积累的影响力和成熟的业务流程，与拥有商业地产项目的公司合作，利用在建或已存在的商业地产项目开设红星美凯龙的商场，输出品牌和管理，每年收取委托管理费用。2007年，红星美凯龙与合作伙伴订立首份商场管理协议，开设首家委托管理商场。此后，红星美凯龙战略性地在一线和二线城市开设多家自营商场，在三线城市及其他城市迅速拓展委托管理商场。利用“自营+委管”双轮驱动的混合扩张模式，一路开疆拓土，抢占全国市场布局。自营商场让红星美凯龙的实力强起来，委托管理商场让红星美凯龙的规模壮大起来。

2．盘活资产存量——第二阶段融资模式

（1）并购基金模式。红星美凯龙与私募股权投资机构（PE机构）合伙成立并购基金。红星美凯龙可以选择作为有限合伙人（LP），出资比例多为基金总额的十分之一或更多。而PE机构一般担任并购基金的普通合伙人（GP）并兼任基金管理人，出资比例低于上市公司的比例。其余资金则由PE机构负责筹集。接着，红星美凯龙和PE机构共同决定目标投资项目，红星美凯龙对拟投资项目具有一票否决权。投资项目确定以后，并购基金获取标的项目的控制权。只有取得了目标企业的绝对控制权，基金才能对其进行业务整合和经营指导。等到项目成熟时，红星美凯龙再对其兼并收购。通过两次并购，红星美凯龙可以将商场收入囊中。

（2）房地产信托投资基金（REITs）。红星美凯龙先在自营商场中选择一家或几家作为基础资产，以其未来的收益做保证，将其出售给基金公司，基金公司在获得相关政府批准后，在国内发起类REITs计划。通过基金公司的一系列运作，该专项计划就可以依据基金基础资产的权益，对外出售证券。市场参与者通过购买证券，可以变为投资者。这样，红星美凯龙也获得了相应的融资。红星美凯龙在将商场出售给基金公司后，可以通过签订协议的方式对标的物业进行经营管理，依旧掌握商场的经营权。而在计划结束后，红星美凯龙也对标的资产拥有优先购买权。

红星美凯龙将企业战略与财务战略进行融合，实现了企业的进一步成长。

8.1.2 财务战略的分类

每个企业的具体情况各不相同，因此，其所制订的财务战略多种多样。企业的财务战略按不同的标准有不同的分类。

财务战略的分类

1．根据资金筹集和使用情况的不同划分

（1）快速扩张型财务战略

快速扩张型财务战略以实现企业资产规模的快速扩张为目的。在该战略下，企业往往需要将大部分乃至全部利润留存，较少进行收益分配；同时，企业大量地进行外部融资，多利用负债弥补内部积累相对于企业扩张需要的不足，以享有负债融资带给企业的财务杠杆效应，并防止净资产收益率和每股收益的稀释。随着企业资产规模的扩张，由于收益的增长相对于资产的增长总是具有一定的滞后性，企业的资产收益率往往在一个较长时期内表现出相对较低的水平。

（2）稳健发展型财务战略

稳健发展型财务战略以实现企业财务绩效的稳定增长和资产规模的平稳扩张为目的，一般把优化现有资源的配置和提高现有资源的使用效率作为首要任务。为防止过重的利息负担，对举债持十分谨慎的态度，将利润积累作为实现企业资产规模扩张的基本资金来源。这种财务战略的特点是充分利用现有资源，集中竞争优势，兼有战略防御和战略进攻的双重特点。

（3）防御收缩型财务战略

防御收缩型财务战略以预防财务危机和求得生存及新发展为目标，一般将尽可能减少现金流出和尽可能增加现金流入作为首要任务。企业在发展过程中曾遇到过挫折或形成过过度负债，当经营面临困难时，往往采取防御收缩型财务战略，精简机构，盘活存量资产，节约成本开支，集中一切力量用于主导业务，以增强企业主导业务的市场竞争能力，并为将来选择其他财务战略积聚资金。

上述三种不同的财务战略本身无谓优劣。每一个企业应结合自身的特点、所处的环境及不同的发展阶段等因素综合权衡，选择适合本企业的财务战略，并实行动态的调整。在现实中，不同企业所采取的财务战略并不一定能明确地归为上述三种中的哪一种，它们的界限模糊，只是侧重点有所不同。

2．根据财务战略涉及的时间长度划分

根据所涉及的时间长度，财务战略可以分为长期财务战略、中期财务战略、短期财务战略。这种分类有利于长期财务战略的落实，能够为长期财务战略的执行提供阶段性的措施和保证。

（1）长期财务战略

长期财务战略主要确定涉及企业财务的长远发展目标。时间长度一般在 10 年以上，属于企业具有方向性和趋势性的远景规划，一般不涉及具体的细节问题。

（2）中期财务战略

中期财务战略是对长期财务战略目标的阶段性分解和具体化，时间跨度一般为 3～5 年，是长期财务战略得到贯彻执行的阶段保证。一般要依据长期财务战略和各阶段企业所面临的财务环境的特点来拟定。

（3）短期财务战略

短期财务战略是中长期财务战略目标在短期内的落实和具体化，时间一般在 3 年以内。它明确了最近一个中期的财务战略目标及为实现这一目标的行动方案，是执行中长期财务战略最直接、最近期的行动纲领。

3．根据财务战略的内容划分

根据财务战略的内容，财务战略可以划分为筹资战略、投资战略和收益分配战略。这是财务战略最重要、最普遍的一种分类，这种分类将财务战略与企业财务管理工作的内容相结合，因而有利于企业在财务管理工作中遵循财务战略的要求，实现财务战略目标。财务战略的具体内容将在后续章节中详细阐述。

8.1.3 财务战略的内容

财务战略关注的焦点是企业资金均衡、有效的流动，因此，对企业资金流动进行全局性和长期性的谋划，就是财务战略的内容。具体说，财务战略包含整个企业的筹资、投资和收益分配等内容。

1．筹资战略

筹资战略是企业在总体战略的指导下，根据企业内外环境的分析和对未来趋势的预测，对企业筹资的规模，渠道和方式、资金来源结构等进行的长期和系统的谋划，旨在为企业战略实施和提高企业的长期竞争力提供可靠的资金保证，并不断提高企业筹资效益。它更关注筹资质量，既要筹集企业维持正常生产经营活动及发展所需的资金，又要保证稳定的资金来源，增强筹资灵活性，努力降低资金成本与筹资风险，不断增强筹资竞争力。企业筹资战略是企业具体筹资方法选择和运用的依据，是决定企业筹资效益最重要的因素。

筹资战略决策的具体内容包括以下几类。

（1）筹资规模

筹资规模是指一定时期内企业的筹资总额，是筹资战略的重要组成部分，决定了可供分配使用的资金数量。筹资越多，可用于生产经营的资金越多，投资的数量就可以增加，其生产规模也就可以扩大，从而加快企业的发展速度。而筹资不足则会导致资金短缺，使投资需要得不到满足，造成生产萎缩，效益下降。但是，筹资规模也不是越大越好。筹资规模过大，资金不能得到充分合理的利用，必然会产生资金闲置、浪费的状况，同时还可能使企业背上沉重的债务包袱，最终阻碍企业的生存与发展。筹资规模依据企业发展战略和资金投放战略对资金的需要量而定，企业对资金在战略期间的总需要量和每一主要阶段的需要量进行测算，以此为根据再适当考虑其他影响因素，从而确定战略期间内筹资的总规模及其时间安排。

（2）资金来源结构

资金来源结构是指企业筹资总额中，各种来源的资金所占的比例。资金来源结构直接决定企业的资本结构，进而决定企业的财务风险和资本成本的大小。一方面，企业的筹资战略必须考虑权益资金和负债资金的合理结构关系，防止企业负债过多而增加财务风险，增加偿债压力；另一方面，企业又不能惧怕风险放弃利用负债筹资，造成权益资金收益水平下降。调整资金来源结构可以降低筹资风险、降低资本成本和提高权益资本净利润率，这对增强企业的竞争能力、顺利实现投资战略和企业战略具有重要的作用。

（3）筹资渠道与方式

筹资渠道是指企业取得资金的来源，包括国家财政资金、银行信贷资金、非银行金融机构资金、其他企业和单位资金、企业自留资金和外商资金等。筹资方式是指企业取得资金的具体形式，如对于负债资金的筹集，可以通过银行借款的方式，也可以通过发行债券的方式。企业筹资战略不但要满足已确定的资金需要，而且要保持随时能够筹集足够数量资金的能力。资金从哪里来和如何取得，两者既有联系，又有区别。前者提出的是取得资金的客观可能性，后者提出的是通过什么方式把筹资的可能性变成现实。同一渠道的资金往往可以采用不同的方式取得，而同一筹资方式又往往适用于不同的筹资渠道。但在多数情况下，筹资渠道与筹资方式的选择是紧密联系在一起的，不能截然分开。由于企业环境复杂多变，企业在其经营过程中往往会碰到许多意想不到的情况，因此，企业应从战略角度设计、保持和拓展筹资渠道与方式。

（4）筹资时机决策

企业筹资的目的是投资。筹资时机，即指企业应在何时进行筹资。首先，企业环境变化所提供的投资机会出现的时间决定了筹资时机的选择，即何时进行筹资取决于投资的时机。过早筹资会造成资金的闲置，过迟筹资则可能会丧失有利的投资机会。其次，企业外部的筹资环境也随着时间、地点、条件的不同而不断变化。这些变化往往导致筹资成本、难易程度时高时低等状况。因此，企业若能抓住环境变化提供的有利时机进行筹资，将比较容易获得成本较低的资金，这对企业会产生有利的影响。

2．投资战略

投资战略是在企业战略的指导下，企业为了长期生存和发展，在充分估计企业长期发展的内外环境中各种影响因素的基础上，对企业长期的投资行为所做出的整体筹划和部署。投资战略对全部资金乃至其他资源运用具有指导性和方向性的作用，是表达企业战略意图的一种重要方式，以及保证企业战略实施的一个关键环节。投资战略决策的首要任务不是选择备选项目，而是确定诸如多元化或单一化的投资战略，这是搜寻和决策项目的前提。投资战略目标不仅决定投资的规模和实现方式，还决定了筹资的规模、方式和时机，以及企业日常经营活动的特点。

（1）投资战略目标

现代企业财务理论认为，财务管理的目标是实现价值最大化。这一目标在企业投资行为中的体现就是以较少的资金投放和较低的投资风险，获得较大的投资收益和竞争优势。但是，企业投资战略的制订和实施必须充分考虑企业内外环境因素和企业战略的要求。为保证企业战略的顺利实现，企业必须制订相应的多元化或单一化的投资战略，并从收益性目标、成长性目标、市场占有目标、技术领先目标、产业转移目标、一体化目标、社会公益性目标等中选择一个或者多个。

收益性目标是指企业获利程度方面的目标，如利润额及利润率、投资报酬率、每股盈余和股票价格等指标，都可用来表达企业资金投放所追求的收益性目标。在市场经济中，收益性目标应该是大部分企业投资的基本目标或最终目标。成长性目标指那些能表明企业成长、发展程度的目标，如企业规模扩大、企业产量增加、销售额上升、技术装备水平提高等。市场占有目标指以占领市场、提高企业市场占有率等为企业资金投放的直接目标。技术领先目标指企业进行投资的目的是能以某项技术占据领先地位。产业转移目标指企业投资的目的是改变生产方向，从一个行业转向另一个行业，或实现经营多元化，这是为适应变化的市场竞争形势，减少经营风险的必然结果。一体化目标指企业投资的目的是进行前向或后向或水平一体化，以取得或建立有保证的销售渠道、关键技术、原材料供应基地和能源供给等，是企业避开竞争威胁，增强竞争优势的重要途径。社会公益性目标指企业进行投资的目的是提高社会公共效益，如环境保护、公共交通和节约能源等，此类投资是维护人们正常生产、生活环境所必不可少的，企业和社会对此应越来越重视。

这些目标相互联系、共同构成一个多元化的投资战略目标体系。企业必须在对投资环境与投资能力进行正确分析的基础上，选定适合自身的投资目标。

投资目标不明确，企业就无法监控投资实施的效果。例如，美国安然能源公司，曾名列世界500强第16位，并连续4年荣获“美国最具创新精神的公司”称号，其投资领域不仅包括传统的天然气和电力业务，还包括风力、水力、煤、纸业、木材、化学药品、广告、投资和保险等业务。最终，曾经“业绩优良”的巨型公司竟遭遇了破产。其破产与其投资战略目标不明确有直接的关系。

（2）投资规模

投资规模即企业对选定的产品或投资领域的投资数量。一定程度内的投资规模扩大能引起企业成本降低从而收益增加，提高投资的边际收益率，产生投资规模的经济性。但是，由于投资规模而带来的规模经济效益并不是无限的，当投资规模达到一定程度时，此时再扩大规模，规模经济不仅不会再提高效率，还会带来一系列的新困难和新问题，如导致成本上升，效益下降，产生投资规模的不经济性。如果企业投资规模经济性大于投资规模不经济性，此时扩大投资规模是合理的，反之则不合理。对于企业来说，最佳选择是将规模扩大到使平均成本达到最低点，边际收益率最高。在此之前，企业可以得到由投资规模经济性大于投资规模不经济性所带来的好处，即平均成本减少；而超过临界点，投资规模不经济性将会大于投资规模经济性，平均成本增大，此时再扩大规模对企业不利。特别值得注意的是，资金的投放要保证日常资金的需要，不能影响企业正常的资金周转，即要保持一定的流动性。

（3）投资实现方式

投资实现方式即企业达到投资目标的途径。企业投资实现方式主要有外延型投资实现方式、内涵型投资实现方式、兼并方式、联合方式、收购投资方式等。各种投资实现方式的特点不同，适应的情况不同，组织的难易不同，给企业带来的收益也不相同，所以企业在投资过程中必须认真做好投资实现方式的选择。

外延型投资实现方式是指以通过基本建设投资，增加劳动资料为主要手段实现投资目标的方式。内涵型投资实现方式在现有企业规模的基础上，用先进的工艺、技术和装备代替落后的工艺、技术和装备，以改变企业落后的生产技术面貌，实现以内涵为主的扩大再生产，以达到提高产品质量、促进产品更新换代、节约能源、降低消耗、扩大生产规模，最终实现增加企业的市场竞争能力和全面提高经济效益的目的。兼并方式是指企业通过对其他企业兼并实现扩大再生产目的的方式。联合方式是指在企业生产与再生产过程中，彼此相关的经济或非经济单位，为了发挥各自的优势，取长补短，为使企业得到发展和获取最大经济效益而组成的经济集合体。收购投资方式是指企业用现金、债券或股票购买另一家企业的部分或全部资产或股权，以获得该企业的控制权，从而增强企业实力。收购投资能使企业以较少的投资额获得对另一家企业的控制权，加强自身的优势地位，是一种投资较少的扩张方法。

3．收益分配战略

收益分配战略是指依据企业战略的要求和内外环境的变化，对收益分配所进行的全局性和长期性谋划。它具有以下特点：第一，收益分配战略不仅是从单纯的财务观点出发决定企业的收益分配，而是从企业全局出发，从企业战略的总体要求出发来决定收益分配；第二，收益分配战略在决定收益分配时是从长期效果着眼的，它不过分计较股票价格的短期涨落，而是关注其对企业长期发展的影响。

（1）收益分配战略的目标

企业收益分配战略必须通过创造实实在在的高效益来回报投资者，保障股东权益。由于现代股份公司股权的分散性和股东的复杂性，控股股东、关联股东和零星股东关注的重点有所不同。控股和关联股东侧重于企业的长远发展，而零星股东倾向于近期收益。投资者以出资额享有利润分配权。收益分配战略要本着公开、公平和公正的原则，不侵蚀零星股东的利益。如收益分配战略仅限于满足控股和关联股东利益，则会使零星股东产生不满，行使“用脚投票”的权力，这不仅会使股价下跌，严重时将导致法律诉讼事件，影响企业声誉。因此，企业要在不同的股东间平衡，保护投资者利益，从长远角度决策收益分配战略。

如果企业不进行收益分配，其内部资金来源就等于其现金净流量，即：

$$内部资金来源=现金净流量=净收益+折旧 \tag{8-1}$$

如果企业进行收益分配，那么：

$$内部资金来源=留存收益+折旧 \tag{8-2}$$

$$留存收益=净收益-利润分配 \tag{8-3}$$

确定利润分配在净收益中所占的比重，即利润分配支付率，是收益分配战略的一个最重要、最困难的问题。收益分配战略实质上就是探寻利润分配与留存收益之间的比例关系，是构成企业有关权益分配和资金运作方面的重要决策。收益分配战略要正确处理长期利益和近期利益的关系，坚持分配和积累并重。积累的净利润不仅可以为企业增强发展后劲，保证扩大再生产的进行，还能提供足够的资金抵抗未来的风险，以丰补歉，促进企业长期稳定发展。

最新的研究表明，收益分配作为一种信号，会给投资者传达信息，对其投资决策产生影响，进而影响企业的股票价格。一般而言，企业股票在市场上股价过高或过低都不利于企业的正常经营和稳定发展。股价过低，必然影响企业声誉，不利于今后增资扩股或负债经营，也可能引起被收购兼并事件；股价过高，会影响股票流动性，并将留下股价急速下降的隐患；股价时高时低，波动剧烈，将动摇投资者的信心，成为投机者的投资对象。所以，保证股价稳定必然成为收益分配战略的目标。收益分配战略要从长期效果着眼，关注收益分配对企业长期发展的影响，不要过分计较短期股票价格的涨跌。

（2）收益分配战略的影响因素

收益分配战略关注长期收益分配的稳定性，即决定收益分配发放是稳定不变还是不断变动，也是收益分配战略需要解决的重要问题。当收益分配战略置于企业战略的整体要求下时，其战略目标更加复杂，对多种影响因素必须均衡考虑。企业制订收益分配战略不仅需要关注内部因素，而且也要关注外部因素。

内部因素主要包括现金流量因素、筹资能力因素、投资机会因素、资本结构的弹性、收益分配的惯性等。

① 现金流量因素。企业的现金流量是影响收益分配的重要因素。如果企业的流动性较高，即持有大量的现金和其他流动资产，现金充裕，其支付收益分配的能力较强。如果企业的流动性较低，或因扩充资产、偿还债务等原因已消耗了大量的现金，再用现金大量支付收益分配显然是不明智的。一般来讲，企业盈余的现金流越多，则其股利支付水平越高。在确定收益分配战略时，绝不能因收益分配而危及企业的支付能力。

② 筹资能力因素。企业若筹资能力很强，能随时筹集到经营所需的资金，那么它就有较强的支付收益分配的能力。反之，如果企业外部筹资能力较弱，不能随时筹集到所需资金，或虽能筹集但成本太高，则应采用限制收益分配支付的方式，以大量保留盈余作为企业的重要筹资方式。一般规模较大、获利丰厚、经营期长和前景广阔的企业，都能较容易地从外部筹集到所需资金。而新创立、小规模的企业，往往经历一段时间后，才能较容易地从外部取得资金。这些企业因经营的风险大，其筹资的代价很高，因此多限制收益分配的支付，以大量保留盈余。

③ 投资机会因素。收益分配战略的确定在很大程度上还要受企业投资机会因素的左右。一般来说，如果企业有较多的有利可图的投资机会，需要大量资金，则经常会采用高保留盈余、低收益分配支付的方案。反之，如果企业的投资机会较少，资金积累较多，那就可以采用高收益分配支付的方案。发展中企业因投资机会多，对股东支付的收益分配就会少些。当然，在采用低收益分配政策时，企业的财务人员必须把股东的短期利益（支付收益分配）与长期利益（增加内部积累）很好地结合起来，从长远来看，提高保留盈余水平，并将其投资到高盈利项目，可使股东获得更大的收益。

④ 资本结构的弹性。企业债务与股东权益之间应当有一个最优的比例（最优资本结构），在这个最优的比例上，企业价值最大，或企业的平均资本成本最低。一般认为，平均资本成本呈曲线的形状，说明企业资本结构具有弹性。如果平均资本成本曲线弯度较大，说明债务比率的变化对资本成本影响很大，资本结构的弹性就小。收益分配在资本结构弹性小的企业比在资本结构弹性大的企业更加重要。如果企业的负债资金较多，资本结构欠佳，一般将净收益作为筹资的第一选择渠道。

⑤ 收益分配的惯性。在确定收益分配政策时，企业应当充分考虑政策调整可能带来的负面影响。如果企业历年采取的收益分配政策具有连续性和稳定性，一旦决定做重大调整，企业就应该充分地估计到这些调整为企业声誉、企业股票价格、负债能力、信用等方面带来的一系列后果。

外部因素主要包括经济因素、法律因素、债务（合同）条款因素、股东（所有权者）因素和其他因素等。

① 经济因素。宏观经济环境的状况与趋势会影响企业的收益分配，在持续通货膨胀时期，投资者往往要求支付更高的收益分配，以抵消通货膨胀的影响，所以通货膨胀时期收益分配支付率一般应高些。

② 法律因素。各国对企业收益分配支付制定多部法规。收益分配面临多种法律条文的限

制，包括资本限制、偿债能力限制和内部积累限制等。

③ 债务（合同）条款因素。债务合同特别是长期债务合同通常包括限制企业现金收益分配支付权力的一些条款。

④ 股东（所有权者）因素。企业的收益分配最终要由董事会来确定。董事会是股东的代表。企业在制订收益分配战略时，必须尊重股东的意见。

⑤ 其他因素。如行业因素也会影响股利支付水平。

综合以上各种因素对收益分配的影响，企业就可以制订可行的收益分配的备选方案。进一步地，企业需按照企业战略的要求对这些方案进行分析、评价，才能从中选出与企业战略协调一致的收益分配方案，将其确定为企业在未来战略期间内的收益分配战略并予以实施。

8.1.4 财务战略的管理流程

1. 财务战略的制订

财务战略的制订实际上就是财务战略方案的设计。它是在审视企业以往财务战略和对企业外部因素分析的基础上，根据企业在未来发展阶段的企业总体战略和经营战略，探索财务战略的路径选择、拓展方向、措施和目标体系等问题，对企业未来发展阶段的筹资、投资和分配等财务活动进行全局性、长期性和创造性的谋划。

（1）财务战略环境分析

财务战略环境可分为外部环境和内部环境两个方面。外部环境存在于企业外部，包括直接影响企业资金流动的客观条件和因素，如产业环境、竞争环境、金融环境等；或者间接影响因素，如政治环境、法律环境、经济环境、社会文化环境、科技教育环境、自然环境等。外部环境分析的目的主要是找出外部环境中存在的机会和威胁，以便充分利用发展机会，避免外部环境变化带来的威胁。内部环境存在于企业内部，包括影响资金流动的内部条件和因素，如企业管理体制、企业组织形式、生产经营规模及特点、管理水平及管理状况、财务组织结构及财务人员素质等因素。财务战略内部环境分析的主要目的是弄清本企业的财务优势和劣势，以便扬长避短，充分发挥企业自身的优势，增强企业的竞争能力和应变能力。

内部环境和外部环境相互影响，共同构成完整的企业财务战略环境。一般来说，两者中外部环境起主导作用。企业要主动改善内部环境，以适应外部环境的发展与变化。通过对企业内外部环境的分析，在尊重客观可能性的前提下，企业要充分发挥主观能动性，实现企业内外部环境的动态平衡，从而制订最佳的财务战略。

（2）确定财务战略目标

财务战略目标是财务战略的核心和财务战略实施的最终成果。确立财务战略目标是制订财务战略的主要工作内容和关键环节，它应当符合企业价值增长目标，并具有激励性、定量性和前瞻性。有了明确的财务战略目标，企业才能根据自身的财务能力，并结合企业整体战略的要求，界定财务战略方案选择的边界，从而排除那些偏离企业发展方向和财务目标要求的战略选择。

（3）制订财务战略方案

企业根据内外部环境和企业的财务战略目标，拟定若干财务战略备选方案，并从中选择最合适的。在制订财务战略的过程中，可供选择的方案越多越好。企业可以从对企业整体目标的保障、对管理人员积极性的发挥等多个角度考虑，选择自上而下、自下而上或上下结合的方法来制订财务战略的备选方案。管理层和利益相关者的价值观和期望在很大程度上影响着财务战略的选择。企业通过对各备选方案进行可行性分析论证，在权衡利弊得失的基础上，落实财务战略的风险和收益等财务指标，选择最适合本企业的财务战略方案。

练一练

（多选）某公司刚刚成立，致力于媒体产品研制和生产，产品还处于研发投入阶段，尚未形成收入和利润能力，但其市场前景被评估机构看好，对这家公司，以下说法中正确的有（　　）。

A. 该企业处于引入期

B. 该企业面临的经营风险非常小

C. 该企业的筹资战略应是筹集股权资本

D. 该企业的股利战略最好是不分红

答案：CD。该公司处于初创期。尚未形成收入和利润能力，表明公司经营风险较高，宜采用财务风险较低的权益筹资，而且适合选择引入风险投资者投资。初创期企业需要大量投资，因此，适宜采用零股利政策。

2. 财务战略的实施

财务战略的实施是指通过一定的程序，采取一定的方式和手段，将财务战略转化为行动。财务战略实施首先要求企业将战略规划落实到可以量化的关键成功因素和关键绩效考核指标上；其次与企业全面预算管理体系对接，确定本年度具体的目标指标体系，作为编制、监督、考核预算的起点和依据。一般来说，财务战略实施主要包括制订中间计划、制订行动方案、编制财务预算、确定工作程序、实施战略控制等工作内容。

（1）制订中间计划

中间计划是介于长期战略与行动方案之间的计划。从时间上讲，一般在 1～3 年；从内容上讲，它包括了比行动方案更全面的内容。在财务战略的时间跨度不是很长的情况下，中间计划往往就是年度计划。

（2）制订行动方案

行动方案是对中间计划的进一步细化，是实施某一计划的具体安排。例如，如果企业选择股票筹资战略，就需要在战略实施过程中为发行股票制订具体的行动方案。

（3）编制财务预算

财务预算是以货币形式综合反映企业未来一定时期内财务活动和财务成果的预算，主要包括现金预算、预计资产负债表、预计利润表和预计现金流量表等内容。从财务战略的角度讲，财务预算是财务战略目标的具体化、系统化、定量化，是财务战略行动方案及相应措施的数量说明。

（4）确定工作程序

工作程序规定了完成某一行动或任务的步骤和方法。企业在确定财务战略实施过程中的工作程序时，必须合理安排人力、物力、财力，使之与财务战略目标的要求相适应。为了制订最佳的工作程序，可以借助计算机，采用计划评审法、关键线路法、线性规划、动态规划和目标规划等一系列科学管理方法。

（5）实施战略控制

在财务战略实施过程中，由于受环境因素的影响，财务战略的实际执行情况与预定目标往往会出现偏差，为此企业就需要采取措施进行控制。财务战略控制，就是将财务战略的实际执行情况与预定目标进行比较，检测两者的偏离程度，并采取有效措施进行纠正，使两者保持协调一致的过程。财务战略控制可以分为事前控制、事中控制和事后控制。事前就采取措施的事前控制与事后再采取补救措施的事后控制相比，具有事半功倍的效果。

3. 财务战略的评价

财务战略评价是指通过评价企业的经营业绩，审视财务战略的科学性和有效性。这是财务战略管理的最后阶段。在阶段性推进财务战略实施之后，管理者需要了解该财务战略是否在企业中得到了有效实施，以及该财务战略本身是否需要调整。因此，财务战略评价既是对财务战略实施情况的总结，又是制订新一轮财务战略的重要依据，在财务战略管理过程中起着承上启下的作用。

（1）建立科学合理的评价指标体系

评价指标体系一般应具备适用范围广、兼顾长短期利益、评价成本低、层次分明、结构严密等特征。按照这一要求，在评价企业偿债能力时，可以设置资产负债率、利息保障倍数、流动比率、速动比率、现金比率、产权比率等指标；评价企业盈利能力时，可以设置净资产收益率、总资产报酬率、资本收益率、销售利润率、成本费用利润率等指标；评价企业营运能力时，可以设置总资产周转率、流动资产周转率、存货周转率、应收账款周转率、不良资产比率、劳动效率等指标；评价企业发展能力时，可以设置销售增长率、资本积累率、总资产增长率、固定资产增长率、收益增长率等指标。上述指标可按其作用分为基本指标和辅助指标两大类。基本指标是评价财务战略实施效果的主要指标，是整个评价指标体系的核心。辅助指标是对基本指标的进一步说明，是对基本指标的必要补充。

（2）制订适当的评价标准

评价标准是对评价客体进行客观、公正、科学的分析评判的标尺。有比较才有鉴别，只有将评价指标的实际值与标准值进行对比，才能揭示差异，鉴别优劣，从而得出正确判断。常用的企业财务战略实施效果的评价标准主要有：预期目标、以往的实际水平、企业所在行业的平均水平或先进企业的实际水平、竞争对手的实际水平等。在实际工作中，企业应综合运用各种不同的标准。

（3）选择科学合理的评价方法

评价方法是连接评价指标与评价标准的桥梁，没有科学合理的评价方法，评价指标和评价标准就成了孤立的评价要素，从而就失去了存在的意义。企业财务战略实施效果的评价方法可以分为一般方法和具体方法两个层次。一般方法是指，从财务评价的基本要求出发而确立的具有指导意义和普遍适用性的评价方法，即马克思主义唯物辩证法；具体方法是指，为了得出具体的评价结论而采用的技术方法。财务战略评价的具体方法大多根据系统论、运筹学和数理统计的基本原理建立。采用何种具体方法，要根据评价的目的、要求以及所掌握资料的性质和内容来确定。常用的单一指标的评价方法主要有比较法、比率法、趋势法等；综合评价方法主要有功能系数法、综合评分法、绘制雷达图法、杜邦分析法、沃尔比重评分法等。

8.2 财务规划

格力电器公司主要从事各种电器设备的生产、销售并提供安装服务。这些电器设备主要有家用空调、暖通设备、智能装备、生活电器、工业制品等产品，不同产品的功能、消费人群各不相同，因此相应的生产、销售计划也各不相同。

每年，格力电器公司都要对企业的整体经营活动进行财务规划，预测各种因素变动对利润变动的影响并及时采取相应的处理措施。同时，格力电器公司还要对企业的原材料采购、生产、销售进行整体规划。例如，如何优化主营产品销售结构，进一步拓展市场份额，然后依照这些规划制订下一年的生产计划和零配件的采购计划等，最终形成对企业生产经营活动过程的整体规划。

8.2.1 利润规划

利润是企业生产的目的和直接动机，因此，规划企业的经营活动首先要进行利润规划。企业认真做好目标利润规划，是现代企业管理的基本要求，也是社会经济发展的必然趋势。利润规划是指企业为实现目标利润而综合调整其经营活动的规模和水平，它是企业编制期间预算的基础。进行利润规划的方法主要有边际贡献分析、本量利分析、安全边际分析和影响因素变动分析等。

在规划销售利润时，通常把单价、单位变动成本和固定成本视为稳定的常量，只有销量和利润两个自由变量。给定销量时，可利用方程式直接计算出预期利润；给定目标利润时，可直接计算出应达到的销售量。

1. 边际贡献与边际贡献方程式

（1）边际贡献

边际贡献，又称边际利润或边际毛利，是指产品扣除自身变动成本后为企业做出的贡献。在产品销售过程中，产品边际贡献首先用来弥补企业生产经营活动所发生的固定成本总额，在弥补了企业所发生的所有固定成本后，如有剩余，才能构成企业的利润。相关计算公式如下：

$$边际贡献=销售收入-变动成本 \tag{8-4}$$

如果用单位产品表示：

$$单位边际贡献=单价-单位变动成本 \tag{8-5}$$

由于变动成本包括产品变动成本（生产制造过程的变动成本）和期间变动成本（销售、管理中的变动成本），边际贡献也可分为制造边际贡献（生产边际贡献）和产品边际贡献（总营业边际贡献）。通常，“边际贡献”指产品边际贡献，“边际贡献率”指产品边际贡献率。

例8-1 某企业生产一种产品，单价20元，单位变动成本5元，销量600件，则边际贡献和单位边际贡献分别为多少？

解： 边际贡献=20×600−5×600=9 000（元）

单位边际贡献=20−5=15（元）

（2）边际贡献率

边际贡献率是指边际贡献在销售收入中所占的比重，其高低说明该产品为补偿固定成本所做出的相对贡献的大小，直接反映该产品的获利能力。其计算公式如下：

$$边际贡献率=\frac{边际贡献}{销售收入}\times100\%=\frac{单位边际贡献}{单价}\times100\% \tag{8-6}$$

在【例 8-1】中，边际贡献率为 75% $\left(\frac{15}{20}\times100\%\right)$，边际贡献率可以理解为每 1 元销售收入中边际贡献所占的比重，它反映产品给企业作出贡献的能力。

（3）变动成本率

变动成本率是指变动成本在销售收入中所占的比率，它是与边际贡献率相对应的概念。其计算公式如下：

$$变动成本率=\frac{变动成本}{销售收入}\times100\%=\frac{单位变动成本}{单价}\times100\% \tag{8-7}$$

由于销售收入被分为变动成本和边际贡献两部分，变动成本是产品自身的消耗，边际贡献是产品扣除自身变动成本后对企业的贡献，两者百分率之和为 1，即变动成本率+边际贡献率=1。

练一练

（单选）已知某企业总成本y是销售额x的函数，二者的函数关系为：$y=5\,000+0.3x$，则该企业的边际贡献率为（　　）。

A. 30%　　B. 50%　　C. 70%　　D. 无法确定

答案：C。根据给出的总成本与销售额的函数关系，可以得出变动成本率为30%，根据边际贡献率+变动成本率=1，得出边际贡献率为70%。

（4）边际贡献方程式

边际贡献方程式是由基本损益方程式推导出来的。

由于：

销售利润=销售收入−变动成本−固定成本

边际贡献=销售收入−变动成本

得出：

销售利润=边际贡献−固定成本=销量×单位边际贡献−固定成本　　（8-8）

例8-2 某企业生产一种产品，固定成本2 000元，单价20元，单位变动成本5元，预计销售600件，则销售利润为多少？

解： 销售利润=销量×单位边际贡献−固定成本=600×(20−5)−2 000=7 000（元）

该方程式可变换成其他形式：

固定成本=销量×单位边际贡献−销售利润

$$销量=\frac{固定成本+销售利润}{单位边际贡献}$$

$$单位边际贡献=\frac{固定成本+销售利润}{销量}$$

（5）边际贡献率方程式。

由于：

$$边际贡献率=\frac{边际贡献}{销售收入}\times100\%$$

边际贡献=销售收入×边际贡献率

销售利润=边际贡献−固定成本

得出：

销售利润=销售收入×边际贡献率−固定成本　　（8-9）

该方程式可以转换为其他形式：

固定成本=销售收入×边际贡献率−销售利润　　（8-10）

$$销售收入=\frac{固定成本+销售利润}{边际贡献率}\tag{8-11}$$

$$边际贡献率=\frac{固定成本+销售利润}{销售收入}\times100\%\tag{8-12}$$

2. 本量利图

将成本、业务量、利润的关系反映在直角坐标系中，即成为本量利图，又称为盈亏临界图或损益平衡图。

（1）基本本量利图

图 8-1 所示是以某产品固定成本 2 000 元，单价 20 元，单位变动成本 10 元为条件所绘制

的基本本量利图，其绘制步骤如下：①选定直角坐标系，以横轴表示业务量，纵轴表示成本和销售收入的金额；②在纵轴上找出固定成本数值，以此点（0，固定成本值）为起点，绘制一条与横轴平行的固定成本线 F；③以（0，固定成本值）为起点，以单位变动成本为斜率，绘制总成本线 V；④以坐标原点 O（0，0）为起点，以单价为斜率绘制销售收入线 S。

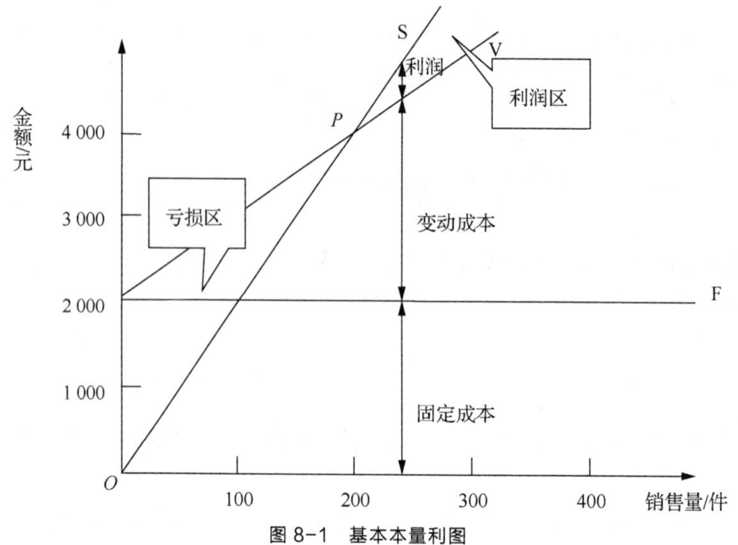

图 8-1 基本本量利图

基本本量利图表达的意义如下。

① 固定成本线与横轴之间的距离为固定成本值，它不因产量增减而变动；

② 变动成本线与固定成本线之间的距离为变动成本，它与产量呈正方向变化；

③ 变动成本线与横轴之间的距离为总成本，它是固定成本与变动成本之和；

④ 销售收入线与总成本线的交点（*P*），是盈亏临界点。它在横轴上对应的销售量是 200 件，表明企业在此销售量下总收入与总成本相等，既没有利润，也不发生亏损。在此基础上，增加销售量，销售收入超过总成本，S 和 V 的距离为利润值，形成利润区；减少销售量，销售收入低于总成本，V 和 S 的距离为亏损值，形成亏损区。

图 8-1 中的业务量（横轴）不仅可以使用实物量表示，也可以使用金额来表示，其绘制方法与上面介绍的大体相同。如图 8-2 所示，基本本量利图通常画成正方形。

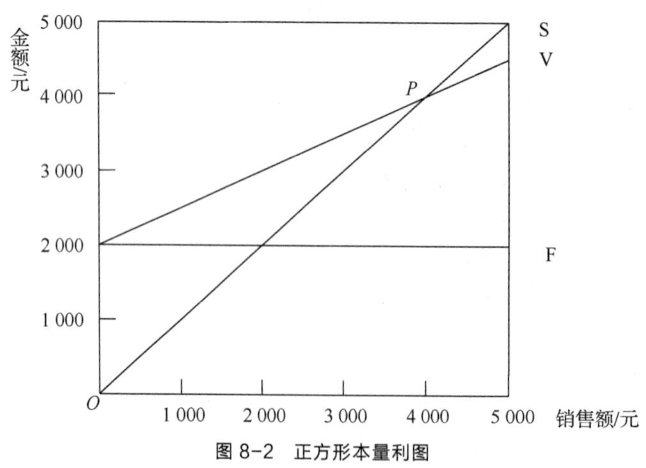

图 8-2 正方形本量利图

在绘制时，销售收入线 S 为从原点出发的对角线，其斜率为 1；变动成本线 V 从点（0，固定成本值）出发，斜率为变动成本率。这种图不仅可以应用于单一产品，还可适用于多种产品的情况，只不过需要计算加权平均的变动成本率。

（2）边际贡献式本量利图

边际贡献式本量利图的绘制步骤：①选定直角坐标系，以横轴表示业务量，纵轴表示成本和销售收入的金额；②以坐标原点（0，0）为起点，以单位变动成本为斜率，绘制变动成本线V；③在变动成本线基础上以点（0，固定成本值）为起点画一条与变动成本线平行的总成本线T；④以坐标原点（0，0）为起点，以单价为斜率，绘制销售收入线 S。仍然根据绘制基本本量利图的有关数据，绘制图 8-3 所示的边际贡献式本量利图。

与基本本量利图相比，绘制边际贡献式本量利图需要先画出变动成本线 V，然后在此基础上以点（0，固定成本值）为起点画一条与变动成本线 V 平行的总成本线 T。其他部分的绘制方法与基本本量利图的绘制方法相同。

边际贡献式本量利图的主要优点是可以表示边际贡献的数值。企业的销售收入 S 与销售量正比例增长。这些销售收入首先用于弥补产品自身的变动成本，剩余的是边际贡献，即同一横坐标上销售收入 S 的值减去变动成本 V 的值。边际贡献随销量增加而增加，当其达到固定成本值时（到达 *P* 点），企业处于盈亏临界状态，当边际贡献超过固定成本值后，企业进入盈利状态。

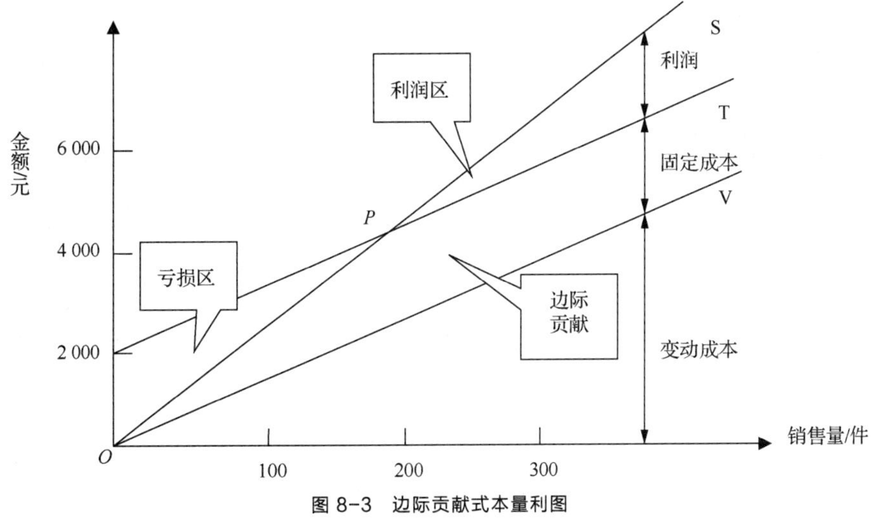

图 8-3　边际贡献式本量利图

规划企业利润首先必须要保本，即通过产品销售保证成本能够获得补偿，达到盈亏平衡。企业在项目开发前往往会进行盈亏平衡分析，计算出盈亏平衡时的销售量或销售额。

例如，在飞机制造业，开发一款新型飞机所需的成本极为高昂，因此，飞机制造商以及相关的分析人士都十分关注实现盈亏平衡所需要销售的新型飞机的数量，同时也将其作为生产新机型所带来的企业风险。

2010年，EADS（空中客车的母公司）的首席财务官曾经说过，公司于2007年投产的巨无霸——空客380-800，将在2015年实现盈亏平衡。之所以需要五年才能实现盈亏平衡，是因为必须生产并销售出一定量架新飞机才能弥补开发成本以及每年固定的生产、销售和物流成本。

盈亏平衡分析可以对项目的风险情况及项目对不同因素不确定性的承受能力进行科学判断，为投资决策提供依据。

（3）盈亏平衡点作业率

盈亏平衡点作业率，是指盈亏平衡点销售量占企业正常销售量的比重。其中，正常销售量是指在正常市场和正常开工情况下企业的销售数量，也可以用销售金额来表示。

$$盈亏平衡点作业率=\frac{盈亏平衡点销售量}{正常销售量}\times100\% \quad (8\text{-}13)$$

假如企业的正常销售量为 500 件，盈亏平衡点销售量为 400 件，则该企业盈亏平衡点作业率=400÷500×100%=80%，说明该企业的作业率超过正常作业的 80%，才能取得盈利，否则会发生亏损。

这个比率表明企业保本的业务量在正常业务量中所占的比重。由于多数企业的生产经营能力是按正常销售量来规划的，生产经营能力与正常销售量基本相同。因此，盈亏平衡点作业率还表明保本状态下的生产经营能力的利用程度。

3．安全边际和安全边际率

安全边际，是指正常销售额超过盈亏平衡点销售额的差额，它表明销售额下降多少企业仍不致亏损。其计算公式如下。

安全边际=正常销售额-盈亏平衡点销售额（8-14）

企业生产经营的安全性，还可以用安全边际率来表示。安全边际率的计算公式如下：

$$安全边际率=\frac{安全边际}{正常销售额}\times100\% \quad (8\text{-}15)$$

安全边际和安全边际率的数值越大，表明企业发生亏损的可能性越小，企业就越安全。安全边际率是一个相对指标，便于与不同企业和不同行业的比较。企业安全性检验标准如表 8-1 所示。

表 8-1 安全性检验标准

安全边际率	40%（含）以上	30%（含）～40%	20%（含）～30%	10%（含）～20%	10%以下
安全等级	很安全	安全	较安全	值得注意	危险

练一练

（单选）在销售水平一定的条件下，盈亏临界点的销售量越小，说明企业的（ ）。

A．经营风险越小　　B．经营风险越大

C．财务风险越小　　D．财务风险越大

答案：A。安全边际量是指正常销量与盈亏临界点销量之差，在正常销量一定的条件下，盈亏临界点销量越小，安全边际量越大，而安全边际量越大，说明企业经营活动越安全，经营风险越小。

4．影响因素变动分析

影响因素变动分析是指本量利发生变动时相互影响的定量分析，主要研究两个问题：一是产销量、成本和价格发生变动时，测定其对利润的影响；二是目标利润发生变动时，分析实现目标利润所需的产销量、收入和支出。盈亏平衡分析主要研究的是销售利润为零的特殊经营状态时的问题，而影响因素变动分析研究的是销售利润不为零时的一般经营状态的相关问题。

（1）分析有关因素变动对利润的影响

在进行生产经营决策之前，企业需要分析将要采取的行动对利润的影响。若行动产生的收益大于其支出，即可增加盈利，则这项行动在经济上是可取的。从本量利的关系中我们可以知道，影响利润的因素主要有四个，即单价、单位变动成本、固定成本和销售量。这些因素中的一项或多项同时变动，都会对销售利润产生影响。因此，在以下两种情况时，通常需要测定销售利润的变化。

① 单一因素发生变化

单一因素发生变化时，要测定其对利润的影响，预计未来期间内的销售利润。各因素变化对利润的影响规律如下。

单价的变动可通过改变销售收入总额而从正方向影响利润。单价越高，利润越高，反之利润越低。单位变动成本的变动可通过改变变动成本总额从反方向影响利润。单位变动成本越高，利润越低，反之利润越高。销售量的变动可通过改变边际贡献总额而从正方向影响利润，销售量越大，边际贡献总额越大，利润越高，反之利润越低。固定成本的变动可直接从反方向影响利润。固定成本越大，从边际贡献中扣除部分越多，利润越低，反之利润越高。

例8-3 A企业目前的损益状况如下。

销售收入（2 000件×20元/件）	40 000
销售成本：	
变动成本（2 000件×15元/件）	30 000
固定成本	4 000
销售和管理费（全部固定）	2 000
销售利润	4 000

用方程式表示，即：销售利润=销售收入-变动成本-固定成本

=2 000×20-2 000×15-(4 000+2 000)=4 000（元）

现假设由于原材料变动使单位变动成本上升到16元，利润将变为：

销售利润=2 000×20-2 000×16-(4 000+2 000)=2 000（元）

也就是说，由于单位变动成本上涨了1元，企业利润减少了2 000元。企业应根据这种预见的变化，采取措施，设法抵消这种影响。当单价、固定成本或销售量发生变动时，也可以用上述方法测定其对利润的影响。

② 多因素变化

由于多因素独立变化，如当产品的材料成本、人工成本、固定成本等同时发生变化时，企业要测定其引起的利润变动，以便选择决策方案；或者企业拟采取某项行动使有关因素发生相互关联的变化，应对相关因素的变动对利润的影响进行测定，作为评价该行动经济合理性的尺度。

例8-4 上例中的A企业要实施一项技术培训计划，拟提高工效，使单位变动成本由15元降为14元。则销售利润变为：

销售利润=2 000×20-2 000×14-(4 000+2 000)=6 000（元）

由此可见，该计划使销售利润增加了2 000元，它是培训计划的上限。也就是说，如果培训计划支出在2 000元以内，企业可从该项计划的新增利润中得到补偿，获得长期收益。反之，则要考虑是否执行该项计划。

（2）分析实现目标利润的有关条件

在企业里有时会碰到另一种相反的情况，即销售利润是已知数，而其他因素是待求的未知数。在这种情况下，企业就可以在测定现有生产经营条件下的盈亏临界点的基础上，根据市场需求情况，合理安排生产和销售，采取适当措施以实现目标利润。

一方面，企业可以采取单项措施，如提高销售收入、降低单位变动成本等方式，来增加边际收益即获得利润。另一方面，由于影响销售利润的各因素是相互联系的，若企业想要提高产量就必须增加固定成本，同时降低售价，因此，企业很少采取单项措施来提高销售收入，而是采取综合措施以实现目标利润。

（3）实现目标利润业务量的计算

实现目标利润业务量，是指在单价和成本水平既定的条件下，为保证事先确定的目标利润

能够实现而应当达到的销售量或销售额。实现目标利润的业务量的计算公式如下：

$$实现目标利润的销售量=\frac{固定成本+目标利润}{单位边际贡献} \tag{8-16}$$

$$实现目标利润的销售额=\frac{固定成本+目标利润}{边际贡献率} \tag{8-17}$$

例8-5 A公司只生产一种产品，单价为200元，单位变动成本为120元，固定成本全年为600 000元。公司制定了300 000元的目标利润。计算该产品的盈亏临界点及实现目标利润的销售量和销售额。

解： 单位边际贡献＝200－120＝80（元）

边际贡献率＝80÷200×100%＝40%

$$盈亏临界点销售量=\frac{600\,000}{80}=7\,500（件）$$

$$盈亏临界点销售额=\frac{600\,000}{40\%}=1\,500\,000（元）$$

$$实现目标利润的销售量=\frac{600\,000+300\,000}{80}=11\,250（件）$$

$$实现目标利润的销售额=\frac{600\,000+300\,000}{40\%}=2\,250\,000（元）$$

（4）实现目标净利润业务量的计算

前述公式中的目标利润一般是指税前利润。目标净利润是指企业在未来计划期内应该实现的税后利润目标。

由于：

目标净利润=目标利润×(1−所得税税率)

因而有：

$$目标利润=\frac{目标净利润}{1-所得税税率} \tag{8-18}$$

$$实现目标净利润的销售量=\frac{固定成本+\frac{目标净利润}{1-所得税税率}}{单价-单位变动成本}=\frac{固定成本+\frac{目标净利润}{1-所得税税率}}{单位边际贡献} \tag{8-19}$$

$$实现目标净利润的销售额=\frac{固定成本+\frac{目标净利润}{1-所得税税率}}{\frac{单价-单位变动成本}{单价}}=\frac{固定成本+\frac{目标净利润}{1-所得税税率}}{边际贡献率} \tag{8-20}$$

例8-6 按上例资料，假设A公司的所得税税率为25%，目标净利润为300 000元，计算实现目标净利润的销售量和销售额。

解：

$$实现目标净利润的销售量=\frac{600\,000+\frac{300\,000}{1-25\%}}{80}=12\,500（件）$$

$$实现目标净利润的销售额=\frac{600\,000+\frac{600\,000}{1-25\%}}{40\%}=3\,500\,000（元）$$

8.2.2 全面预算体系

2013年，某儿童益智玩具公司各部门的支出都超过了预算，加之产品种类增加、生产线扩建等原因，资金一度非常紧张，险些发生现金流断裂。对此，咨询专家指出，现金流如同血液般贯穿于整个企业的运转之中，销售、生产、仓储、采购等职能部门都有资金流入或流出，其中任何一个环节出现资金流断裂，都会影响现金流的循环，甚至导致企业破产清算。因此，企业需要通过全面预算管理，预估每个环节的现金流量，同时在经营过程中，还要根据实际情况不断修正预算计划，从而保证现金流的顺畅。在专家的指导下，公司在2013年年底完成了2014年的预算计划，且在实施过程中根据市场变化、企业战略部署等具体情况做出适当调整。此后，公司在现金流管理方面趋于平稳，各部门再没有出现严重超出预算的现象。

面对日益激烈的市场竞争，企业要想更好地适应不断变化的市场，必须要加强企业内部的管理与控制。要做到降低成本和提高效益，企业就要引入科学先进的全面预算体系。

预算就是用数字编制未来某一时期的计划，即用财务数字或非财务数字来计量预期的结果。预算是计划工作的成果，它既是决策的具体化，又是控制生产经营活动的依据。

1. 全面预算的内涵

全面预算是企业根据战略规划、经营目标和资源状况，运用系统方法编制的企业整体经营、资本、财务等一系列业务管理标准和行动计划。企业的全面预算一般包括经营预算、资本预算和财务预算三大类。

经营预算（又称日常业务预算）是指与企业日常生产经营活动直接相关的生产经营业务预算。就制造企业而言，经营预算一般包括销售预算、生产预算、直接材料预算、直接人工预算、制造费用预算、产品成本预算、销售及管理费用预算等。这些预算前后衔接，既有实物量指标，又有价值量和时间量指标。

资本预算（又称特种决策预算）是对企业投资和筹资业务的预算。它实际是中选方案的进一步规划，一般包括长期投资预算和长期筹资预算。

财务预算是对企业财务状况、经营成果和现金流量的预算，从价值方面总括地反映了全面预算的结果，是企业的综合预算，一般包括现金预算、利润预算、财务状况预算等。它的编制必须以企业经营预算和资本预算为基础。

某有色金属工业公司在制订全面预算方案时主要经历七个步骤。第一步，该公司最高领导机构根据公司发展战略，利用本量利等工具制定一定时期的总目标。第二步，基层成本控制人员自行草编预算，使预算较为可靠。第三步，各部门汇总部门预算，并初步协调本部门预算，编出销售、生产、财务等业务预算。第四步，预算委员会审查，平衡业务预算，汇总得出公司的总预算。第五步，将主要预算的指标报告给董事长或上级主管单位，讨论通过或者驳回修改。第六步，将批准后的预算下达给各部门执行，签订目标责任书，规定目标利润和激励约束机制。第七步，定期总结，动态调整预算数据。该公司经过反复的调查研究和计算，编制了2017年度的预算实施方案，主要内容包括主营业务收入预算、直接生产费用预算、产品与中间产品成本预算、管理费用预算、财务费用预算、销售费用预算、主营业务税金预算、公司目标利润预算等。该公司在制订上述预算后，确定各项控制指标，并将指标分解到车间、分厂等，从而控制生产经营活动。

全面预算体系是由一系列预算构成的体系，各项预算之间相互关联，关系比较复杂。图8-4反映了各项预算之间的主要联系。

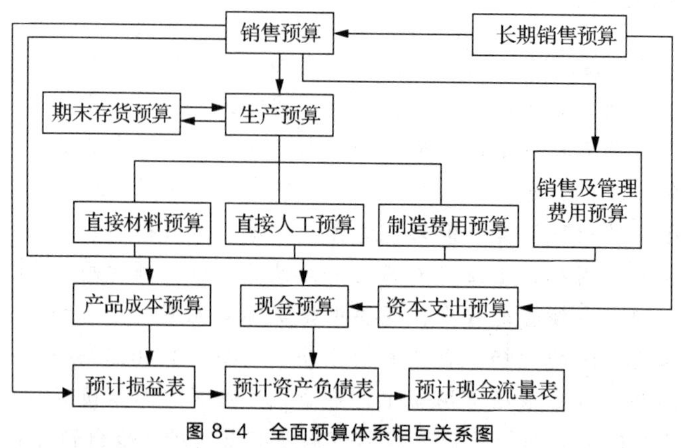

图 8-4 全面预算体系相互关系图

企业应根据长期市场预测和生产能力，编制长期销售预算，并以此为基础，确定本年度的销售预算，并根据企业财力确定资本支出预算。销售预算是全面预算的编制起点，根据“以销定产”的原则确定生产预算，同时确定所需的销售费用。生产预算的编制，除了考虑计划销售量外，还要考虑现有存货和期末存货，如产品品种较多，可单独编制存货预算。企业应根据生产预算来确定直接材料预算、直接人工预算和制造费用预算，并在有关预算汇总的基础上编制产品成本预算和现金预算。预计损益表、预计资产负债表和预计现金流量表是全部预算的综合。

练一练

（多选）在下列各项预算中，属于财务预算内容的有（　　）。

A. 销售预算　　B. 生产预算　　C. 现金预算　　D. 利润预算

答案：CD。财务预算是预算期内对企业财务状况、经营成果和现金流量的预算，包括利润预算、现金预算、财务状况预算等。销售预算与生产预算属于经营预算。

2. 全面预算的编制方法

常见的预算编制方法主要包括固定预算与弹性预算、增量预算与零基预算、定期预算与滚动预算，这三对方法中前者均属于传统的预算编制方法，后者则属于比较现代的编制方法，这些方法均广泛应用于企业全面预算的编制。

（1）固定预算与弹性预算

固定预算又称静态预算，是指以预算期内正常的、可实现的某一固定的业务量（如生产量、销售量）水平为基础编制预算的方法。预算编制后，在预算期内若无特殊情况，一般不进行修改或更正，具有相对固定性。通常适用于业务量水平较为稳定的生产和销售业务的成本费用预算的编制，如直接材料费用预算、直接人工费用预算和制造费用预算等。当实际业务量与编制预算所依据的业务量产生较大差异时，有关预算指标的实际数与预算数会因业务量基础差异而失去可比性。因为比较简单，传统预算大多采用这种编制方法。

弹性预算又称动态预算，是为克服固定预算的缺点而设计的，是在成本性态分析的基础上，以业务量、成本和利润之间的联动关系为依据，按照预算期内可预见的各种业务量（如产量、销售量、直接人工工时、材料消耗量等）水平编制系列预算的方法。业务量范围的选择要视企业或部门的业务量变化情况而定，一般来说，可定在正常生产销售能力的 70%～110%，或以历史最高业务量和最低业务量为其上下限。弹性预算适用于与业务量有关的预算的编制，从实用角度看，主要用于编制弹性成本预算和弹性利润预算。

（2）增量预算与零基预算

增量预算与零基预算主要用于销售费用预算和管理费用预算的编制，两者之间的区别在于其出发点的特征不同。

增量预算是指以基期成本费用水平为基础，分析预算期内业务量水平及有关影响因素的变动情况，通过调整原有成本费用项目及数额，编制相关预算的方法。应用增量预算的前提条件是：①现有的业务活动是企业所必需的；②原有的各项业务都是合理的，必须予以保留；③增加成本费用预算是应该的、值得的。

零基预算全称为"以零为基础编制预算的方法"，是指在编制销售费用、管理费用等预算时，不考虑以往基期所发生的费用项目和费用数额，而是以所有的预算支出均为零为出发点，一切从实际需要和可能出发，分析费用项目和费用数额的合理性，综合平衡编制费用预算的一种方法。应用零基预算编制费用预算，不受前期费用项目和费用水平的制约，能够调动各部门降低费用的积极性，现已被西方国家广泛采用作为管理间接费用的一种新的有效方法。

（3）定期预算与滚动预算

定期预算与滚动预算是根据预算期间的固定性和滚动性而区分的两种预算编制方法。

定期预算是指在编制预算时以固定不变的会计期间（如年度、季度、月份）作为预算期的一种编制预算的方法。定期预算能够使预算期间与会计年度相配合，便于依据会计报告的数据与预算的比较，考核和评价预算的执行结果。但不利于前后各个期间的预算衔接，不能适应连续不断的业务活动过程的预算管理，不利于企业的长远发展。定期预算在预算管理上存在重大的缺陷，可归结为三点：①预算数字准确性差；②易导致预算执行者的短期行为；③灵活性差。

滚动预算是为了克服定期预算的缺陷而设计的，是指在上期预算完成情况的基础上，调整和编制下期预算，将预算期与会计年度脱离开，将预算期间逐期连续向前滚动推移，使预算期保持一定的时期跨度的方法。滚动预算能够保持预算的连续性，实现了与日常管理的紧密衔接，有利于管理人员从动态的角度把握企业近期的目标和远期的战略布局，有利于充分发挥预算的指导和控制作用。因此，滚动预算适用于连续性强的业务或项目的预算安排。

3．经营预算的编制

下面以ABC公司为例，分别介绍经营预算各细分预算项目的编制。

（1）销售预算

销售预算是指在销售预测的基础上，根据企业年度目标利润，用于规划预算期内各季度销售目标和实施计划的一种经营预算。它是整个预算的起点，其他预算的编制都以销售预算为基础。销售预算的主要内容是预计销售量、预计单价和销售收入，通常要分品种、分月份、分销售区域、分推销员来编制，销售预算表如表8-2所示。在实际工作中，产品销售往往不能及时全部收回货款，因此会产生大量的应收账款。销售预算中通常还包括预计现金收入（见表8-3）的计算，其目的是为编制现金预算提供必要的资料。

表8-2 销售预算表

季度	1	2	3	4	全年
预计销售量/件	200	300	400	360	1 260
预计单价/元	200	200	200	200	200
销售收入/元	40 000	60 000	80 000	72 000	252 000

表 8-3　　预计现金收入表　　单位：元

季度	1	2	3	4	全年
预计销售额	40 000	60 000	80 000	72 000	252 000
收到上季应收销货款	12 400	16 000	24 000	32 000	84 400
收到本季销货款	24 000	36 000	48 000	43 200	151 200
现金收入合计	36 400	52 000	72 000	75 200	235 600

注：在表中，假设企业当期的销售收入中有 60%可以收回，其余 40%下期收回。预计预算年度第一季度可收回上年第四季度的应收账款 12 400 元。

（2）生产预算

生产预算是在销售预算的基础上编制的，是经营预算中唯一仅以数量形式反映预算期内各季度有关产品生产数量及品种构成的一种预算。因为企业的生产和销售不能做到同步，公司除了要生产产品进行销售，还要有一定的存货量，以保证应付不时之需，节省赶工的额外开支。生产预算涉及销售量、预计的期初和期末存货量、预计生产量等，生产预算表如表 8-4 所示。

表 8-4　　生产预算表　　单位：件

季度	1	2	3	4	全年
预计销售量	200	300	400	360	1 260
加：预计期末存货量	30	40	36	40	40
减：预计期初存货量	20	30	40	36	20
预计生产量	210	310	396	364	1 280

注：假设预计期末存货量为下一季度预计销售量的 10%，预算年度第一季度预计期初存货量为 20 件，预算年度预计期末存货量为 40 件。

（3）直接材料预算

直接材料预算，是以生产预算为基础编制的，同时要考虑原材料存货水平。它是为规划预算期内直接材料情况及采购活动而编制的，是用于反映预算期各种材料消耗量、采购量、材料采购成本等预算信息的一种经营预算。其主要内容有直接材料的单位产品材料消耗定额、生产需要量、期初和期末存量等，直接材料预算表如表 8-5 所示。为了便于以后编制现金预算，通常要预计材料采购各季度的现金支出，预计现金支出表如表 8-6 所示。

表 8-5　　直接材料预算表

季度	1	2	3	4	全年
预计生产量/件	210	310	396	364	1 280
单位产品材料消耗定额/千克	10	10	10	10	10
生产需要量/千克	2 100	3 100	3 960	3 640	12 800
加：期末存量/千克	620	792	728	800	800
减：期初存量/千克	600	620	792	728	600
材料采购量/千克	2 120	3 272	3 896	3 712	13 000

注：假设每季度末的材料存量为下一季度生产需要量的 20%，估计预算年度期初材料存量为 600 千克，期末材料存量为 800 千克。

表 8-6　　预计现金支出表　　金额单位：元

季度	1	2	3	4	全年
材料采购量/千克	2 120	3 272	3 896	3 712	13 000
材料单位成本	5	5	5	5	5

续表

季度	1	2	3	4	全年
预计材料采购额	10 600	16 360	19 480	18 560	65 000
应付上季赊购款	4 700	5 300	8 180	9 740	27 920
应付本季现购款	5 300	8 180	9 740	9 280	32 500
现金支出	10 000	13 480	17 920	19 020	60 420

注：假设每季度的预计材料采购额当季付 70%，其余款项下一季度支付。预算年度第一季度应付上年第四季度赊购款为 4 000 元。

（4）直接人工预算

直接人工预算是以生产预算为基础编制的，是一种既反映预算期内人工工时消耗水平，又规划人工成本开支的经营预算。其内容包括预算产生量、单位产品工时、人工总工时、每小时人工成本和人工总成本等。直接人工预算表如表 8-7 所示。

表 8-7　　直接人工预算表

季度	1	2	3	4	全年
预计生产量/件	210	310	396	364	1 280
单位产品工时/小时	10	10	10	10	10
人工总工时/小时	2 100	3 100	3 960	3 640	12 800
每小时人工成本/元	2	2	2	2	2
人工总成本/元	4 200	6 200	7 920	7 280	25 600

（5）制造费用预算

制造费用分为变动制造费用和固定制造费用，变动制造费用以生产预算为基础编制；固定制造费用需要逐项预计，通常与本期产量无关，按每季度实际需要的支付预计，然后求出全年数，制造费用预算表如表 8-8 所示。制造费用和人工费用一般需要当期用现金支付，计提的折旧不需要支付现金。

表 8-8　　制造费用预算表　　单位：元

季度	1	2	3	4	全年
间接人工（1 元/件）	210	310	396	364	1 280
间接材料（1 元/件）	210	310	396	364	1 280
维修费（2 元/件）	420	620	792	728	2 560
水电费（1 元/件）	210	310	396	364	1 280
变动制造费用合计	1 050	1 550	1 980	1 820	6 400
维修费	2 000	2 280	1 800	1 800	7 880
折旧	2 000	2 000	2 000	2 000	8 000
管理人员工资	400	400	400	400	1 600
保险费	150	170	220	380	920
财产税	200	200	200	200	800
固定制造费用合计	4 750	5 050	4 620	4 780	19 200
制造费用合计	5 800	6 600	6 600	6 600	25 600
减：折旧	2 000	2 000	2 000	2 000	8 000
现金支出的费用	3 800	4 600	4 600	4 600	17 600

注：假设在预算期间内变动制造费用为 6 400 元（包括间接人工费用 1 280 元，间接材料费用 1 280 元，维修费 2 560 元，水电费 1 280 元），固定制造费用 19 200 元（包括维修费 7 880 元，折旧 8 000 元，管理人员工资 1 600 元，保险费 920 元，财产税 800 元）。且变动制造费用分配率按产量计算，以现金支付的各项制造费用均于当期付款。

为了便于以后编制产品成本预算，需要计算小时费用率，即分配率。

制造费用中，除折旧费外都须支付现金，所以，根据每个季度制造费用数额扣除折旧费后，即可得出“现金支出的费用”。

（6）产品成本预算

产品成本预算是根据生产预算、直接材料预算、直接人工预算、制造费用预算进行汇总编制的，是反映预算期内各种产品生产成本水平的一种经营预算。成本预算表如表 8-9 所示。

表 8-9 成本预算表 金额单位：元

项目	单位成本			生产成本	期末存货	销货成本
	元/单位	投入量	成本	（1 280 件）	（40 件）	（1 260 件）
直接材料	5	10 千克	50	64 000	2 000	63 000
直接人工	2	10 小时	20	25 600	800	25 200
变动制造费用	0.5	10 小时	5	6 400	200	6 300
固定制造费用	1.5	10 小时	15	19 200	600	18 900
合计			90	115 200	3 600	113 400

（7）销售及管理费用预算

销售及管理费用预算以销售预算为基础，分析销售收入、销售利润和销售费用之间的关系，力求实现销售费用的最有效使用。在对以往费用支出的必要性、合理性进行分析后，进行编制，销售费用和管理费用预算表如表 8-10 所示。销售及管理费用预算反映预算期内为销售商品和维持一般行政管理工作而发生的各项费用支出的预算。

表 8-10 销售费用和管理费用预算表 单位：元

项目	金额
销售人员工资	4 000
广告费	11 000
包装、运输费	6 000
保管费	5 400
销售费用合计	26 400
管理人员工资	8 000
福利费	1 600
保险费	1 200
办公费	2 800
管理费用合计	13 600
销售及管理费用合计	40 000
每季度支付现金	10 000

注：假设在预算期间内销售费用为 26 400 元（包括：销售人员工资 4 000 元，广告费 11 000 元，包装、运输费 6 000 元，保管费 5 400 元），管理费用 13 600 元（包括：管理人员工资 8 000 元，福利费 1 600 元，保险费 1 200 元，办公费 2 800 元）。

4．财务预算的编制

财务预算是企业的综合性预算，包括现金流量预算（又称现金预算）、预计利润表和预计资产负债表等。其中，现金预算是销售预算、生产费用预算、期间费用预算和资本预算中有关现金收支的汇总；预计利润表要根据销售预算、生产费用预算、期间费用预算、现金预算编制；

预计资产负债表要根据期初资产负债表和销售、生产费用、资本等预算编制。

（1）现金预算

现金预算是企业预算期现金流转时间及金额数量的预算，是企业的一种综合性预算，其主要内容包括现金收入、现金支出、现金多余或不足、现金的筹集和运用四个方面。

现金收入主要指经营业务活动的现金收入，包括期初现金余额和预算期现金收入。销货取得的现金收入是其主要来源。现金支出包括预算期的各项现金支出，除直接材料、直接人工、制造费用、销售及管理费用等经营性现金支出外，还包括支付所得税、购买设备、股利分配等现金支出。现金多余或不足列示现金收入合计与现金支出合计的差额。差额为正，说明收大于支，现金有多余，可用于偿还过去向银行取得的借款，或者用于短期投资。差额为负，说明支大于收，现金不足，要向银行取得新的借款。现金筹集是企业筹措、集聚其自身建设和生产经营所需要的资金，可以通过借款、发行债券和股票等方式实现。现金运用是指企业通过各种资金渠道及具体筹资方式获得必要的生产经营资金后，将其转化为相应的资产，分布于生产经营的全过程，具体包括流动资产、固定资产和无形资产等。

现金预算的编制，以各项营业预算和资本预算为基础，它反映各预算期的收入款项和支出款项，并做对比说明，现金预算表如表8-11所示。其目的在于资金不足时筹措资金，资金多余时及时处理现金余额，并且提供现金收支的控制限额，发挥现金管理的作用。

表8-11 现金预算表 单位：元

季度	1	2	3	4	全年
期初现金余额	16 000	16 400	12 120	12 580	16 000
加：现金收入（表8-3）	36 400	52 000	72 000	75 200	235 600
可供使用现金	52 400	68 400	84 120	87 780	251 600
减：现金支出					
直接材料（表8-6）	10 000	13 480	17 920	19 020	60 420
直接人工（表8-7）	4 200	6 200	7 920	7 280	25 600
制造费用（表8-8）	3 800	4 600	4 600	4 600	17 600
销售及管理费用（表8-10）	10 000	10 000	10 000	10 000	40 000
支付所得税	8 000	8 000	8 000	8 000	32 000
购买设备		20 000			20 000
支付股利		16 000		16 000	32 000
现金支出合计	36 000	78 280	48 440	64 900	227 620
现金多余或不足	16 400	−9 880	35 680	22 880	23 980
向银行借款		22 000			22 000
还银行借款			22 000		22 000
支付借款利息（年利10%）			1 100		1 100
期末现金余额	16 400	12 120	12 580	22 880	22 880

注：假设第二季度购买设备20 000元。期末现金余额少于5 000元时，需要向银行借款，年利率为10%。预计预算期初现金余额为16 000元。

（2）预计利润表

按照全面预算体系的内容，在编制完现金预算以后，即可编制预计利润表和预计资产负债表，通常先编制预计利润表，再编制预计资产负债表。通过编制预计利润表，可以了解企业预期的盈利水平。如果预算利润与最初编制方针中的目标利润有较大的不一致，就需要调整部门预算，设法达到目标，或者经企业领导同意后修改目标利润。

表 8-12 所示是 ABC 公司的预计利润表。它是根据上文各有关预算编制而成的。预计利润表与实际的利润表内容、格式相同但数字是面向预算期的。

表 8-12　预计利润表　单位：元

项目	金额
销售收入（表 8-3）	252 000
减：销货成本（表 8-9）	113 400
毛利	138 600
减：销售及管理费用（表 8-10）	40 000
营业净利润	98 600
减：利息费用（表 8-11）	1 100
税前利润	97 500
减：所得税（表 8-11）	32 000
净利润	65 500

“所得税”项目是在利润规划时估计的，并已列入现金预算，它通常不是根据“利润”和所得税税率计算出来的，因为有很多纳税调整的事项存在。此外，从预算编制程序上看，如果根据“税前利润”和税率重新计算所得税，就需要修改“现金预算”，引起信贷计划修订，进而改变“利息”，最终又要修改“净利润”。

（3）预计资产负债表

预计资产负债表是利用本期期初资产负债表，根据销售、生产、资本等预算的有关数据加以调整编制的。编制预计资产负债表的目的，在于判断预算反映的财务状况的稳定性和流动性。如果通过预计资产负债表的分析，发现某些财务比率不佳，必要时可修改有关预算，以改善财务状况。

预计资产负债表，与实际的资产负债表内容、格式相同，但数据反映的是预算期末的财务状况。预计资产负债表如表 8-13 所示。

表 8-13　预计资产负债表　单位：元

资产	年初	年末	负债和所有者权益	年初	年末
流动资产：			流动负债：		
现金	16 000	22 880	应付账款（表 8-6）	4 700	9 280
应收账款（表 8-3）	12 400	28 800	非流动负债：		
原材料存货（表 8-5、表 8-6）	3 000	4 000	长期负债	0	0
产成品存货（表 8-4、表 8-9）	1 800	3 600	负债总计	4 700	9 280
合计	33 200	59 280	所有者权益：		
非流动资产：			实收资本	58 000	58 000
固定资产	62 000	74 000	盈余公积	32 500	66 000
合计	62 000	74 000	所有者权益合计	90 500	124 000
资产总计	95 200	133 280	负债和所有者权益总计	95 200	133 280

5. 全面预算的考核

预算考核在全面预算管理循环中，处于承上启下的关键环节。一方面，预算考核是对预算自身进行检查、衡量与评定，并为企业实行奖惩措施提供主要依据，这一环节是全面预算过程的最后环节；另一方面，它通过对全面预算进行检查及总结，能够促使企业全面预算的改进。因此，预算考核既是本次预算管理循环的终结，又是下一次预算管理循环的起始。

（1）全面预算考核的含义

预算考核是对企业内部各级预算责任中心预算执行结果的考核和评价。它具有两层含义：一是对整个预算管理系统进行考核评价，即对企业经营业绩进行评价；二是对预算执行者的考核与评价。预算考核是发挥预算约束与激励作用的必要措施。

预算考核是预算事中控制和事后控制的主要手段，它是一种动态的考核过程。在预算执行过程中，各级管理者对预算执行结果的随时考核确认及考核信息的反馈，有利于最高管理者对整个预算执行进行适当以及整体控制，也有利于最高管理者对企业的整体效益进行评价。

（2）预算考核的原则

预算考核是对预算执行效果的一个认可过程。预算考核应遵循以下原则。

① 目标原则。以预算目标为基准，按预算完成情况评价预算执行者的业绩。

② 激励原则。预算目标是对预算执行者业绩评价的主要依据，考核必须与激励制度相配合。

③ 时效原则。预算考核是动态考核，在每期预算执行完毕后应立即进行。

④ 例外原则。对一些阻碍预算执行的重大因素，如产业环境的变化、市场的变化、重大意外灾害等，考核时应作为特殊情况处理。

⑤ 分级考核原则。预算考核要根据组织架构层次或预算目标的分解层次进行。

8.3 财务控制

财务控制是内部控制的核心，是内部控制在资金和价值方面的体现。通过采购过程、销售过程和生产过程的财务控制，企业可实现经营方针和目标，实现实时监控与评价，并且保证业务经营信息和财务会计资料的真实性和完整性。本节将介绍财务控制的基本内涵，并从采购中的财务控制、销售中的财务控制和生产中的财务控制三个方面阐述财务控制的内容和方法。

8.3.1 财务控制的概念及目标

1. 财务控制的概念

财务控制是按照一定的程序和方法，以价值为手段，将不同部门、不同层次和不同岗位的各种业务活动综合起来，实行目标控制，确保企业及其内部机构和人员全面落实及实现财务预算的过程。它是财务管理的重要环节或基本职能，同财务规划、财务决策、财务分析与评价一起成为财务管理的系统或全部职能。

2. 财务控制目标

财务控制的总体目标是实现企业价值最大化，统一企业现实的低成本和未来的高收益，而不仅仅是确保财务活动的合规性和有效性。财务控制致力于将企业资源加以整合优化，使资源消耗最小、资源利用最高、企业价值最大。

3. 财务控制方式

（1）组织规划控制

组织规划控制，是指对企业的组织结构进行控制。要求在确定和完善组织结构的过程中，遵循不相容职务相分离的原则，即一个人不能兼任同一部门财务活动中的不同职务。企业经济活动的每一步骤都要由相对独立的人员或部门实施，这样便于财务控制作用的发挥。

（2）授权批准控制

授权批准控制，是指对企业内部部门或职员处理经济业务的权限进行控制。某部门或职员在处理经济业务时，必须经过授权批准才能进行，否则无权审批。一方面，授权批准控制可以保证企业既定方针的有效执行；另一方面，授权批准控制还可以限制职权滥用。

（3）实物资产控制

实物资产控制，包括限制接近控制和定期清查控制两种。限制接近控制，是指对实物资产及与实物资产有关的文件的接触控制，如现金、银行存款、有价证券和存货等，为确保资产的安全，除出纳人员和仓库保管人员外，其他人员限制接触；定期清查控制，是指对实物资产进行定期清查，确保实物资产的实有数量与账面数量相符，如若不符，则应查明原因，及时处理。

（4）预算控制

预算控制是财务控制的一个重要方面，它涉及企业经营活动的全过程。其基本要求是：①所编制的预算必须体现企业的经营管理目标，并明确责任；②在预算执行过程中，应当允许依照实际情况，经过授权批准对预算进行调整；③应当及时或定期反馈预算的执行情况。

（5）审计控制

审计控制主要是指内部审计控制，它是对会计的控制和再监督。内部审计，是为确定既定政策的程序是否贯彻，建立的标准是否有利于资源的合理利用，以及企业的目标是否达到，而在组织内部对各种经营活动与控制系统进行的独立评价。内部审计的内容十分广泛，一般包括内部财务审计和内部经营管理审计。内部审计对会计资料的监督、审查，不仅是财务控制的有效手段，也是保证会计资料的真实性和完整性的重要措施。

（6）风险控制

风险控制，是指对有可能出现或已经出现的不利于企业经营目标实现的各种风险进行控制。在这些风险中，经营风险和财务风险的控制最为重要。经营风险，是指因生产经营方面的原因给企业盈利带来的不确定性；财务风险，是指企业由于举债经营而给企业带来的不确定性。企业在进行决策时，必须尽力规避这两种风险。

（7）成本控制

成本控制，分为粗放型成本控制和集约型成本控制两类。粗放型成本控制，指的是对从原材料采购到产品最终售出的整个过程进行控制，具体包括原材料采购成本控制、材料使用成本控制和产品销售成本控制三个方面。集约型成本控制，主要是指通过改善生产技术或产品工艺来降低成本。

下文将从财务控制方式中的成本控制方式，即采购中的财务控制、销售中的财务控制和生产中的财务控制三个方面，来探讨企业是如何进行财务控制的。

练一练

（判断）货物的采购、验收和记账等工作可由同一人员担任。（　　）

答案：错误。组织规划控制要求在确定和完善组织结构的过程中，遵循不相容职务相分离的原则，即一个人不能兼任同一部门财务活动中的不同职务。若违背这一原则，则可能导致错误未被及时发现，或导致舞弊。

8.3.2 采购中的财务控制

某公司在推进标准成本管理，准备购买一批能够打印条码的高级电子秤，单个报价5 000～15 000元不等。采购部的意见是，先选定若干品牌，然后各买一个样品进行测试。财务总监不同意，认为这一采购策略存在三个方面的影响：第一，会为将来定下价格基调，单个购买不易砍价；第二，如果选定某一品牌，会让对方觉得有优势；第三，其他品牌的测试品，用也不是（程序等都不一样），不用就是浪费。采购经理了解了财务总监的想法后，采取的策略是让供应商免费拿出产品让公司测试，同时在测试结果出来前就开始报价竞争。不难发现，采购业务中的财务控制也非常重要。

采购业务是企业生产经营活动中的重要环节。它是指在一定时间、地点条件下，企业根据生产经营活动的需要，通过搜集、整理和评价信息，选择合适的供应商，并就交易价格和其他交易条件进行谈判，最终达成协议，以满足企业生产经营需求的整个过程。

采购中的财务控制，主要目的在于控制采购费用、节约采购资金，在保证企业生产经营的前提下，最大限度降低采购成本。企业的采购流程及对应的财务控制方式如图 8-5 所示。

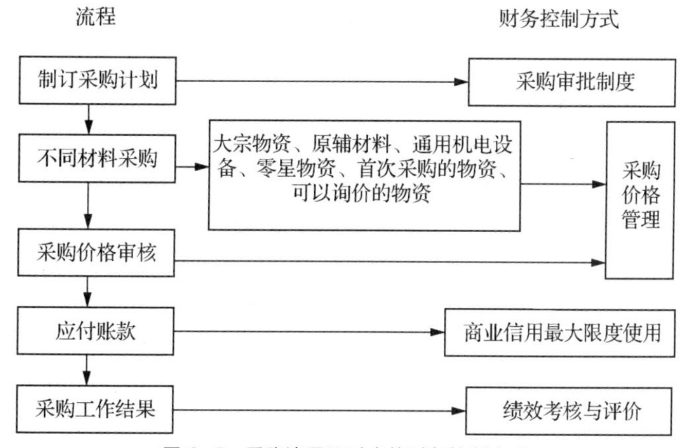

图 8-5 采购流程及对应的财务控制方式

1. 采购审批制度

企业采购部门应根据上年度的企业物资采购情况、生产情况、销售情况及企业资金流动状况，在对本年度生产能力以及产品市场销售趋势进行预测的基础上，制订物资采购计划，并按月甚至按周滚动修改计划，确定最佳库存量、最佳采购量、最佳订货时间、最佳进货渠道及最佳订货形式等。此外，采购部门还需编制采购预算，使采购物资能够满足企业生产经营活动需求，最大限度避免物资积压成本和因物资短缺带来的额外采购成本。

企业对于生产部门提出的采购请求，要严格实行采购审批制度，结合物资的库存管理，做到物资采购有计划，资金使用有控制，储备资产有考核，采购信息有反馈。采购审批制度应规定采购的申请、授权人的批准权限、采购的流程、相关部门的责任和关系、各种物料采购的规定和方式、报价和价格审批等。

华为制定了完善的供应商选择、公平价值判断流程以确保华为选择最符合华为利益的供应商，采购获得最公平的价值，同时保证华为向所有供应商给予平等赢得华为生意的机会。该流程的基本原则是公平、公开和诚信，并由以下机制保证：（1）采购集中控制——采购是公司内部唯一授权向供应商做出资金承诺，获得物品或服务的组织。除此以外的任何承诺都视为绕过行为，视为对公司政策的违背。（2）供应商选择团队——供应商选择将由相关专家团主任组建团队来进行，成员包括采购和内部客户的代表。团队的使命是制定RFQ（报价邀请书）/RFP（建议邀请书），确定能够按照华为要求提供所需产品或服务的现有合格供应商名单。这个团队管理供应商选择流程，参与评估供应商的回复以及选择供应商。(3)供应商反馈办公室——如果供应商在与华为的交往中有任何不满意的地方，则可到专门的帮助中心反馈和投诉。

2. 采购价格管理

（1）对不同材料采取不同的采购价格策略

对于采购企业来说，采购价格决策是其采购决策的一项重要内容。在“适价”原则（指为了买卖双方长期合作，使价格尽可能体现公平、合理的原则）的指导下，能否以最小的成本买到最好的材料已成为许多企业衡量采购人员工作绩效的一个标准。企业对不同材料的采购应采取不同的采购价格策略。

大宗物资、原辅材料、通用机电设备实行公开招标采购，控制成本支出。公开招标是一种无限竞争性的招标方式，由招标人在报刊、电子网络或其他媒体上刊登招标公告，吸引投标人前来竞争投标。由于大宗物资、原辅材料、通用机电设备等物资的采购数量多、价值高、价格差异大，如果采用单项询价或比价，会增加管理成本，所以必须实行公开招标。公开招标，一定要坚持程序公开、竞争公开、授标公开的原则，这样可避免“暗箱操作”的行为，打破垄断，促使供应商提高工作质量，降低供应成本，从而节约采购企业的管理成本，使其直接享受由竞争带来的降价好处。招标采购完成后，企业还要对资产的分配、使用和管理情况进行监督、检查，以确保资产的安全与完整。

零星物资、首次采购的物资实行集中竞价，开展定点采购。实行集中竞价，开展定点采购是保证采购物资质优价廉的一项重要措施。选择的定点单位首先要是信誉良好和有实力的直接生产的厂家，以避免增加中间环节的费用。对价值较低的零星物资采购，可就近选择信誉良好和有供货能力的企业。对首次采购的物资，必须经有关部门的考察，在产品质量、供货信誉、价格定位等方面通过认定后，才允许采购。

对可以询价的物资实行比价采购，降低采购成本。价格竞争在一定程度上体现了企业优胜劣汰的自然法则。在买方市场条件下，价格就是潜力，比价采购则能提高经济效益。比价采购是指采购人员请数家厂商提供价格后，从中加以比价之后，决定厂商进行采购事项。在市场经济中，企业为了降低成本，对比价采购已普遍采用。对可以询价的物资实行比价采购可以保证原材料的产品质量，有助于防止采购工作中可能出现的腐败，有效地促进企业管理，完善企业内部控制制度，促进企业增收节支，提高经济效益和市场竞争力。

（2）建立采购价格信息系统，为顺利开展采购价格审核奠定基础

采购价格信息系统应包括两个方面的内容：一是对所有采购物资建立价格档案库，对每一批采购物资的报价，要与档案中的物料价格进行比较，分析产生差异的原因。若无特殊原因，采购价格不可以超过档案库中的价格水平；二是对重点物资建立价格评价体系，定期收集其供应价格信息，分析、评价现有价格水平，并对档案库中的价格进行评价和更新。

采购价格信息系统通过互联网，使企业可以以极低的成本获取和发布众多的信息，可以减少人为因素和信息不畅问题，节约时间和资金以提高产品和服务品质，集中精力改善内部管理，处理急需解决的关键问题。

3. 采购绩效考核与评价

采购部门绩效的好坏对整个企业的生产、规划、决策都有着极其重要的影响，因此，企业的财务控制系统必须要能完成采购绩效的考核与评价工作。应该能够做到评估采购部门所选择的供应商的供应能力、质量、价格、服务、财务稳定性、信誉等；能够评价采购渠道是否可靠，对一般原材料、零部件等是否有两个以上的供应商；是否执行了比质比价

采购制度、招标采购制度；考核采购人员是否为降低采购价格而加大采购数量，从而导致企业存货过多、库存成本增加；能够通过采购金额、采购金额占销售收入的百分比、订购单的件数、采购人员数量、采购部门费用、新增供应商数量和采购完成率等指标来测定企业的采购效率。

总之，企业财务控制系统能够有效评价采购预算执行情况以及采购成本、采购费用节约额等情况。

练一练

（单选）生产型企业资金周转的第一个重要环节是（　　）。

A. 采购业务　　B. 存货业务　　C. 生产业务　　D. 销售业务

答案：A。企业资金通过采购业务、存货业务、生产业务、销售业务周转，采购业务是生产型企业资金周转的第一个重要环节。

8.3.3 销售中的财务控制

某企业存在销售中的财务控制难题，在对销售部门费用实行按比例控制的情况下，假设以销售额10%作为总费用控制额度，但是销售有淡旺季，而且恰恰在淡季时越需要费用投入，如广告、差旅费用、招待费用等，按每月销售额10%去控制肯定不合理。但如果一开始按全年预算目标控制，又担心到了年终销售目标没完成，销售费用却超出预算。这些问题有没有好的解决方法？在极端的情形中，如果企业从1月至10月处于淡季，都是处于爬坡阶段，11月至12月是冲刺阶段，该如何控制呢？如果企业销售淡旺季规律性很差，又如何处理呢？

销售是企业与消费者连接的窗口，销售活动是企业价值链活动的重要环节，销售收入是实现企业财务目标以及目标利润的关键，是企业利润和现金流入的来源。

销售中的财务控制是企业财务控制的一项重要内容，销售中的财务控制的目的在于降低企业的销售成本、提高企业的销售利润。企业的销售流程及对应的财务控制方式如图 8-6 所示。

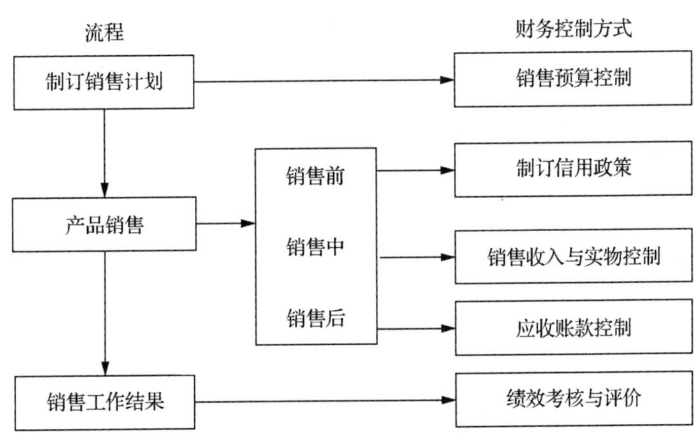

图 8-6　销售流程及对应的财务控制方式

1. 销售预算控制

（1）制订销售计划

销售计划是指在销售预测的基础上，设定销售目标额，为能实现该目标而分配具体的销售任务，然后编制销售预算，以支持未来一定期间内的销售额的达成。企业的销售活动离不开销售计划的指导和控制，制订可行的、务实的销售计划的能力能够真实地反映企业的营销管理水平。

在制订销售计划时，企业应根据企业的历史、产品的特点、营销组合的方式和市场的开发程度等多方面因素，以历史数据为基础，客观分析企业环境，充分调查产品市场状况，听取有关人员意见，制订客观、合理、符合实际的销售计划，并在此基础上编制销售预算。

（2）预算控制

销售预算是计划的工具，也是实际工作的控制基准，形成了在销售计划方面的财务控制。销售预算使销售机会、销售目标、销售定额清晰化和集中化。销售目标同时被分解为多个层次的子目标，一旦这些子目标确定后，其相应的销售费用也被确定下来，从而使销售成本和费用等投入明确化。

常用的销售预算控制方法主要有专项费用控制和定额管理。专项费用主要是指企业的单项费用指标和无程序性的随机费用指标，主要包括单位成本、材料燃料消耗、办公费、医药费、储备资金周转天数等。它们共同的特点是费用量大、随机性强、涉及面广，在销售预算控制中很难进行有效控制，因此，需要进行专项控制。定额是企业及员工在进行生产活动时，在人、财、物等企业资源利用方面应遵循的标准。进行定额管理的目的就是要以最小的消耗，完成最大的工作量，提高工作效率，进而提高企业的经济效益，同时重新核实、编制企业各项工作、各个岗位的工作人员计划，使工作人员与工作任务相适应。

2. 制订信用政策

产品销售前，为防止销售与收款业务中的错误、欺诈舞弊等行为发生，企业财务控制系统中的信用政策是很重要的。企业财务控制系统中应设置专门的信用管理岗位，与销售部门联合开展有关赊销业务的处理。

信用是一种建立在信任基础上的能力，是不用立即付款就可获取资金、物资、服务等的能力。信用政策主要包括信用标准、信息条件、信用额度和收账政策四个部分。信用标准是企业同意向客户提供商业信用而提出的基本条件，应该是在对收入和成本进行认真权衡的基础上慎重确定的。信用条件是企业要求客户支付赊销款项的条件，由信用期限和现金折扣组成。企业信用条件的制定要遵循本行业的惯例，在一定外部环境条件下，充分考虑企业本身的经济实力，以提高企业的经济效益，增强竞争力。信用额度是指企业在受到外部竞争时，根据自身的资金实力、销售政策、最佳生产规模和库存量等因素确定的可授予客户一定金额的信用限度。企业对每个重要客户都要建立档案和明细账，根据其购货数量、付款情况等信息，给予相应的信用额度。信用额度调整必须由销售人员提出申请，填写申请表报有关经理审批，再交财务部审核确定。收账政策亦称收账方针，是指当客户违反信用条件，拖欠甚至拒付账款时所采用的收款策略与措施，即企业采取何种合理的方法最大限度收回被拖欠的账款。企业必须设计完善的收账程序，选择优秀的收款人员，运用收账技巧收回企业款项。

控制中的关键环节，包括接受客户订单、信用调查、批准赊销、发货开票，相互独立，由不同部门或人员负责处理；信用主管对财务部负责而不是对销售部门负责；对新客户必须进行信用核查，由信用主管在规定的额度内审批，超过规定额度的须由财务负责人批准后才能办理；对赊销单位进行信用调查是加强销售业务控制的重要环节，当客户信用额度超过一定标准之后，财务部门拒绝开具发票；应收账款总账控制人员不得从事应收账款明细账管理或记录等。

3. 销售收入与实物控制

产品销售中，企业财务控制系统与销售系统之间所实现的有效控制应包括：收取货款与记账相互独立，以防止货款被贪污并篡改记录；销售业务人员不得同时经办收款业务；销售部门要按月编制资金收入计划，报财务部门；销售部门在产品发出后，及时将运输单、销售合同等有关资料转交财务部门，根据销售合同登记备查，列明付款时间、条件、方式等并及时通知收款；发送货物与开票相互独立，以防止发货未经批准、销售业务没有被记录或产品被盗窃；企业财务控制系统参与比价销售，建立管理制度，为价值增值服务；对销售费用进行详细分解、具体分析、制订控制标准等。

同时，对于实物进行定期盘点清查和账实核对，并且明确处理盘点差异的权限。企业可以采用全面清查或者局部清查，从效果上看，采用永续盘存制记录下的盘点比采用定期盘存制下的盘点效果更好。

4．应收账款控制

（1）应收账款控制目标

较高的应收账款持有额一方面对应较高的销售收入，另一方面也意味着较高的持有成本。应收账款控制就是要在两者间进行权衡，寻求应收账款最好的流动性和最高的收益性。企业应收账款控制的基本目标是降低应收账款的成本，使企业因使用销售手段所增加的销售收益大于持有应收账款产生的所有成本。

（2）应收账款控制内容

应收账款控制包括：定期编制客户欠账分析表，进行应收账款的结构和账龄分析，定期与客户对账，及时催收账款、按期收回。严格控制赊销产品或服务的账款回收期，对于长期不能收回的应收账款，要督促经办人员查明原因，积极催收并按照奖惩标准进行考核、奖惩。账款收回之后，根据收款单据及时记录客户明细账和总账。当确认应收账款不能收回时，应根据权责划分范围，经有关主管人员批准方可注销，以防止销售人员和财务人员利用坏账注销进行贪污。由记录应收账款之外的人员，每月编制应收账款明细表并与总账核对调节，该表由财务负责人或其指定人员审阅批准。

长虹集团曾经作为中国彩电业的老大，有过年净利润25.9亿元的辉煌，却也创下了37亿元巨额亏空的股市纪录。长虹集团因为与APEX公司合作产生的巨额应收账款，逐渐走向了衰落。长虹集团作为500强企业，为何也会陷入应收账款危机？我们可以从以下几个方面来分析。其一，过度赊销。随着市场竞争的加剧，企业为了扩大市场占有份额，迫于压力而进行赊销，这样，就大大地增加了企业应收账款余额，从而加大了经营风险。APEX公司本来就欠国内多家企业的账款，因此，其资金实力较弱。其二，合同设计存在漏洞。长虹集团与APEX公司签订合同时仓促而欠考虑，内容条款过于简单，没有厘清双方权利、义务以及潜在风险的分担，且长虹集团在与APEX公司签订销售合同时，没有深究其企业状况。APFX公司表面的辉煌下，存在严重的经营问题，拖欠了中国多家DVD制造商上千万美元。在没有清楚对方实力的情况下，长虹集团签下合同就意味着风险。其三，不完善的应收账款管理。长虹集团采用了国际贸易中比较通用的“国际保理业务”来保障其对应收账款的回收，化解潜在财务风险。然而，长虹集团与APEX公司和HANMI银行签署的三方协议并没有让该银行承担应收账款的无追索赔付责任。保理商既没有对每笔交易的信贷额度进行审核和授信，也没有对呆账承担相应的赔付责任。同时，应收账款是一个持续的过程，长虹集团没有在赊销前充分考虑，也未在赊销期间对应收账款适当地计提坏账准备，赊销后没有积极地追讨账款，种种内部控制方面的缺失，导致了长虹集团海外巨额应收账款无法收回的后果。

练一练

（单选）客户信用部门应定期编制应收账款账龄分析表，对账龄较长的客户重点采取措施。这项规定是（　　）。

A. 销售价格政策控制制度　　B. 销售发票控制制度

C. 收款业务控制制度　　D. 退货业务控制制度

答案：C。编制应收账款账龄分析表是对应收账款的控制，属于收款业务控制制度。应收账款控制的内容包括定期编制客户欠账分析表，进行应收账款的结构和账龄分析，定期与客户对账，及时催收账款、按期收回。

8.3.4 生产中的财务控制

自20世纪以来，丰田生产方式TPS（Toyota production System）取得了极大的成功。“丰田模式”强调“准时生产（Just in time），避免浪费，消除库存”，有效地降低了财务费用和仓储费用，但同时强调避免浪费不是目标而是结果，丰田“拧干了毛巾上的最后一滴水”。在丰田第二工厂的一个洗手间内，洗手池上方的纸巾盒旁贴有一张纸，纸上详细地写明，按照每张纸巾0.03元钱计算，如果不使用纸巾，一年将节省多少钱，从而每年又将节省多少木材。

生产是企业经营的核心环节，是联系采购环节与销售环节的中间环节。生产相关部门多处于成本中心，因此，生产中的财务控制主要体现在成本控制上。如图 8-7 所示，成本控制的方法有标准成本控制、责任成本控制、目标成本控制、预算成本控制等，这里仅介绍一种普遍应用并较有效的成本控制方法——标准成本控制。

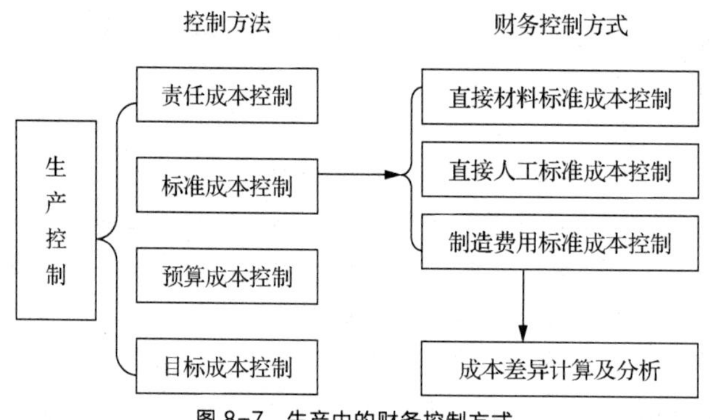

图 8-7　生产中的财务控制方式

1. 成本控制概述

（1）成本控制的内涵

成本控制，是指运用以成本会计为主的各种方法，制订成本限额，按限额开支成本和费用，以实际成本和成本限额进行比较，衡量经营活动的成绩和效果，并以例外管理原则纠正不利差异，提高工作效率，以实现超过预期的成本限额。

企业利润最大化的目标从成本角度讲就是成本费用的最小化，实施成本控制是企业完成成本目标和利润目标的重要手段，它在企业各控制体系中起着综合的控制作用，因此，财务控制的重点在于成本控制。成本控制对于降低企业成本，增加企业盈利，提高企业经济效益，增强企业活力等也有着重要意义，成本控制的好坏直接关系着企业的生存和发展。

（2）成本控制原则

① 全面性原则

成本是一项综合反映企业生产经营状况的重要指标，它涉及企业内部的各个部门及每个职工，涉及生产经营的全过程，因此，成本控制必须坚持全面性原则。它包含三个方面的含义。

其一，全面控制，指对产品生产的全部费用要加以控制，不仅对变动费用要进行控制，对固定费用也要进行控制。

其二，全员控制，指企业必须充分调动领导干部、管理人员、工程技术人员和广大职工控制成本、关心成本的积极性和主动性，做到上下结合，专业控制与群众控制相结合，加强职工成本意识，动员企业全体职工积极参加成本管理。

其三，全过程控制，指成本控制应贯穿于成本形成全过程，该过程包括从产品的设计、制造、生产、销售直至产品售后使用维修等各个环节。只有整个产品寿命周期的成本得到有效控制，成本才会得到有效控制。企业还应将控制的成果在有关报表上加以反映，借以发现缺点和问题。

② 责权利相结合的原则

要使成本控制真正发挥效益，必须严格按照经济责任制的要求，贯彻责权利相结合的原则。将成本管理目标层层分解后，明确规定有关各方应承担的成本控制责任，赋予其相应的权利，同时对他们的工作业绩进行考评，并同其经济利益挂钩，做到奖罚分明。

③ 讲求效益原则

成本控制的最终目的是获取最大的经济效益，也就是说因推行成本控制而发生的费用不应超过因缺少控制而丧失的收益。在进行成本控制的过程中，要围绕提高经济效益这一目标，尽可能地降低成本费用支出，减少人力、物力、财力的消耗，最大限度地创造收入，将成本控制所必须支付的成本限制在最经济的限度内。讲求效益原则的关键在于建立的成本控制系统的实用性和可操作性，要使所建立的成本控制系统能揭示何处发生了问题，发生了哪些问题，谁应对失误负责，应采取哪些纠正偏差的措施，同时应把注意力集中于重要事项，对成本费用细微或很小的项目可以从略。

④ 例外管理原则

在实际工作中，实际成本与标准成本之间的偏差是经常存在的，管理人员在进行成本控制时，不应把精力和时间分散在每一个差异上，而是要把注意力集中在那些重要的、不正常的、不符合常规的关键性成本差异上，查明原因，及时处理。这些不正常的、不符合常规的关键性差异，称为“例外”。通常，确定“例外”的标准有以下几项。

a. 重要性。重要性主要根据成本差异的大小来决定。一般来说，只有对数据较大的差异才应给予足够的重视。数额的大小通常以成本差异率来表示。如当成本差异率超过一个限度，即视为重要差异，作为“例外”处理。

b. 一贯性。如果有些差异虽未达到重要性标准，但却一贯在控制线附近徘徊，则相关人员对这些差异也应视为“例外”，高度重视。因为这种情况可能是由于原标准已经过时失效造成的，也可能是由于成本控制不严造成的。因此，有必要提醒有关人员引起注意，找出原因，以求解决。

c. 可控性。引起成本差异的原因，对管理者来讲，有些是可控的，有些是不可控的。凡属不可控因素引起的差异，即使达到重要性标准，也不视为“例外”，否则会挫伤管理者的积极性。

d. 项目本身的性质。凡对企业的长期获利能力有重要影响的成本项目，即使其差异没有达到重要性的标准，也应视为“例外”，加以重视。

⑤ 因地制宜原则

这一原则要求成本控制系统必须个别设计，适合特定企业、部门、岗位和成本项目的实际情况，不可完全照搬人家的做法。这是因为不同的企业不仅经营方式不同、成本形成过程和管理要求不同，而且控制的重点也有所不同。

海底捞以服务取胜的形象深入人心，以至于众多餐饮企业开始竞相效仿海底捞提高附加服务的经验模式，满足消费“隐形需求”、增加顾客“收益”的服务模式也逐渐转变为餐饮业常态。但是大多数企业仍然无法像海底捞一样在保证服务成本的同时达到较高的盈利水平。这里的原因是多方面的，其中一个重要的原因是忽视了好服务所依据的内在基础。虽然收入规模会有所增长，但是由于好服务导致经营成本过高，企业仍然无法获取较高的利润。因此，海底捞的核心竞争力并非好服务，而是基于其全产业链下对于企业成本的控制。

为了维持运营同时降低成本，海底捞构建了较为完整的产业链体系，采用自主构建与有效选择并举的策略。对于火锅底料等需要批量供应的产品及其特色产品，海底捞选择逐步整合构建部分原料供应商以及物流配送系统，自主建立了原料加工基地以及四个大型现代化物流配送基地，有效控制了其核心产品的原料供应的质量及成本。而对于非核心产品，如等位时的小零食等，海底捞则采用有效选择由上游供应商提供半加工或者全加工的方式，这样既保证了产品质量，又避免了为非核心产品构建独立生产线的成本，降低了外部风险，同时也有效地控制了成本。除此之外，海底捞还将各部门发展成为独立运营的企业，从食材原料的集中采购、研发配送，到底料蘸料等的标准化生产，再到餐厅设计与人力资源管理……通过上中下游产业优势互补、协同联动发展，逐步构建海底捞的商业帝国。

2．标准成本控制系统

标准成本控制系统又称标准成本制度，是为克服实际成本计算系统的缺陷，提供有助于成本控制的确切信息而建立的一种成本计算与控制系统。它把成本的事前计划、日常控制和最终产品成本的确定有机地结合起来，成为加强成本控制、全面提高生产经营效益的重要工具。

标准成本控制系统包括标准成本的制订、成本差异的分析和处理。其中，标准成本的制订与成本的前馈控制相联系，成本差异的分析与成本的反馈控制相联系，成本差异的处理则与成本的日常核算相联系。

（1）标准成本的概念

这里所说的标准成本是指在企业已经达到的生产技术水平和有效经营管理条件下应当发生的成本，它是一种通过精确的调查、分析与技术测定而制订的，用来评价实际成本、衡量工作效率的预计成本。标准成本提供了一个具体衡量成本水平的适当尺度，为成本控制提出了合理的依据，为价格决策、投资决策提供了有用的信息，它将标准成本与成本差异分别列示，能大大简化日常的成本核算工作。

“标准成本”在实际工作中有两种含义。

一是指单位产品的标准成本，是根据单位产品的标准消耗量和标准单价计算出来的，准确地说应称为“成本”标准。其计算公式如下：

成本标准=单位产品标准成本=单位产品标准消耗量×标准单价　　（8-21）

二是指实际产量的标准成本，是根据实际产品产量和单位产品标准成本计算出来的。其计算公式如下：

标准成本=实际产品产量×单位产品标准成本　　（8-22）

（2）标准成本的种类

① 标准成本根据生产技术和经营管理水平分为理想标准成本和正常标准成本

理想标准成本是在生产技术水平和经营管理水平均处于最佳状态时，利用现有规模和设备能够达到的最低成本。制订理想标准成本的依据，是理论上的业绩标准、生产要素的理想价格和可能实现的最高生产经营能力水平。它是在假定材料无浪费、设备无事故、工时全有效、产品无废品、市场有销路的基础上制订的，这种标准是工厂的最高境界。由于要求过高，常常无法达到，因此一般不宜采用。

正常标准成本是指在效率良好的条件下，根据下期一般应该发生的生产要素消耗量、预计价格和预计生产经营能力利用程度制订的标准成本。它是根据已经达到的生产技术水平，以有效经营条件为基础而制订的。它在制订时一般以历史平均水平为基础，剔除生产经营中的异常因素，并考虑今后的变动趋势来进行调整，把现实生产经营条件下难以避免的损耗和低效也计算在内。因此，它是一种经过努力可以达到的成本标准，又因其客观性、科学性、现实性、激励性和稳定性而在实际工作中被广泛采用。

② 标准成本根据适用期分为现行标准成本和基本标准成本

现行标准成本是指根据其试用期间应该发生的价格、效率和生产经营能力利用程度等预计的标准成本。当这些因素发生变化时，企业需要根据其改变的情况进行修订。这种标准成本可以成为评价实际成本的依据，也可以用来对存货和销货成本计价。

基本标准成本是一经制订，只要生产的基本条件无重大变化，就不予变动的一种标准成本。生产的基本条件的重大变化是指产品的物理结构变化、重要原材料和劳动力价格的重要变化、生产技术和工艺的根本变化等。只有这些条件发生变化，基本标准成本才需要修订。基本标准成本与各期实际成本对比，可反映成本变动的趋势。由于基本标准成本不按各期实际修订，不宜用来直接评价工作效率和成本控制的有效性。

练一练

（单选）下列各项中既可以成为评价实际成本的依据，也可以用来对存货和销货成本计价的是（　　）。

A. 现行标准成本　　B. 基本标准成本

C. 正常标准成本　　D. 理想标准成本

答案：A。现行标准成本是指根据其试用期间应该发生的价格、效率和生产经营能力利用程度等预计的标准成本。它可以成为评价实际成本的依据，也可以用来对存货和销货成本计价。它可以用于直接评价工作效率和成本控制的有效性。

3．标准成本的制订

标准成本是在对企业生产经营的具体条件进行分析、研究和技术测定的基础上，由会计部门会同采购部门、技术部门和其他相关经营部门，运用科学的方法制订的。标准成本由直接材料、直接人工和制造费用三部分组成。其中，每个成本项目都由用量标准和价格标准组成。用量标准包括单位产品材料消耗量、单位产品的直接人工工时等，主要由生产技术部门研究制订；价格标准包括原材料单价、小时工资率、小时制造费用分配率等，由会计部门和有关的责任部门如采购部门、人力资源部门和生产部门等共同研究确定。

（1）直接材料标准成本的制订

直接材料的用量标准是指在现有的生产技术条件下生产单位产品所需用的各种材料的数量，其中包括必不可少的消耗，以及各种难以避免的损失。价格标准是预计下一年度实际需要支付的进料单位成本，包括发票价格、运费、检验和正常损耗等成本，是取得材料的完全成本。制订了直接材料的用量标准和价格标准以后，即可依据公式计算出单位产品的直接材料标准成本。相关计算公式如下：

某单位产品耗用某种材料的标准成本=直接材料用量标准×直接材料价格标准　（8-23）

某单位产品的直接材料标准成本=∑该种产品所耗用的各种材料的标准成本（8-24）

（2）直接人工标准成本的制订

直接人工的用量标准是指在现有的正常生产条件下，生产单位产品所需的标准工时，包括产品制造过程所必需的工时、必要的间歇和停工时间、不可避免的废品损失所耗工时等。确定单位产品所需要的直接生产人工工时，需要按产品的加工工序分别进行，然后加以汇总。

直接人工价格标准是指工资率标准，计件工资制下就是单位产品的计算单价，计时工资制下就是小时工资率，它是在对现行工资水平及有关福利费用进行分析、计量的基础上确定的。

某单位产品直接人工标准成本是由该产品生产所需的各工序的直接人工用量标准和相应的价格标准计算求得的，相关计算公式是：

$$单位产品某工序直接人工标准成本=该工序直接人工用量标准\times直接人工价格标准 \quad (8\text{-}25)$$

$$单位产品的直接人工标准成本=\sum单位产品生产工序直接人工标准成本 \quad (8\text{-}26)$$

（3）制造费用标准成本的制订

制造费用标准成本是把同一产品涉及的各部门的单位制造费用加以汇总得到的。而各部门的制造费用标准成本包括变动制造费用标准成本和固定制造费用标准成本两部分。

① 变动制造费用标准成本的制订

变动制造费用的用量标准通常为单位产品直接人工工时标准，它在直接人工标准成本制订时已经确定，也有的企业采用机器工时或其他用量标准。变动制造费用的价格标准是每一工时应负担的变动制造费用，即变动制造费用标准分配率。该分配率由制造费用预算和直接人工总工时决定。相关计算公式如下：

$$变动制造费用标准分配率=\frac{变动制造费用预算总额}{直接人工标准总工时} \quad (8\text{-}27)$$

$$变动制造费用标准成本=单位产品直接人工标准工时\times变动制造费用标准分配率 \quad (8\text{-}28)$$

② 固定制造费用标准成本的制订

固定制造费用的用量标准与变动制造费用的用量标准相同，并应保持一致，以便进行差异分析。固定制造费用的价格标准是其每小时的标准分配率，该分配率是由固定制造费用预算总额和直接人工标准总工时决定的。相关计算公式如下：

$$固定制造费用标准分配率=\frac{固定制造费用预算总额}{直接人工标准总工时} \quad (8\text{-}29)$$

$$固定制造费用标准成本=单位产品直接人工标准工时\times固定制造费用标准分配率 \quad (8\text{-}30)$$

4. 成本差异的计算分析

成本差异是实际产量下标准成本与实际成本之间的差额。实际成本低于实际产量下标准成本所形成的差额称为有利差异，实际成本高于实际产量下标准成本所形成的差额称为不利差异。成本差异是反映实际成本脱离预定目标程度的信息。计算分析成本差异，就是要查明产生差异的原因，进而有针对性地采取相应对策，以降低产品成本，加强成本控制。

（1）变动成本差异的计算分析

变动成本包括直接材料、直接人工和变动制造费用，它们的实际成本高低取决于实际用量和实际价格，标准成本的高低取决于标准用量和标准价格，因此，变动成本差异分析包括用量脱离标准造成的用量差异和价格脱离标准造成的价格差异两类。其计算公式如下：

$$\begin{aligned}成本差异&=实际成本-标准成本=实际数量\times实际价格-标准数量\times标准价格\\&=实际用量\times实际价格+实际用量\times标准价格-实际用量\times标准价格-\\&\quad 标准用量\times标准价格\\&=实际用量\times(实际价格-标准价格)+(实际用量-标准用量)\times标准价格\\&=价格差异+用量差异\end{aligned} \quad (8\text{-}31)$$

① 直接材料成本差异的计算分析

直接材料成本差异是指直接材料的实际成本与实际产量下直接材料的标准成本之间的差额，它包括直接材料用量差异和直接材料价格差异两部分。相关计算公式如下：

直接材料成本差异=直接材料的实际成本-实际产量下直接材料的标准成本

=直接材料用量差异+直接材料价格差异 （8-32）

直接材料用量差异=(实际用量-标准用量)×标准价格 （8-33）

直接材料价格差异=(实际价格-标准价格)×实际用量 （8-34）

例8-7 A公司生产甲产品400件，直接材料的实际用量为2 100千克，实际价格为5元/千克，直接材料的标准用量为2 000千克，标准价格为6元/千克，则：

直接材料用量差异=(2 100-2 000)×6=600（元）

直接材料价格差异=(5-6)×2 100=-2 100（元）

直接材料成本差异=直接材料用量差异+直接材料价格差异=600-2 100=-1 500（元）

直接材料的用量差异是在材料耗用过程中形成的，反映生产部门的成本控制业绩。产生用量差异的原因有很多，包括工人用料不精心、新工人上岗造成多用料、操作疏忽造成废品和废料增加等。有时用量差异可能并非是生产部门的责任，如购入材料的质量与规格不符合生产要求，材料在保管中质量受损等。因此，企业要进行具体分析，才能明确责任。

直接材料的价格差异是在采购过程中形成的，它通常由采购部门负责，而不应由生产部门负责。采购部门未按标准价格进货的原因有很多，如供应商价格变动、舍近求远致使运费增加、未按经济批量购货、不必要的罚款、紧急订货的额外成本等。当然，有些因素造成的价格差异可能并非采购部门的责任，如受生产的影响导致采购批量的增减等，因此，企业在分析价格差异时，也要查明原因，以便采取措施予以改进。

② 直接人工成本差异的计算分析

直接人工成本差异是指直接人工的实际成本与实际产量下的标准成本之间的差额，它包括直接人工效率差异和工资率差异两部分。

直接人工成本差异=直接人工的实际成本-实际产量下的标准成本

=人工效率差异+工资率差异 （8-35）

人工效率差异=(实际工时-标准工时)×标准工资率 （8-36）

工资率差异=(实际工资率-标准工资率)×实际工时 （8-37）

例8-8 A公司本月生产甲产品实际使用工时500工时，支付工资3 000元，直接人工的标准工时为520工时，标准工资率为6元/小时，则：

人工效率差异=(500-520)×6=-120（元）

工资率差异=(3 000÷500-6)×500=0（元）

直接人工成本差异=-120+0=-120（元）

人工效率差异的形成原因，包括工作环境不良、劳动情绪不佳、机器或工具选用不当、设备故障多等。它主要由生产部门负责，但这也不是绝对的，如材料质量不好也会影响生产效率。

工资率差异形成的原因主要有加班或使用临时工、工人工资结构和工资水平变动、工人升级或降级使用等。一般来说，工资率差异应由人力资源部门负责，但产生差异的原因也会涉及生产部门或其他部门。

③ 变动制造费用差异的计算分析

变动制造费用差异，是指实际变动制造费用与实际产量下标准变动制造费用之间的差额，它包括耗费差异和效率差异两部分。相关计算公式如下：

变动制造费用耗费差异=实际工时×(变动制造费用实际分配率－变动制造费用标准分配率)　　（8-38）

变动制造费用效率差异=(实际工时－标准工时)×变动制造费用标准分配率　　（8-39）

变动制造费用差异=实际变动制造费用－实际产量下标准变动制造费用
=变动制造费用耗费差异+变动制造费用效率差异　　（8-40）

例8-9 A公司本月实际发生变动制造费用4 500元，实际工时900小时，标准工时1 000小时，变动制造费用标准分配率为4元/小时，则：

变动制造费用耗费差异=900×(4 500÷900－4)=900（元）

变动制造费用效率差异=(900－1 000)×4=－400（元）

变动制造费用差异=900－400=500（元）

变动制造费用耗费差异，是实际支出与按实际工时和标准费率计算的预算数之间的差额。它反映了消耗水平即每小时业务量支出的变动制造费用脱离了标准。耗费差异分析是部门经理的责任，他们有责任将变动制造费用控制在弹性预算额内。

变动制造费用效率差异，是由于实际工时脱离标准工时造成的，其形成原因与人工效率差异相同。

（2）固定成本差异的计算分析

计入产品成本的固定成本主要是指固定制造费用，固定制造费用差异是指实际固定制造费用与其实际产量下标准固定制造费用之间的差额，其计算公式如下：

固定制造费用差异=实际固定制造费用－实际产量下标准固定制造费用
=实际工时×固定制造费用实际分配率－标准工时×实际产量固定制造费用标准分配率　　（8-41）

固定制造费用差异的分析方法有两种，即二因素分析法和三因素分析法。

① 二因素分析法

二因素分析法将固定制造费用分为耗费差异（又称预算差异）和数量差异（又叫能量差异）。耗费差异是固定制造费用实际数与预算数的差额；数量差异是指固定制造费用预算与固定制造费用标准成本的差额。

固定制造费用耗费差异=固定制造费用实际数－固定制造费用预算数　　（8-42）

固定制造费用数量差异=(预算产量标准工时－实际产量标准工时)×固定制造费用标准分配率　　（8-43）

例8-10 A公司本月固定制造费用实际发生2 200元，预算总额2 100元；本月实际产量600件，实际工时1 140小时；预算产量500件，预算工时1 000小时，单件产品标准固定制造费用为4.2元，单位产品标准工时2小时，标准分配率为2元/小时，则：

固定制造费用耗费差异=2 200－2 100=100（元）

固定制造费用数量差异=(500×2－600×2)×2=－400（元）

固定制造费用差异=100－400=－300（元）

② 三因素分析法

三因素分析法将固定制造费用成本差异分为耗费差异、效率差异和闲置能量差异三个部分。其中耗费差异的计算与二因素分析法中的计算相同，效率差异和闲置能量差异之和等于二因素分析法中的数量差异。固定制造费用的耗费差异表示费用的超支或节约，具体原因应结合实际情况进行具体分析。效率差异和闲置能量差异反映的是现有生产能力的利用程度，出现不利差异，说明现有生产能力未得到充分利用，反之说明生产能力已得到充分利用。相关计算公式如下：

固定制造费用效率差异=(实际产量实际工时-实际产量标准工时)×固定制造费用标准分配率 （8-44）

固定制造费用闲置能量差异=(预算产量标准工时-实际产量实际工时)×固定制造费用标准分配率 （8-45）

依【例 8-10】资料计算，并将数量差异-400 元分解为效率差异和闲置能量差异：

固定制造费用效率差异=(1 140-600×2)×2=-120（元）

固定制造费用能力利用差异=(1 000-1 140)×2=-280（元）

练一练

（单选）下列变动成本差异中，无法从生产过程的分析中找出产生原因的是（ ）。

A. 变动制造费用效率差异　　B. 变动制造费用耗费差异

C. 材料价格差异　　D. 直接人工效率差异

答案：C。材料价格差异是在材料采购过程中形成的，不应由耗用材料的生产部门负责，而应由采购部门对其做出说明。变动制造费用效率差异反映工作效率变化引起的费用节约或超支，变动制造费用耗费差异反映耗费水平的高低，直接人工效率差异是指直接人工实际工时脱离标准工时而形成的人工成本差异。因此，选项A、B、D中的三种差异均和生产过程有着密切的联系。

练一练

（计算）A公司生产甲产品，甲产品直接人工标准成本相关资料如表8-14所示。

表 8-14　甲产品直接人工标准成本资料

项目	标准
月标准总工时	21 000 小时
月标准总工资	420 000 元
单位产品工时用量标准	2 小时/件

假定A公司实际生产甲产品10 000件，实际耗用总工时25 000小时，实际应付直接人工工资550 000元。

要求：

（1）计算甲产品标准工资率和直接人工标准成本。

（2）计算甲产品直接人工成本差异、直接人工工资差异和直接人工效率差异。

答案：（1）甲产品标准工资率=420 000÷21 000=20（元/小时）；甲产品直接人工标准成本=20×2=40（元/件）。（2）甲产品实际每小时工资成本=550 000÷25 000=22（元/小时）；甲产品直接人工成本差异=(25 000-21 000)×20+25 000×(22-20)=130 000（元）；甲产品直接人工工资差异=50 000（元）；甲产品直接人工效率差异=80 000（元）。

综合训练案例

中国储备粮管理总公司的全面预算管理

中国储备粮管理总公司（以下简称“中储粮”）是经国务院批准组建的涉及国家安全和国民经济命脉的国有大型重要骨干企业。中储粮在母子公司的财务组织机构方面，基本套用国有制企业集团的模式，即在母公司和子公司同时设置财务部门，这两级的财务部门彼此独立。为了充分发挥财务管理的前瞻性、及时性、有效性和协调性作用，财务资源的集约化管理，中储粮进行了全面预算管理改革。

中储粮遵循两级法人、三级管理制度的原则，使全面预算管理体系在母公司及其子公司内已经基本建立。集团的各项经营管理业务和集团的各级组织机构都属于预算管理的范围。中储粮推行的全面预算管理实现了全员参与、全过程管理。同时年度预算编制、预算执行控制、预算执行分析、年中预算调整、经营目标考核等都是中储粮的全面预算管理的主要环节。2010年，公司将直属库、整体接管库和收储公司都纳入全面预算管理体系，继续强化预算流程管理；进一步完善预算执行问责制度，并严格落实；开发专用预算管理软件，加强预算管理过程控制，提高工作准确率。

思考讨论题：

（1）该案例中体现了中储粮采取的何种财务战略？

（2）试分析中储粮的企业集团财务控制的成功之处。

（3）试分析中储粮的企业集团财务控制存在哪些问题？